青峰自傳

잠을 자면서, 인생은 아름다운 것이구나 하는 꿈을 꾸었지;
그러나 잠에서 깨어났을 때, 인생은 의무라는 걸 알았지.

엘렌 스터지스 후퍼
I slept, and dreamed that life was beauty;
I woke, and found that life was duty.
- Ellen Sturgis Hooper(1816-1848)

청봉 정주식 자서전

불휘미디어

서문
나의 人生

살다 보니 나이를 먹을 만큼 먹었습니다. 어느덧 80줄 나이가 되니 내가 살아온 인생을 뒤돌아보게 됩니다. 나에게 인생은 무엇이었던가를 어렵게 되새겨 볼 필요는 없다는 생각입니다. 내가 시방 처해있는 나라는 자체, 내 모습이 내 인생 그 자체의 흔적입니다. 인생을 계량적인 측면에서 어떤 단위로 따져 본다면 무엇일까를 생각해 봅니다. 길이, 무게, 부피 등으로 환산할 수 있는 것일까요. 나의 인생을 보는 시각은 단순합니다. 그래서 나는 이 모든 개념을 뭉뚱그려 인생을, 지나온, 그리고 지금, 그리고 다가올 내 삶의 터전으로 정의하고 싶습니다. 삶의 자취 혹은 그 흔적만큼의 터전, 나는 이를 다른 말로 쉽게 운동장이라 칭하고 싶습니다. 태어나 생의 모든 것을 쏟아붓는 터전인 이 삶의 운동장 안에서 나는 마음껏 뛰고, 달리고, 마음껏 활개 치고 몸 부림치고, 또 모든 열정을 쏟아내면서 원동력이 될 만한 그 모든 것을 지금껏 쏟아부었습니다. 인생을 한편으로 나는 소프트웨어적인 측면에서 도화지라고도 칭하고 싶습니다. 내 생각과 이념을 갖은 색깔로 그려 넣고 어떨 땐 항칠도 하는, 온갖 색깔로 점철되고 얼룩진 도화지 또한 시방 내 살아온 인생을 반영하는 하나의 상징으로 내 눈앞에서 어른거리는 것입니다.

 나는 인생을 거침없이 살았다고 나는 자부합니다. 그것이 나의 모든 걸 쏟아부어 꼭꼭 채워진 나만의 운동장, 그리고 나만의 도화지에 명료하게 나타나 있습니다. 거침이 없었다는 건 속된 말로 겁이 없었다는, 다소 방약무인한 것으로 들릴 수도 있을 것이지만, 그것은 나와 내 인생에 대한 강한 신뢰와 자신감, 그리고 적극적인 삶의 또 다른 표현입니다. 물론 그렇다고 지금껏 살아온 나의 인생 항로가 모두 분홍빛이었다는 건 당연히 아닙니다. 그 과정에서 실패와 좌절도 많이 겪었습니다. 하지만 그것 또한 나는 극복하고 견뎌냈습니다. 당연히 나의 의지와 나 자신에 대한 신뢰가 이를 가능하게 한 것이었습니다. 이런 점에서 나는 지금껏 살아온 내 인생 역정에 대한 후회는 결코 없습니다.

 다시 한번 말하지만 내가 이렇게 강하고 적극적으로 살아온 그 바탕은 한마디로 의지, 그것도 강인한 의지였습니다. 어떤 게 앞선 것인지는 모르겠습니다. 내가 태어나 生來的으로 그런 의지가 있었던 것인지, 아니면 내 인생의 주요한 하나의 키워드가 되는 해병대에 입대해 강인한 훈련과 목숨을 건 전장에서 터득하고 익혀졌던 것인지는 여러 상황적으로 얽혀있는 관계로 그 구분이 쉽지 않습니다. 이런 측면은 있지요. 월남전에서 부상을 당한 후 사회로 나오면서 나는 마음을 굳게 먹지 않을 수가 없었다는 점이 그것입니다. 월남전 부상이 내 인생의 전환점이기도 했다는 점에서 그럴 것이지만, 한편으로 설사 그렇다 하더라도 나의 생활이나 삶에 대한 의지가 어릴 적부터 남달랐다는 점 또한 선천적이라는 쪽에 무게가 실릴 수도 있습니다. 그러나 한 가지 분명한 것은 인생의 항로가 월남전 부상으로 변했다는 것입니다.

나는 고려대 정외과로 진학할 때 내가 무엇을 할 것인가 정해져 있었고, 그 목표를 향해 나는 공부도 열심히 하면서 몸과 마음을 다졌습니다. 그러나 이 목표를 수정할 수밖에 없었던 것은 월남전 부상 때문인 것은 숨길 수 없는 사실입니다. 이 목표가 좌절되면서 나는 내 인생의 항로를 바꿨습니다. 돈을 벌자는 것이었지요. 속된 말로 '개처럼 벌어 정승처럼 쓰자'는 쪽으로 방향을 선회한 것입니다. 이십 대 후반부터 기라성 같은 장사치들이 날뛰는 서울 종로 거리에서 식당 사업을 시작한 것, 그리고 삼십 대 초반에 건설공사 사업에 뛰어든 것, 그리고 아메리칸 드림을 위해 콜롬비아와 미국행을 택한 건 이 때문이었습니다. 그리고 나는 돈을 벌었습니다. 이게 지금까지의 내 인생의 모습입니다. 이 과정에서 수많은 어려움과 그로 인한 방황이 있었지만, 나는 이를 내 의지로 극복했습니다.

삶의 방향은 두 가지가 있습니다. 하나는 '살아가는 방법(way of living)', 그리고 또 하나는 '생각하는 방법', 즉 사고방식(way of thinking)입니다. 이 둘을 적절하게 상황에 맞게 사는 게 바람직하지만, 나는 이 두 가지 중에서 지금껏 전자에 치중해 살아왔다고 할 수 있습니다. 이제 앞으로 남은 삶은 생각하며 살아가는 후자에 둘 것입니다. 이런 차원에서 내가 내 주제에 다소 걸맞지 않은 자서전을 출간하는 한 이유를 말하고 싶습니다. 그것은 역사적 사실에 관한 것인데, 말하자면 나의 마산고등학교 시절 일어난 3·15의거와 관련한 부분입니다.

이 책에서도 적었지만, 나는 그때 3학년 졸업반 학생으로서 평화적인 마산고 시위를 주도했습니다. 내가 주도한 마산고 시위는 3·15의거 학생 시위 중 첫 번째로 감행된 것이었습니다. 그러나 이와 관련한 지금까지의 기록은 다릅니다. 내가 주도한 마산고 시위에 관한 기록은 어디에도 없습니다. 그리고 당시 학생 시위를 선도한 학교도 다른 학교로 기록돼 있습니다. 이런 사실은 내가 오랜 미국 생활을 하다 한국에 들어오면서 알게 됐습니다. 그래서 나는 내가 겪었고 내가 뛰어든 3·15의서에 관한 나의 경험담을 이 책에서 말하고 있는 것입니다. 이와 관련해 한 소회를 보탠다면, 그때 만일 마산고가 주도적으로 데모에 나서지 않았다면 3·15의거를 여러 희생자들의 토대 위에서 성공적으로 마무리한 마산의 학생 시위가 가능했겠느냐 하는 것입니다. 그러나 강조하고 싶은 것은, 이 경험담을 통해 나를 부각시키고자 하는 의도는 추호도 없습니다. 다만 역사적 사실은 사실대로 기록돼야 한다는 바람을 나는 이 글 속에 담고자 하는 것입니다.

이 책을 통해 나의 자전적인 모습을 선보이면서 부끄럽다는 생각이 많이 듭니다. 내 얘기들이 결국 남다르게, 또한 객관적으로 의미가 있는 게 아닌가 하는 생각이 들기 때문이다. 그저 늘 그막 한 필부의 주절거림일 따름입니다. 그럼에도 불구하고 이런 글을 쓰고 책으로 내는 것은, 3·15의거와 월남전 등 그래도 다사다난했던 우리 현대사의 한구석에서 지극히 미미하고 미약하나마 한 발을 담글 수 있었다는 것, 그리고 이게 다른 여타 내 나이쯤의 보통 필부들과 어쩌면 동병상련의 한 부분이 될 수 있을 것이라는 기대감 때문이라면 지나친 욕심일까요. 나는 그래도 나름으로 내 인생의 서사적인 두 장면으로 3·15의거 학생 데모를 주도했다는 것과, 해병소대장으로 월남전에 참전해 부상을 당한 것을 꼽고 싶습니다. 그러나 이 또한 아쉬운 것은 이 두 가지 서사적인 두 장면이 그 후 내 인생에 있어 어떤 같은 맥락으로 이어지지 못했다는 점입니다.

본문에도 언급했지만, 내 이름은 주식(周植), 그러니까 두루 周에 심을 植자입니다. 의역적으로 하자면 두루두루 뿌리를 내려 산다는 뜻이지요. 내가 그렇게 살았는지는 모르겠습니다. 이 책을 읽으시는 독자분들께서 평가를 내려주셨으면 싶습니다. 끝으로 이 책을 발간하는 데 도움을 주신 여러분들에게 감사의 말씀을 드립니다. 고맙습니다.

2024. 12.

정주식 拜上

추천사

형제 같은 정주식 회장과 나

이제훈
(초록우산 어린이재단 명예회장, 전 중앙일보 사장)

　나와 정주식 회장과의 관계는 형제 이상으로 가깝게 느끼고 누구보다도 서로 건강을 걱정해 주는 사이입니다. 혈연이나 학연 또는 지연으로 맺어진 관계가 아닙니다. 사회생활하면서 알게 되었고 친밀해진 드문 케이스이지요.
　내가 정주식을 알게 된 것은 30년을 넘는 1992년. 그가 그대로 넘겨 버릴 수 없는 매우 부당하고 억울한 일이 있어 상의할 사람을 찾은 끝에 나의 대학원 동창 친구의 소개로 나를 만나게 된 것입니다.
　그의 얘기를 들으면서 그가 억울하고 부당하다는 생각을 가질 수밖에 없겠구나 하는 판단을 하게 되었고, 그 일을 풀어가는 과정에서 인간 정주식을 좀 더 파악하게 되었습니다.
　그가 1960년 4·19혁명의 도화선이 된, 3·15 부정선거 규탄의 '4·12 마산 데모' 때 마산고교 3학년 재학생으로 과감히 나서 맨 앞에서 데모를 주도하며 활약했던 사실을 알게 되었습니다. 그 후 본인이 불의한 일이나 부당한 일을 당할 때마다 주변 만류도 무릅쓰고 과감하게 맞서는 모습, 그러나 한편으론 신의와 의리를 지키며 인간적인 정리를 중히 여기는 모습을 보고 나는 정주식이 마음에 들었고 좋아졌습니다. 요즘같이 신의와 의리를 우습게 아는 세상에서 정주식이 나에게 돋보인 것입니다.

그의 신념이나 행동 철학은 기율과 도전-필승정신을 강조하는 해병대 군 생활(해병 장교로 월남전에 참전했다가 큰 총상을 입고 전역했음)로 인해 더욱 강화되지 않았나 생각됩니다. 어쨌든 정주식은 해병대 시절과 해병정신을 살아가는 일상생활에서 매우 자랑스럽게 여기는 사람으로 나는 생각합니다.

정주식과 나와의 관계에서 가장 손꼽히는 부분은 '만우회' 멤버로서 남다른 우정을 다져 왔다는 사실입니다. 1993년 3월 시작된 만우회는 "늦게 만난 친구들의 모임"이라는 뜻으로 사실상 내가 주도해서 만든 등산모임이지요.

과기부 차관 및 무역협회 부회장을 지낸 조건호, 환경부 장관을 지낸 윤여준, 농수산부 차관을 지낸 박상우, 신용정보회사 사장을 지낸 김창부, 명지대 교수를 지낸 안영섭, 예금보험공사 사장을 지낸 이영우, 그리고 정주식 회장과 나, 8인이 2005년 1월 7일간 뉴질랜드 밀포드 사운드 트레킹을 했는데 그것은 두고두고 잊지 못할 우리들의 아름다운 추억거리가 됐습니다.

트레킹 코스 산속에서만 4일간 1,100m 고지에도 오르고 맑고 맑은 강물을 건너며 자연이 얼마나 위대하고 아름다운 것인가를 실감하며 우리들은 감탄사를 연발했습니다. 그리고 우리는 서로 간의 우정을 다졌습니다. 자연을 파괴하는 인간이 얼마나 어리석은 지를 새삼 깨닫기도 했습니다. 4일간의 트레킹을 끝내고 종점에 다달아 각자 '성취증서(Certificate of Achievement)'를 받은 다음 크루즈 선을 타고 바다와 섬들을 구경하는 '만우회' 멤버들의 가슴은 행복감으로 가득 찼었습니다.

우리 '만우회' 멤버들은 지금도 만나면 밀포드 사운드 트레킹의 추억담을 나누며 다시 가 보고 싶은 마음을 달래곤 합니다.

밀포드 트레킹 때도 그랬지만 '만우회' 모임에선 언제나 정주식 회장이 활기를 불어넣는 역할을 했습니다.

나는 종종 인생 3년 후배이지만 형제 같은 정주식 회장의 패기만만했던 옛 모습을 떠올립니다. 누구나 먹게 되는 연부(年富)의 나이는 어쩔 수 없지만 의리의 사나이 정수식이 오래오래 건강하게 살면서 부당, 불의한 일에 맞서며 신의와 의리를 중시하는 모습을 보여주기를 기원하는 마음입니다.

나의 부족한 이 글로써 정주식 회장의 자서전 발간을 축하하며, 일독을 권유하는 추천서로 갈음하고자 합니다.

감사합니다.

목차

서문　나의 人生　　4
추천사　형제 같은 정주식 회장과 나 - 이제훈　　9

1부

내 고향 마산, 그리고 수성동　　16

동광상회 둘째 아들　　23

공부도, 운동도, 쌈질도 뭐든 잘했다　　33

내 희망을 정한 중학 시절의 뒤안길　　39

'이스탄불'과 '무학클럽' 사이에서　　46

고려대학교 정외과 시절　　51

내가 겪고, 뛰어든 마산 3·15의거　　58

영원한 '해병'이 되다　　86

해병대 소대장 시절　　106

월남전 파병, 전장에서　　116

부상, 그리고 '원 밀리온 달러 불릿'의 그늘　　131

고향으로 돌아오다　　147

2부

결혼, 그리고 신혼생활의 안팎	158
상경, 음식 사업을 시작하다	170
소매치기 사건	191
토목건설 사업에 뛰어들다	211
산업박람회 복권 사업	225
아메리칸 드림, 콜롬비아 그리고 미국	242
주택사업과 두 빌딩 이야기	268
해병으로 맺은 인연들	278
가족 이야기	297

내 고향 마산, 그리고 수성동

나는 마산이 고향이다. 지금은 행정 편의적인 개편으로 마산이라는 지명이 없어지고 창원으로 됐지만, 어쨌든 나는 마산 출신이고, 3·15의거, 부마민주항쟁 등이 아니더라도 마산이 고향이라는 것에 항상 자부심을 갖고 살았다.

마산에서도 나는 구마산 중심 지역인 수성동에서 나고 자랐다. 수성동은 마산의 오래된 역사와 함께하는 역시 오래된 동네이다. 마산을 떠나 해외를 포함해 떠돌며 산 지 70년이 다 돼 가고 있지만, 나는 마산과 수성동을 마음의 고향으로 여기고 항상 추억 속에 간직하고 있다.

마산은 예로부터 온화한 기후와 풍부한 물산, 그리고 후한 인심으로 살기 좋은 고장으로 평판이 높은 곳인데, 수성동은 마산의 이런 장점을 가장 많이 녹여내고 있는 살기 좋은 동네였다. 수성동은 동네 아래가 곧장 바다로 이어지면서 호수같은 바다를 낀 정취 또한 포근함을 안기는 지역이다. 특히 250년의 역사를 가진 마산의 전통적인 재래시장인 마산어시장과 인접해 도다리,

옛 마산 전경(1950년대)

전어, 대구, 아귀 등 사시사철 제철의 다양하고 싱싱한 수산물이 판매되는 곳으로 이름난 곳이다.

이 글을 쓰기 시작하면서 얼마 전 나는 모처럼 마산과 수성동을 찾아보았다. '상전벽해'라는 말이 여기에 딱 맞을 성싶다. 엄청 많이 변했다는 얘기다. 도무지 어디가 어딘지 알 수가 없었다. 옛날의 기억을 더듬어 보며 헤매다 수성동 길에서 도로를 건너 부림시장으로 올라가기 전 초입에 있던 옛날 치과병원 한 곳은 알아볼 수가 있었다. 예전 '이한철치과'였는데, 지금은 그 간판 대신 '이한치과'로 돼 있었다. 주변에 물어보니 당시 이한철 원장의 아들이 대를 이어 아버지 때와 똑같이 자신의 이름을 건 치과병원을 하고 있다고 했다.

그 맞은편 조금 아래에 마산에서 유명했던 김화수 원장의 '시민외과'가 있었다. 그 기억으로 더듬어 찾아보니 병원은 없어졌고 대신 건물을 리모델링한 그 자리에는 동사무소, 그러니까 지금 명칭으로 행정복지센터가 자리하고 있었다. 옛날에 이른바 유한부인들이 들락거려 물의를 일으켰던 '시민캬바레'는 그 자리조차가 어딘지 모르게 부림시장 쪽으로 흡수돼 있었다.

내가 태어나 자란 수성동에 대해 좀 더 얘기를 보태자면, 이곳은 역사적으로 조선조 말 개항된 마산포의 중심을 이루는 동성, 중성, 서성, 성산, 성호, 오산의 6리 가운데 한 곳이었다. 그 후 일제강점기 시절 마산포를 마산부로 개편함과 아울러 행정구역을 통폐합하면서 서성리 일부를 분할해 조성된 동네로, 당시 여기 지명은 일본식 지명인 고토부키마치(壽町)였다. 이어 1945년 해방 후 일제 잔재 청산의 일환으로 수정을 수성동으로 고쳤고, 1949년 지방자치제 실시로 마산부가 마산시로 되면서 수성동이 돼 오늘에 이르고 있다.

수성동의 '수'는 '목숨 壽'자를 쓰고 있다. 일본식 지명인 고토부키마치(壽町)에서 유래된 것이다. 그런데 어떤 경우에는 '목숨 수'가 아닌 '물 水'자로 알려지고 있는 경우를 종종 보았다. 예컨대 모든 것에 관해 알려준다는 챗지피티(ChatGPT)가 하도 신기해 마산 수성동의 유래에 관해 물으면 어떤 대답이 나올까고 잘 알고 지내는 한 후배에게 부탁을 했더니 아마도 수를 '물 水'로 인식한 오류 때문인지 마산 수성동이 '물이 맑은 동네'에서 연유된 것이라는 얼토당토 아닌 대답이 나왔다. 그 후 몇 번을 더 물었더니 수정에서 유래된 것이라는 답을 내놓았다.

수성동 골목길. 예전 모습 그대로인데, 왼쪽 목욕탕 상호가 바뀌었다. 목욕탕은 원래 하(河) 씨 성을 가진 분이 주인으로, '중성탕'으로 오래 저 자리를 지켰다. 지금은 '수성탕'으로 바뀌어 있었다. 수성동에서 그나마 옛 자취를 느낄 수 있는 곳이다.

원래 '목숨 수'자를 차용한 일본식 지명인 수정도 그 유래가 있다. 바로 이 지역에 1917년 경 '환서좌(丸西座)'에 이어 마산의 두 번째 극장이며 구마산에서는 첫 극장인 '수좌(壽座)'가 있었던 곳이었기에 수좌의 그 '목숨 수'자를 딴 것이다. 일본사람들은 장수와 건강을 바라는 상징으로 '목숨 수'자를 생일이나 결혼식, 새해 등의 축하행사에 자주 사용하며 지명이나 물건 등에도 즐겨 붙여 쓴다.

하나 의문인 것은 1945년 해방과 함께 일제 잔재를 청산하는 차원에서 수정을 수성동으로 고친 것이라면, 왜 그때 일본인들이 즐겨 쓰는 '목숨 壽'자를 그대로 땄느냐는 것이다. 아무튼 그렇게 해서 '목숨 수'자의 수성동이 오늘에까지 유지되고 있는 게 그런 점에서 하나의 아이러니가 아닌가 싶기도 하다.

옛날 어렸을 때 아버지로부터 들은 얘기로는, 수성동 여기에 마산에서 제일 큰, 창기들이 몸을 파는 '청루(靑樓)', 그러니까 유곽이 있었다고 하는데, 이름하여 '고도부키마치 청루'라고 했다. 1915년경부터 일본의 하위계층 사람들이 많이 몰려와 구마산 수정 일대에 자리를 잡고 '청루업(성매매업)'을 시작한 것으로 전해지는데, 물론 여기 말고도 마산에는 일본인들 전용의 많은 '청루'들이 있었다. 이들 '청루'들 가운데 규모 면으로 제일 큰 게 수정, 그러니까 지금의 수성동에 자리 잡고 있었는데, 당시 대략 10곳이 성업 중이었으며 창기들은 50여 명에 이르렀다고 전해진다.

수성동에는 역사적인 인물 한 분이 그 흔적을 남기고 있다. 1905년 일본 제국주의와의 '을사늑약'을 눈물피(血淚)를 토해내듯 응징하며, 친일파를 규탄하는 '시일야방성대곡(是日也放聲大哭)'을 쓴 위암 장지연(1864-1921) 선생이 여기에 거주하며 생을 마감한 곳이 바로 수성동이다. 장지연 선생이 자신의 표현대로 '우거처(寓居處)'라 칭하며 거주했던 곳은 수성동 옛 김동조 이비인후과 병원 건물이었다.

마산에서 8년을 보낸 선생이 일본 관리(총독부 마산판임관)인 장남과의 불화 끝에 생애 마지막으로 택한 이곳에서 선생은 매일을 울분의 술로 지새우는 통음의 익주(溺酒) 속에서 결국 1921년 죽음을 맞이하게 됐던 것이다. 선생은 당시 이곳에 있던 석교양조장에서 파는 대전청주를 침소에 두주로 비치케 하여 연일 마셨으며, 거나하게 취하면 일본을 빗대 "개같은 놈들"을 연발했

3·15시위의 와중에 찍힌 사진으로 왼쪽 전신주에 가려진 채 '동광상회'라는 간판이 보인다.

다고 전해진다. 사안이 이럴지면 선생의 우거처 그 자리에 그 흔한 추모비 하나쯤 세울 만도 한데 그러지 못한 건 논란거리인 선생의 말년의 친일 행적 때문일 것이다.

내가 여기 수성동에서 태어난 곳은 당연히 지금은 찾아볼래도 찾아볼 수가 없다. 어렴풋하나마 터가 위치했던 번지수도 기억에 없다. 우리 집은 위에서 언급한 왼쪽 오른쪽의 '이한철치과'와 '시민외과'가 자리한 수성동 길에서 위로 당시 간선도로를 건너 부림시장으로 들어가는 초입에 있었다. 우리 집은 당시 아버지가 운영하셨던, 과자와 주류를 파는 도매상의 규모가 제법 큰 가게로 상호가 '동광상회'였다. 지난번 마산 내려갔을 때 기억을 되살려 우리 집의 위치를 대강으로는 짐작할 수가 있었지만, 그 자취나 흔적은 일도 남아 있지를 않아 서글픔 같은 것이 들기도 했다.

그런데 이런 경우를 목마른 사람이 물을 발견하듯 천우신조라 해야 할지 모르겠다. 잘 알고 지내던 한 고등학교 동창생이 병중에 자신이 소유하고 있던 3·15의거와 관련한 자료를 내게 모두 넘겼는데, 그 자료들 중에 우리 집, 그러니까 '동광상회'가 찍힌 사진을 발견한 것이다.

그 사진은 1960년 마산에서 부정선거에 항의해 마산시민들이 들고 일어난 3·15의거 시위의 와중에 우리 집, 정확히는 아버지 가게 앞을 지나는 시위대의 모습을 찍은 한 컷의 사진인데, 그 안에 우리 집인 '동광상회'가 간판과 함께 뚜렷이 보이고 그 앞에서 시위대가 함성을 지르고 있는 모습이었다.

이 사진은 수성동에 있었던 옛 우리 집의 모습을 보여주고 확인시켜 주는 것과 동시에 3·15의거에 말석으로나마 참가했던 나로 하여금(뒤에서 따로 언급하겠지만) 3·15의거와의 어떤 새로운 운명적 만남 같은 걸 예고하는 하나의 맥락으로 여겨졌다. 이 사진을 포함해 3·15의거의 귀중한 자료를 나에게 넘겨준 동창 친구는 그 얼마 후 세상을 떴다.

동광상회 둘째 아들

나는 1943년에 태어났다. 한겨울 추운 날에 태어났는데, 양력으로 1월 21일이다. 아버지의 본(本)은 서산 정 씨에 '영 자', '상 자', 정영상이시고 어머니는 같은 정 씨였지만, 동래 정 씨 복순이셨다. 아버지의 원 고향은 마산 인근의 의령으로, 언제 마산에 오셨는지는 모르겠고, 아무튼 마산에서 어머니를 만나 결혼하셨다. 어머니는 내가 태어날 당시 외가가 신마산에 있었던 것으로 봐 마산토박이셨던 것 같다.

내 이름 정주식은 태어날 적에 할아버지가 시었다. '두루 주(周)'에 '심을 식(植)'인데, '두루두루 심는다'는 뜻을 나름 의역적으로 풀이해 보면 '두루두루 뿌리를 내린다'는 의미로도 풀이할수가 있을 터이다. '이름은 운명을 지닌다'는 폴 틸리히의 말에 견줘 볼 때 지난 80 인생을 돌이켜 보아 내가 그렇게 살아온 건지도 모르겠다. 내가 어떻게 살아왔는지는 이 글을 읽으시는 분들이 평가할 일이 아닌가 싶다.

내가 태어날 당시 우리 집은 두 곳이었다. 무학산 아래 자산

부모형제들(1972년 3월)

동에 본가가 있었고, 아버지가 수성동에서 운영하는 가게인 '동광상회'에도 살림집이 있었다. 나는 수성동 집에서 태어났다. 부모님은 주로 가겟집에서 생활하셨기 때문에 자산동 본가는 거의 비어 있는 상태에서 외할머니가 신마산 외가에서 오셔서 거주하고 계셨고, 나는 어린 시절 자산동 본가와 수성동 가겟집을 오가며 지냈다. 그러니까 당시 우리 집은 집이 두 채였던 것으로 보아 어느 정도 잘 살았던 것 같다.

내가 태어날 당시 내 위로 누님 두 분과 세 살 위 형님 한 분이 계셨고, 내가 태어난 후 내 아래로 남동생 세 명이 잇달아 태어났다. 그러니까 부모님은 나를 포함해 5남 2녀의 남매를 두셨던 것이다. 그때 우리 집은 살림살이로 보나 자식들로 보나 풍족하고 다복했고, 내남없이 못 살았던 그 시절, 다른 집에 비해 다소 유복했던 이런 집안 분위기는 어느 정도 나의 유년의 오랜 기억 속에 남아 있다.

내가 태어난 1943년은 특히 시기적으로 여러모로 평탄한 때가 아니었다. 일제강점기에다 일제가 일으킨 태평양전쟁의 끄트머리, 일본이 패퇴하고 있던 시기인데다 더구나 나라는 식민국이었기 때문에 사회분위기를 포함해 시국이라든가 경제상황 등이 좋지 않았다. 그렇기 때문에 나의 어린 시절의 다복한 그런 집안 분위기가 더 도드라지게 내 기억에 남아 있는지도 모를 일이다.

나는 지금도 가끔씩 맹인 출신의 가수인 이용복이 1970년대에 불러 인기를 모았던 "세상은 고요히 잠이 들고…"로 시작되는 외국 번안곡인 '1943년 3월 4일생'이라는 노래를 흥얼거리는 습성이 있다. 노래 제목에 들어가는 1943년이 내가 태어난 해라는 점에서 어떤 동병상련적인 의미가 느껴지기 때문이다.

수성동에서 부림시장 쪽으로 올라가는 대로변 초입, 목 좋은 곳에 자리한 아버지의 수성동 '동광상회'는 애초엔 과자를 만들어 파는 과자공장 겸 상점이었다. 과자를 만들면서 이를 도매로 판매하는 상점으로 규모도 비교적 컸고 장사도 잘 됐다. 이를 바탕으로 아버지는 그 후 주류도매상을 겸해 가게를 더 확장했다. 가게는 항상 손님들로 북적였고, 아버지 지인 분들도 많이 들락거렸는데, 아무래도 아버지의 장사 수완이라든가 대인관계가 좋앉었기에 그랬던 것 같다. 아버지는 의령에서 마산으로 넘어왔을 때 처음부터 장사를 한 게 아니었다. 아버지는 원래 간장을 제조하는 간장공장의 장유기술자이셨다고 한다.

물이 좋은 마산에는 일제강점기 일본인들에게 의해 간장공장들이 많이 생겨나면서, 간장기술자들에 대한 대우가 남달랐다. 아버지는 그중에서도 지금까지 100년 이상의 명맥을 유지한 채 마산을 상징하는 '몽고간장'을 만드는 '몽고장유'의 전신인 '야마다(山田)장유'의 기술자였다. 그러니까 장유기술로 치자면 당시 마산에서 최고의 기술자였던 셈이다. 그러니 최고의 기술에다 성실하고 근면하셨던 아버지는 당연히 당시 '야마다 장유'의 사장으로, 상당한 재력가였던 야마다 노부스케(山田信助)의 신임을 한 몸에 받고 있었던 것인데, 해방 후 그 일을 그만 두셨다. 왜 그러셨는지에 대한 것은 내가 알 수도 없거니와 아버지도 생전에 그에 관한 언급을 하지 않으셨다.

1945년 해방이 돼 일본인들이 일본으로 귀국을 서두르게 된다. 이때 아버지는 야마다 사장으로부터 제의를 받는다. '야마다 장유'를 맡아서 하라는 것이었다. 그러나 아버지는 이를 거절한다. 아버지가 왜 그 때 그 간장공장 인수 제의를 거절했는지에 관해 나는 잘 모른다. 아버지 생전에 그와 관련해 어떤 언질도 들어본 적이 없다. 야마다 사장은 인수를 거절한 아버지 대신 공장장이었던 김홍구(1914-1971)에게 넘긴다. 김홍구 이 분이 그 후 '야마다 장유'를 '몽고간장'으로 이름을 바꿔 오늘의 '몽고장유'가 있게 한 장본인이다. '몽고간장'은 김홍구에 이어 나의 마산고 김만식 선배에게 이어져 오늘에 이르고 있다.

회고해 보건대 아버지는 말씀이 별로 없는 과묵하신 분으로, 가부장의 전형이셨던 것 같다. 우리들 자식들이 많아서인지 우리들을 하나하나 썩 그렇게 애지중지하지는 않았으나 좋아하고 아끼신 건 틀림없다. 하지만 그러면서도 좀처럼 겉으로 감정을 드러내지 않았고 표현도 별로 없었다. 나중에 커 가면서야 비로소 아버지의 우리들에 대한 애정이 깊은 걸 알게 됐다.

같은 맥락에서 아버지는 어릴 적부터 우리들 자식이 하는 일에 별다른 간섭이나 참견을 하지 않으셨다. 그렇다고 우리들이 생각과 행위를 마음대로 하게끔 내버려 두는 자유방임형이었던 것은 아니었다. 대신 어머니는 매사에 활발하고 적극적이면서 우리들을 잘 감싸안으셨다. 그리고 아버지를 믿고 받드는, 아버지와의 신뢰 관계가 돈독하셨다. 어머니는 그러니까 아버지의 우리들에 대한 외면적인 사랑을 보완해 주는 역할을 우리들에게 했던 셈이지 싶다.

너댓 살, 어릴 적 유년의 기억으로는 이런 게 있다. 수성동 동네에는 못 사는 집들이 많았다. 특히 수성동 아래 시외버스 차부가 있던 서성동 주차장 쪽은 가난한 동네였다. 이런 동네에는 끼니를 굶는 내 또래 아이들도 많았다. 나는 이런 아이들에게 먹을 것을 자주 주곤 했다. 과자를 만들고 파는 점포를 하니 거기서 과자를 가져다 나눠 주기도 했고, 심지어는 그 당시 귀했던 설탕도 나눠 먹이곤 했다. 그 얼마 후 아버지의 '동광상회'는 과자 일을 접고 술 도매상만 하게 되는데, 이게 내가 거의 매일 과자를 들고나가 아이들에게 나눠 주는 게 하나의 빌미가 됐다는 얘기를 그 무렵 듣기도 했는데 아무래도 견강부회가 아닌가 싶다.

동네 아이들에게 먹을 것을 갖다 주는 등으로 잘해 주니 동네의 또래 아이들은 나만 나타나면 먹을 것이 생기는 줄 알고 나를 종종 따라다닐 정도가 됐다. 꼭 과자 등 먹을 것을 줘서 그렇다기보다 전반적으로 나는 동네 또래 꼬마들에게 인기가 있어 나를 많이 따랐고, 그 바람에 골목대장 노릇도 했다. 이게 좀 지나쳐 가끔씩 집이 없을 정도로 못사는 아이들을 집에 데려다 며칠간 재우고 먹이기까지 했다. 이런 일로 아버지로부터 한차례 꾸중을 들었다. 이게 기억에 남는 건, 아버지의 그 꾸중이 나로서는 어릴 적 처음 들었던 것이어서 그랬던 것 같다.

이런 일로 아버지로부터 한차례 야단을 맞은 후에도 나는 크게 위축되지는 않았지 싶다. 그 후에도 그런 짓을 계속했으니까. 이런 점으로 미루어 나는 어릴 적부터 고집이 세고 남에게 지기 싫어하면서 나 하고싶은 것은 나대로 하고자 하는 성격이 강했던 것 같다. 물론 그렇다고 아버지 말을 안 듣는 것은 아니었다. 말은 듣되, 한편으로는 아버지 모르게 할 짓은 하는 그런 아이였던 것이다. 나는 또 어린 그 나이만큼의 내 주장도 강했던 것 같다. 할 말은 했던 것인데, 이런 경우가 내 유년의 기억 속에 남아 있다.

아버지의 '동광상회'가 주류도매상 위주로 가게를 하면서 인근에서 같은 주류도매상을 하는 아버지 지인들이 모이는 곳이 또한 바로 '동광상회'였다. 같이들 모여서 약주도 마시며 얘기들을 나누기도 하면서 때로는 화투놀이도 하셨다. 도매상을 하는 분들이었으니 돈은 항상 주머니에 있었을 것이니, 화투판에 돈들이 오고갔다. 말하자면 노름이었다.

나는 처음엔 어른들이 하는 것이니까 그저 그러려니 했다. 그런데 어느 날 보니 화투판에서 돈을 잃은 사람이 시비를 걸었던지 말싸움이 일더니 급기야는 벌건 얼굴들로 삿대질까지 주고받는 험악한 상황까지 이어지는 걸 보았다. 내가 보기에 그렇게들 잘 지내시는 분들이 화투판에서 노름을 하다 싸움을 하는 게 어린 마음에도 영 언짢았다. 그러던 어느 날, 밖에서 놀다 집으로 오니 아버지를 비롯해 아버지 지인들이 또 화투판에서 그러고들 있었다. 그 모습을 보다 안 그래도 못마땅하게 여기던 내가 갑자기 외쳤다. "아부지, 화투 좀 그만 치이소!" 나의 이 말에 화투판은 일순 조용해지며 모두의 시선이 나에게 집중되고 있었다.

그런 상황에서 나의 모습을 본 어머니가 살짝이 내게 다가와 내 손을 잡고는 끌듯이 데려 나갔다. 아버지와 친구분들로서는 조그마한 충격이었을 것이다. 조그만 놈이 당돌하게… 하지만 내가 그랬다고 즐기던 노름을 그분들이 그만둘 리가 있겠는가. 노름판은 계속됐다. 그러나 언쟁은 내가 보기에 전에 비해 좀 줄어들고 있었던 것 같다. 아버지는 나의 이 당돌한 모습을 접하고 어떻게 생각하고 있었을까. 그 후에 아버지가 달라진 것은 없었다. 나에 대한 아버지의 인식과 생각은 어제도 그렇고, 오늘도 그렇고, 내일도 그럴 것 같은 여전한 것이었다.

그 얼마 후 나는 생전 처음으로 아버지에게 크게 매를 얻어맞았다. 어린 나에게는 큰 충격이었다. 그러면서 한편으로 아버지의 존재에 대한 인식의 변화 – 그러니까 아버지가 나를 이렇게 때릴 수도 있는 사람이기도 하구나 하는 – 를 준 계기가 됐다. 나보다 세 살 위인 형(정장식)과는 같이 놀면서 장난도 많이 쳤다. 어느 날 마산에 주둔하는 미군들의 찝차가 몇 대 동네에 주차해 있는 걸 보고 장난기가 도져 형과 찝차들 사이를 지그재그로 오가는 장난질을 치고 있던 와중에 내가 그만 찝차 바퀴 사이에 끼는 바람에 차밑에서 빠져나오기가 어려워 꼼짝달싹 못하는 사고가 생겼다.

한 미군이 그걸 보고 기겁을 하며 달려와 시동을 걸어 찝차를 움직인 후 나를 빼냈는데, 그 미군은 "깟뎀, 깟뎀!"하며 알아듣지 못하는 영어로 어린 내 앞에서 때릴 듯이 무슨 말을 해대고 있었다. 마침 아버지가 나와 그 모습을 보았다. 아버지는 미군에게 다가가 사과를 했다. 그런 후에 나를 달랑 들어 집으로 데리고 와서는 매를 댔다. 정말이지 태어난 이래 그렇게 맞아본 적이 없을 정도로 실컷 맞았다. 형이라도 있었으면 좀 덜했을 터인데, 형은 그 전에 벌써 어디론가 줄행랑을 치고 없었던 것이다.

형과 나는 장난질이 심한 편이었다. 형은 나보다 세 살 위지

마산 형님 가족과(1960년대 말)

만 체구는 나보다 작았다. 그러기에 동네에서 짓궂은 장난을 치다 어른들에게 걸리면 형보다 나를 더 야단치기 일쑤였다. 미군들 또한 우리들 장난의 한 대상이기도 했는데, 어느 날 미군들이 동네 아이들을 대상으로 '우두(천연두)' 예방접종을 하고 있었다. 미군들은 주사에 대한 아이들의 공포증을 덜어주면서 많이 맞게 하기 위해 접종을 하면 노랗게 찐 우유를 나눠 주고 있었다. 나와 형은 그 우유를 많이 얻어먹기 위해 장난을 쳤다. 주사를 맞고 우유를 받은 후 그 아래 개울가로 가서 주사 맞은 흔적을 없애고는 다시 주사를 맞는 것이었다. 몇 번을 그러다가 발각이 되는 바람에 혼이 났는데, 지금 생각해 보면 예방접종을 겁도 없이 몇 차례씩이나 한 게 아무리 뭘 모르는 어린 나이일지언정 가당키나 했던 것인지 웃음이 난다.

근 80년 전 그 시절 어릴 적의 한 추억일 수도 있는 그런 일들은 사실 기억해내는 게 쉽지가 않다. 그런데 이 글을 쓰고 있으니 하나하나 생각이 나는 게 나로서는 신기롭다. 추운 겨울날을 제하고 동네 아래 바닷가에서 홀랑 벗은 채 죽을둥살둥 모른 채 헤엄치던 것도 떠오른다. 수영이 뭐고 헤엄이 뭔지도 몰랐던 너댓 살 나이의 우리들로서는 바다에 뛰어든다는 건 목숨을 거는 일이었다. 그러니까 물에 뛰어든다는 건 말하자면 '복불복'이었던 것이다. 개헤엄이든 뭐든 팔과 다리를 어떻게 요령 있게 흔들고 호흡을 잘 이용하면 사는 것이고, 그게 안 되면 죽는 것이었다. 그 시절 뭣 모르고 풍덩풍덩 바다에 뛰어들다가 죽은 동네 동무들도 더러 있다.

나는 지금 이 나이 들도록 수영 하나는 자신이 있다. 그런데 그 수영을 어떻게 배웠는지는 모른다. 걸음마를 갓 시작한 어린 시절 그렇게 죽자 살자 바다에 가 살다시피 했으니 나도 모르게 그렇게 된 것이다. 그리고 또 하나, 자산동 집 앞 앞산에 일본군들이 파 놓은 동굴들을 오가며 하던 병정놀이도 지금 생각해 보면 위험하기 그지없는 놀음이었다. 그 동굴 안에는 일본군들이 마지막 저항 수단으로 숨겨 놓은 폭탄류들이 많았기 때문에 놀음이나 장난질 중에 폭탄이 터지는 등 언제 큰 사고가 일어날지 모르는 일이었다. 하기야 그걸 설사 알았다 하더라도 천방지축 뛰어놀던 개구장이 어린 시절이었기 때문에 그건 별 대수롭지 않게 여겼을 것 같다.

공부도, 운동도, 쌈질도 뭐든 잘했다

　일곱 살이 된 1950년 나는 지금의 초등학교인 국민학교에 입학하게 된다. 내가 들어간 국민학교는 자산동 본가에서는 좀 아래, 수성동 가겟집에서는 좀 걸어가야 하는 무학국민학교였는데, 당시 거리 상으로 학교가 결정되는 일종의 학군제에 따라 나는 무학으로 입학하게 된 것 같다. 마산의 국민학교는 1907년 11월 지금의 성호국민학교인 마산공립보통학교가 첫 학교로 구마산 성호동에서 개교한 이래 몇 개의 국민학교가 생겼으며, 무학은 합포와 함께 그 중의 하나로 구마산과 신마산 사이에 있는 국민학교였다.
　학교 규모로는 성호가 당시 49개 학급에 3,500명 이상의 학생 수로 가장 컸으며, 무학은 1950년대 20개 학급에 학생 수는 1,400명 정도의 중급학교였다. 그때 국민학교들에 다니던 학생들 간에 위화감의 발로인지는 모르겠지만 상대 학교를 비방하는 이상한 말들이 있었다. 이를테면 성호는 '성호썩발이', 무학은

'무시꼬랑뎅이', 합포는 '합포합바지'라고들 불렀다.

무학국민학교 학생들은 일본에서 귀환 동포가 집단촌을 이루고 있던 신포동과 서성동에서 거주하는 비교적 가난한 집안의 학생들이 많았다. 우리 집은 그에 비한다면 훨씬 잘 사는 편이어서 나는 부모님 잘 만난 덕이라 해야 할지, 취학 전에도 그랬듯이 풍족하고 여유스럽게 학교를 다닐 수가 있었다. 과자 등 먹을 것을 집에서 갖고 나와 아이들에게 나눠주기도 했고, 용돈도 별 구애 없이 쓸 수가 있었기에 내 주변에는 아이들이 항상 많이 따라다녔다. 나는 아이들에게 그때 인기가 많았던 '오리떼기'를 내 돈으로 시켜주면서 설탕 과자를 먹여주기도 했고, '따먹기'를 하던 딱지, 구슬, 엽전 등으로 선심을 쓰기도 했다. 그러면서 나를 따라다니는 아이들을 때때로 '쫄병'처럼 부려먹기도 했다.

무학국민학교(1960년대)

무학국민학교 현재 모습

공부도 잘했다. 그럴 수밖에 없는 것이 나는 국민학교 입학 전에 이미 글을 깨우쳐 알고 쓸 수가 있었다. 또래들에 비해 학교에 들어가기 전에 글을 알고 있었다는 건 공부에 있어 큰 이점이라는 건 말할 나위가 없는 게 아니겠는가.

나는 한글을 언제 깨우쳐 알게 됐는지 정확한 기억은 없다. 어느 날 알게 됐고 쓸 수가 있었던 것인데, 아마 취학 전의 이런 경험을 나 말고 다른 많은 분들도 적잖게 공유하고 있을 것이란 생각이다. 매일 접하던 어떤 글을 어느 순간 갑자기 이해할 수 있게 되는 경우가 그것이다. 예컨대 동네 집 앞에 있던 이발관의 입간판도 그런 예들 중의 하나다. 그 간판에는 통상 '어서 오십시오'라고 적혀 있다. 그런데, 어느 날 그 간판을 보니 '어서 오시십오'라고 잘못 적혀 있는 것을 알게 되는 것이었다. 글을 배우지도 않았지만, '어서 오시십오'가 잘못 표기된 것이라는 걸 알면서 자신도 모르게 글을 알게 되는 것이다.

이와 관련해서는 아르헨티나 작가인 알베르토 망겔(Alberto Manguel)의 말이 생각난다. "오래 전의 그 광고판에 있던 그 단어가 뭐였는지는 이제 기억에 없다. 그러나 이전에 그저 쳐다만 보던 것을(어느 순간) 갑자기 이해할 수 있게 됐다는 그 느낌은 당시 그랬던 것처럼 지금도 생생하다… 그것은 완전히 새로운 감각을 얻은 것과 유사했다."

나는 국민학교에 들어가면서 운동이라는 걸 접하게 되는데, 그것은 말하자면 앞으로의 나의 인생 항로에 있어 하나의 날개를 달아주는 것과 진배가 없는 것이었다. 물론 학교에 들어가기 전 어린 유년 시절에도 나의 몸은 건강하고 튼튼했고 또한 날랬다. 또래의 누구하고 싸워서 지지도 않았다. 그 기본적인 바탕에 체계적으로 몸과 기술을 단련시키는 운동을 국민학교에 입학하면서 정식으로 만난 것이다. 나는 처음엔 축구부로 들어가 축구를 했다. 그리고 야구부에도 들어갔다. 두 운동부에서 열심히 해 선수로 나서기도 했다.

축구에서 야구로 바꾼 건 이런 이유가 있다. 축구에서 나의 포지션은 인나(inner)였다. 나름으로 열심히 한다고 했는데, 경기를 지켜보던 코치가 맘에 들지 않았던 모양이다. 어느 날 코치가 나를 불러 포지션을 바꿔 버렸다. 나는 그에 불만을 품고 코치에 항의하며 대들었다. 코치가 나를 나무라며 포지션 변경을 계속 고집하자 나는 "나, 안 할라요" 하며 축구부를 나와 버렸다. 그리고 곧장 야구부로 간 것이다. 그때 구기종목에서 축구는 성호가 잘했고, 야구는 무학이 잘했다. 이런 구기종목의 밑바탕은 체력이라는 걸 알고 있었기에 역도와 아령, 평행봉 등 운동도 열심히 했다. 아울러 나는 국민학교에 입학한 후 자전거도 처음 배워 운동장을 누비고 다니기도 했다.

공부와 관련해서 하나 덧붙이고 싶은 건 부모님의 나에 대한 기대가 적잖게 컸었기에 그 기대에 부응하기 위해 열심히 할 수밖에 없었던 측면도 있다. 통상 한 집안에서는 장남에 대한 기대가 크다. 우리 집도 마찬가지였을 것인데, 나보다 세살 위인 형은 아무래도 부모님의 기대를 충족시켜 주지를 못했던 것 같다. 국민학교 때도 그랬었기에 부모님은 아마 형보다 나에 대한 기대가 컸던 모양이다.

형을 폄훼하고자 하는 건 절대 아니지만, 형은 사실 그 후 상급학교에 진학할 적마다 돈이 들었다. 부모님은 나 못지않게 학교에 대한 관심도 적지 않아 어머니의 경우 학교 사친회 활동도 적극적으로 하셨다. 나는 5학년이 되면서 좋은 중학교에 들어가야겠다는 생각으로 공부에 더 힘을 기울였다. 그 당시 중학교에 들어가려면 또래들과 겨루는 입학시험을 치러야 했기 때문이다.

나는 국민학교 때 공부도 잘했고, 운동도 잘했지만 그와 관련해 특별하게 기억나는 건 없다. 그저 공부도 잘했고, 운동도 잘했고, 놀기도, 또한 싸움질도 잘했던 것이다. 바꿔 말하면 놀기도 잘하면서도 한편으로 부모의 기대에 부응하려는 생각에 공부도 게을리하질 않았다는 것이다. 또래들과의 싸움질은 속된 말로 '앵겨붙을' 상대가 거의 없었다. 내가 체력 면이나 완력 면에서 주먹도 셌지만, 그에다 나를 따라다니는 '쫄병'들이 많았기 때문이다. 그러나 싸우다 다친 어렴풋한 기억도 있다. 덩치가 산 만한 큰 아이와 동네서 한판 붙다가 무릎이 빠져 학교에 며칠 결석한 것이다.

나의 국민학교 생활은 한편으로 시국적인 차원에서 그 시절 다들 그랬듯 평탄할 수가 없었다. 학교에 입학한지 얼마되지 않아 6·25동란이 발생했기 때문이다. 철없던 어린 시절이고 마산이 남쪽 후방지역이어서 6·25에 대한 특별한 기억은 없다. 그저 어른들이 여기저기 모여서들 걱정스런 표정들로 웅성거린다든가 멀리서 "쿵, 쿵"하는 포성이 들렸던 그런 기억뿐이다.

그게 피난인지는 모르겠으나, 가족들 일부가 그 시기 마산집을 일시적으로 떠났던 기억은 있다. 아버지가 5남 2녀 우리 남매들만 진동의 친척집으로 보냈던 것이다. 그때 진동에까지 북한 인민군이 들어와 있던 전황을 감안하자면 아버지는 어떤 측면에서 우리들더러 피난보다는 인민군을 맞으러 우스개 말로 '전쟁 마중'을 나가게 했던 것이 아닌가 싶다. 우리 형제들은 진동 친척집에서 2개월 가량 머무르다가 마산집으로 돌아왔다. 6·25에 대한 내 기억은 이게 전부일 따름이다.

내 희망을 정한 중학 시절의 뒤안길

무학국민학교를 마치고 마산중학교에 들어간 게 1955년이었다. 마산중학은 1936년 개교한 5년제 마산공립중학교가 전신으로, 1950년 학제가 미국식으로 개편되면서 1학년에서 3학년 과정이 중학교로 분리돼 별도로 개교한 학교다. 마산중은 마산을 포함해 인근의 우수한 국민학교 졸업생들이 모여드는 명문이었는데, 마산에는 당시 마산중을 포함해 동중, 창신중, 마포중 등 10개의 중학교가 있었다.

지금 관점으로 보면 이해가 안 되시겠지만, 우리들은 중학교 들어갈 적에도 입학시험을 치렀고, 마산중은 명문이었기에 경쟁률도 셌다. 나는 국민학교 다닐 때에 놀기도 많이 놀고 말썽도 더러 부렸지만, 공부도 잘했고, 특히 5학년부터는 중학교 진학을 염두에 두고 공부를 게을리하지 않았기 때문에 마산중학에 무난히 합격할 수 있었다.

나는 중학교에 들어가면서 정신적으로나 육체적으로 부쩍 성장했던 것 같다. 앞으로 뭐가 되고 뭘 하고 싶다는 꿈과 이상을

1955년 입학 당시 마산중학교 본관 모습

가지기 시작했고, 몸도 하루하루가 다르게 커 갔다. 이른바 사춘기라 는 것도 중학 시절에 겪 은 것 같다. 지금 생각 해 보면 사춘기라는 게 참으로 애매하고 묘한 것이어서 신체적으로 도 그렇지만 한편으로 이성에 대해 나름으로 극복하느라 마음고 생도 좀 했다. 운동에 더 몰두하게 된 배경도 그 일환이 아니었 던가 싶다.

아무튼 나는 중학교에 들어가면서 체력과 건강을 위해 운동 에 더욱 몰두하였다. 중학교 1, 2학년 때 한번 평행봉에 붙으면 7, 80개는 거뜬했고, 턱걸이도 그 정도를 했다. 나는 운동이, 물 론 건강을 유지하기 위한 것이지만, 이와 함께 적어도 내 몸 하 나는 어떤 외부의 물리적인 공격으로부터 지켜낼 수 있게 하기 위한 최소한의 수단으로 여겼기에 더욱 열심히 했다. 그래서 체 력강화 운동과 함께 몸의 순발력과 지구력을 높이기 위한 달리 기나 멀리 던지기 등의 육상운동도 많이 했다.

이런 운동과 타고난 신체적 조건으로 나는 이미 중학교 1학 년 때부터 완력이나 싸움에 있어서는 자신감이 있었고, 실제로 도 잘하기로 이미 그때 소문이 나고 있었다. 그렇다고 내가 싸움

마산중학교 현재 모습

꾼이었다는 것은 아니다. 나는 운동을 열심히 하면서도 공부 또한 그에 버금가게 했기에 공부에서도 항상 상위권을 유지하고 있었다.

나는 중학교를 다니면서 다소 막연하나마 장래 희망으로 명망 있는 정치가를 꿈꿨다. 내가 그 후 대학을 정치외교학과로 간 것도 그 일환이었을 것인데, 이런 꿈은 뒤에서 얘기하겠지만, 결국 월남전에서 부상을 당하면서 좌절되고 말았다. 정치가가 되겠다는 것과 함께 또 하나 내 마음을 설레게 하는 장래 희망이 있었다. 그것은 팔각모에 빨강 이름표로 상징되는 해병대, 그것도 해병대 장교가 되는 것이었다. 이 꿈은 후에 내가 해병대 소위가 됨으로써 실현됐으니, 두 개의 꿈 중 하나는 달성했던 셈이다.

해병대가 되겠다는 생각을 갖게 된 계기는 중학교 2학년 때 원영국민학교 교정에서 해병대 군인들을 보면서다. 그곳에서 마산의 육군 39사단과 진해 해병대 간의 배구경기가 벌어졌는데, 그때 해병대원들의 일사불란하면서도 질서정연한 신바람 나는 응원을 보며 거의 넋을 잃었다. 얼마나 해병대원들의 그 응원이 멋졌으면, 인원이 해병대보다 월등히 많은 39사 육군 응원대조차도 응원할 생각도 까먹은 채 해병대 응원을 보며 박수를 치고 있었을까. 나는 응원을 지휘하는 해병대 장교의 멋진 모습을 보며 장차 나는 해병대 장교가 되리라 마음을 먹었던 것이고, 10년이 되기 전 1965년 그 꿈을 이뤘던 것이다.

마산중학을 나는 이렇듯 공부와 운동을 병행해 열심히 다니고 있었고, 그렇게 하면 중학교를 무난히 끝낼 수 있었을 것이다. 그러나 마(魔)가 끼었던 것일까, 운명의 신은 그 시절 나를 그렇게 내버려 두지 않았다. 지금 돌이켜보면 어쩌면 향후 내 향로를 크게 바꿔버릴 수도 있는, 그때 나이로는 상상도 할 수 없는 어떤 추잡스런 큰 사건에 휘말려 든 것이다.

당시 마산 시내와 학교를 떠들썩하게 했던 중학생들의 '노름 사건'에 연루된 것이다. 중학교생들이 아지트 같은 비밀장소를 만들어 놓고 모여들 앉아 도박을 한다? 그때의 일반적 사회상식으로는 도저히 납득이 되질 않는 사건에 내가 끼어들었고 큰 단죄를 받은 것이다. 지금 생각해 봐도 내가 왜 그때 그 짓을 했는지 도저히 이해가 되질 않으니, 결국 내 운명에 어떤 '마(魔)'가 낀 것으로 밖에는 볼 수 없는 것이다.

내가 개입된 그 사건의 전말은 이렇다. 2학년 중간시험을 전후한 시점이었다. 나는 그때 한 학년 위 3학년생들 중에도 알고 지내는 친구들이 꽤 있었다. 좀 껄렁한 아이들도 있었는데, 그들 중 두 명과 어느 날 목욕탕을 가고 있었다. 그러다 개들의 꼬임을 당한 것이다. 나보다 한 해 위로 3학년인 그들은 그때 구마산 역전 옆 어느 여관방에 비밀장소를 만들어 놓고 도박을 하고 있었던 것인데, 거기를 꾐에 빠져 따라갔던 것이다. 따라가 보니 그 장소에는 다른 중학생들도 포함해 여럿이 화투로 노름을 하고 있는 것이었고, 나는 별 주저함이 없이 그 판에 끼어든 것이다.

내 주머니에 돈은 항상 있었다. 가게가 딸린 집에 현금은 많았는데, 요컨대 부모님들은 그 돈을 경대 서랍 등에 별다른 주의 없이 넣어 놓고들 있었기에 꼭 나쁜 마음이 아니더라도 나는 돈을 집에서 수월하게 가질 수 있는 여건이었다. 질이 좋지 않은 3학년 아이들이 나를 그 노름판에 꾄 것은 바로 그런 점을 노렸던 것이다. 처음 개들을 따라가 노름판에 앉았던 그날 바로 경찰이 들이닥쳤다. 판에서 돈을 잃고는 앙심을 품었던 밀고자가 있었던 것인데, 그 자초지종을 설명할 필요는 없을 것 같다. 나를 포함해 노름판의 아이들은 몽땅 북마산파출소로 연행돼 갔다.

아무튼 그렇게 해서 경찰은 학교에 통보를 했고, 학교에서는 난리가 났다. 학교에서 즉각적인 조처가 내려졌다. 나와 3학년생 세 명을 포함해 퇴학 처분이 내려졌다. 나는 비로소 그때 정신이 번쩍 들었다. 내가 무슨 짓을 했고 내가 어떤 지경인가를 알아차렸을 때는 너무 늦었다. 나는 이미 큰 죄를 짓고 학교에서 퇴학으로 쫓겨날 형편이었다. 집에서도 난리가 난 건 당연하다. 부모님들로서는 통탄할 노릇이었다. 결국 아버지가 백방으로 나를 구하기 위해 나서셨다. 이미 퇴학 결정이 난 걸 어떻게 되돌릴 수 있겠는가. 하지만 아버지는 그저 주저앉아 있을 수만은 없었기에 학교에 통사정을 해 보기로 한 것이다.

아버지는 몇 날이고 학교를 찾아 교장 선생님에게 백번 사죄하며 선처를 바랐지만, 처음에는 씨도 먹히지 않았다. 결국 아버지는 이런 논리를 들이댔다. 내 아들까지를 포함해 퇴학이 4명인데, 3명은 3학년이고 내 아들은 2학년이다. 내 아들은 3학년이 시키고 꼬드기는 등 강박에 의해 그 짓을 한 것이니, 2학년생까지 퇴학을 시킨다는 건 너무 강한 조처가 아닌가 하는 항변을 했다. 이런 논리로 아버지는 당시 김문달 교장 선생님을 수도 없이 찾아가 하소연과 때로는 따지기도 하면서 읍소를 했고, 결국 학교에서도 아버지의 주장을 받아들였다. 나는 그렇게 해서 퇴학에서 무기정학 처분을 받는 것으로 종결이 됐다.

나는 결국 아버지 덕분으로 퇴학을 면할 수 있었지만, 3개월간의 긴 정학처분을 감수해야 했다. 마산중 생긴 이래로 가장 긴 정학이다. 아버지는 이렇듯 나로 인해 큰 곤욕을 치렀다. 나는 이때의 아버지에 대한 잘못과 송구스러운 마음을 아버지 세상 떠나실 때까지 갖고 있었다. 이후 나의 중학교 생활은 위축될 수밖에 없었다. 그저 학업과 운동만 하며 조신하게 학교를 다녔다. 그렇기에 그 후 중학교 생활에 대한 특별한 기억이나 추억거리는 없다.

내 글을 읽는 분들은 위 사건과 관련해 짐짓 이해가 되지 않는 측면이 있을 것이다. 앞부분에서 얘기한 바와 같이 내가 어린 시절 아버지가 집에서 지인들과 화투 노름하는 걸 보고 내가 "아부지, 화투 그만 치이소!" 하며 '호통'을 친 것을 떠올리면서 말이다. 아무리 어린 나이지만 아버지에게는 화투노름 하지 말라는 둥, 그런 짓 보기를 싫어했으면서 정작 내가 어떻게 화투 노름에 빠져들 수가 있겠는가 하는 의구심 내지 이야기 전개상 논리의 괴리감이 들 것이다.

이걸 어떻게 설명해야 할지 나도 사실 곤혹스럽다. 변명 삼아 말하자면 이런 것이 아닌가 싶다. 어린 나이였지만 집에서 아버지와 지인분들이 모여 벌이는 그런 짓거리 보는 걸 싫어한 것은 사실이다. 그런데 그런 한편으로 집안에서 시시때때로 벌어지는 어른들의 그런 노름판을 접하면서 그에 대한 어떤 호기심이 내 의식에 잠재적으로 남아 커 가면서 중학교 시절 그린 결과로 이어지게 한 게 아닌가 하는 것인데, 변명치고는 내가 생각해도 좀 유치하다. 한편으로 '서당개 삼 년이면 풍월을 읊는다'라는 속담이 그렇듯 집에서의 그런 환경이 결국 나로 하여금 노름짓을 하게 된 배경이 되지 않았을까 하는 생각이 들기도 한다.

아무튼 나는 그 짓과 그에 따른 엄혹한 결과가 어린 내 마음에 큰 상처를 줬고, 그래서 그 후부터 화투는 일체 손에 대질 않았다.

'이스탄불'과 '무학클럽' 사이에서

마산중학교를 우여곡절 끝에 졸업하고 마산고등학교를 들어간 게 1958년이다. 마산고는 마산중과 같이 1936년 5년제 마산공립중학교가 그 전신이다. 1950년 학제 개편 때 1학년에서 3학년 과정이 마산중으로 분리되고 한편으로 신학제에 따른 3년제 고등학교로 거듭난 게 바로 마산고다. 그러니 마산중과 마산고는 거의 동일계 학교이지만, 입학을 하려면 시험을 쳐러 합격을 해야 들어갈 수 있는 학교였기에, 마산중과 마찬가지로 마산을 포함한 경남 일원의 우수한 학생들이 모여드는 경남지역의 인문계 명문학교다. 나는 1958년 입학을 해 1960년 20회로 졸업을 했다.

고등학교에 들어가면서 나는 앞으로의 내 인생의 방향을 구체화시키기 위한 계획과 목표를 설정했다. 어느 대학, 어느 학과를 가야겠다는 목표를 정한 것도 고등학교에 입학하면서부터다. 앞에서도 언급했지만, 그 당시 내가 이상으로 택했던 직업은 정

1957년 입학 당시 마산고등학교 본관

치가였기 때문에 정치외교학과를 염두에 두고 있었고, 학교는 고려대였다. 나는 반드시 여기를 들어가야 한다는 신념을 갖고 고교생활을 시작했다.

고등학교 시절, 나는 잘 나갔다. 공부도 상위권이었고, 운동도 잘했다. 1학년부터 3학년까지 줄곧 학급 부반장을 지냈고 학교 자치위원회에서 간부 일도 했다. 부반장은 반장보다는 낮은 직책이지만, 반드시 그렇지만은 않다. 반장은 공부만 잘하면 된다. 하지만 부반장은 주먹도 있어야 하고 그와 함께 통솔력이 있어야 한다. 이런 점에서 나는 반장이 될 수 있었지만, 일부러 부반장을 택한 측면도 없잖아 있다. 공부도 잘하고 운동도 잘한데다 하나 더 추가하자면 싸움도 잘했기 때문이다.

당시 마산고에는 취향과 죽에 맞는 학생들이 끼리끼리 모이는 클럽이 여럿이 성행하고 있었다. 그중에 '이스탄불'이 제일 셌다. 학교의 센 주먹들은 거의 '이스탄불'이었다. 나는 마산고에 입학하자마자 '이스탄불'이 됐다. 마산중 졸업생들 중에서 내가

고등학교 체격자랑   고3 때 가포

공부와 함께 주먹으로 소문이 나 있었기 때문이다. 1학년 중반쯤 됐을 때 '이스탄불'에 희의가 왔다. 싸움을 많이 했기 때문이다. 거의 매일 싸움이었다. 힘겨루기였는데, 타 학교생들과 싸울 때도 자주는 아니지만 많았다.

  나는 그 무렵쯤 학교들 사이에서 이미 싸움 잘한다고 소문이 나 있었다. 내 가슴둘레가 그때 1m 20을 넘고 있었다. 맞짱을 뜨겠다는 상대가 거의 없었고, 심지어 마산 시내 일반 주먹 건달들 사이에서도 이름이 나 있었다. "마산서 정주식이 모르면 빨갱이(간첩)다"는 말이 나돌 정도였다. 나는 그런 명성(?)에 좀 우쭐했던 것도 사실이다. 그러다 이래서는 잘못되겠다는 느낌이 들면서 회의감이 들기 시작한 것이다.

  그래서 '이스탄불'을 탈퇴한다. 물론 거기를 빠져나오기가 쉽지는 않았다. 그래도 나는 내 위 형 친구들을 동원하는 등 무리수를 써기까지 하면서 나의 의지를 관철시켰다. '이스탄불'을 나와서는 공부 위주로 모이는 '무학클럽'에 가입했고, 거기서 나는 이 클럽의 소위 '범생'들을 지켜주는 보호막 구실을 하기도 했다.

나는 '이스탄불'에 있으며 싸움질을 할 적에 거의 진 적이 없을 정도로 주먹이 강하고 셌다. 어릴 적부터 동네에서 싸움꾼이기도 했고, 중학교에서도 그랬으니 그 주먹이 고등학교로까지 그대로 이어졌던 것이다. 그 시절에는 패싸움 그런 게 거의 없었고, 칼 등 흉기는 없었다. 맨주먹에 일 대 일로 신사적으로 맞붙어 승부를 가리는 싸움을 주로 했는데, 나는 이런 '신사적인' 싸움에는 거의 '달인'에 가까웠다. 말하자면 '싸움의 달인'이었던 것이다.

사회 일반 주먹 건달들과도 대결을 많이 가졌다. 이런 싸움에서도 단 한 번 진 적이 없었다. 나는 싸움의 기본은 뭐니 뭐니 해도 육상이라는 것이고, 그 생각은 지금도 변함이 없다. 육상은 몸을 빨리 놀리게 하는 기본적인 운동이다. 싸움에서 몸이 빠르면 당할 재간이 없다는 건 나름 경험을 통해 체득한 것이었고, 그랬기에 나는 항상 육상운동을 게을리하지 않았던 것이다.

싸움 이야기가 나왔으니 하는 말이지만, 나보다 좀 앞선 세대에 마산에서 싸움을 제일 잘하던 분으로 안무중이라는 분이 계셨다는 말을 들었다. 마산상고(현 용마고)를 나와 일본대 무도학과를 나오신 그분은 체구도 작았지만, 날랜 주먹에다 몸 빠르기가 당할 사람이 없는 싸움꾼이었다고 한다. 그분이 서울 남대문시장에서 6-7명 가량의 시장을 어지럽히는 주먹 건달들과 맞서 일순간에 제압한 것은 지금도 알만한 마산 사람들 사이에는 전설처럼 회자되고 있는 이야기다.

이런 말 하기가 부질없고 좀 뭐하지만, 만일 그분과 내가 한창 시절이었을 때 한번 같이 맞짱을 떴다면 어떤 결과가 나왔을까 하는 엉뚱한 생각을 해 보기도 한다.

고등학교 시절을 싸움 얘기만 늘어놓은 것 같아 송구스럽다. 다시 말하지만 그렇다고 내가 고등학교 시절 싸움질만 해대고 다닌 것은 결코 아니다. 공부도 열심히 했고, 줄곧 상위권을 유지했다. 그리고 내 인생에 있어 역사의 한 현장에 몸을 던지는 극적인 경험을 하기도 한다. 내 고등학교 3학년 때 일어났던, 그리고 내가 뛰어들었던 '3·15의거'가 바로 그것이다.

고교 3학년 졸업 무렵 사복차림

고려대학교 정외과 시절

나는 고려대학교 61학번이다. 1961년 마산고를 졸업하고 그해 내가 가고 싶어 했던 고려대 정치외교학과로 진학했다. 1961년은 주지하다시피 격동의 시기였다. 그 전해 4·19혁명으로 이승만 정권이 물러나고 내각총리제 개헌에 따라 장 면 총리 정부가 들어섰지만, 정치. 사회. 경제적으로는 여전히 불안했고, 안보적인 측면에서는 북한에 동조하는 용공세력이 기승을 부리고 있을 때였다. 결국 그해 5월 '5·16 군사쿠데타'로 박정희 군사정권이 들어섰지만, 국가의 불안 요소는 여기서기에 여진했디.

이런 시기 대학이라는 곳도 정치 사회적인 영향을 받지 않을 수 없었을 것이니, 대학 캠퍼스들도 안정되지 못한 건 마찬가지였다. 특히 내가 지망해 들어갔던 정외과는 과 특성상 정치나 사회 현안이나 현상에 민감할 수밖에 없는 경향 각지의 학생들이 모여든 곳이라 연일 정치나 사회 관련 토론회 등이 열리고 있었다. 나도 처음 한두어 번은 그런 토론회나 집회에 참석해 보았다. 그리다 니가진 않았다.

내 생각과 동떨어진, 이상론에만 들뜬 허황한 공설(空說)들이 난무하는 그런 토론회는 나의 적성에 맞지 않았기 때문이다. 대신 나는 학교 수업에 누구보다 열중했다. 당시 고려대 정치외교학과는 쟁쟁한 교수들이 많았다. 훗날 서울대교수와 문교부장관을 역임한 윤천주 교수를 비롯해 고려대 총장의 상징으로 남아 있는 김상협 교수 등이 계셨다.

내가 학교 수업에 누구보다 열심이었던 또 다른 이유가 있다. 1학기 수업을 듣지 못했기 때문이다. 그 배경은 내가 고려대 정치외교학과를 편입으로 입학했기 때문이다. 고 3때 누구보다 열심히 공부했기에 입학시험은 자신이 있었고, 전형도 잘 치렀고 합격에 자신이 있었다. 그러나 결과는 불합격이었다. 시험 치면서 어떤 잘못이 있었는지는 몰라도 나로서는 큰 충격이었다. 오로지 한 우물을 파듯 고려대 정외과를 목표로 했는데 결과가 그랬으니 그때의 심경은 참담하기 짝이 없는 것이었다.

하지만 나는 용기와 의지를 잃지 않았다. 재수를 할 각오도 하고 있었다. 그러다 고대 정외과에 들어갈 방법을 찾았다. 바로 편입제도다. 나는 그때 성균관 대학에 일단 학적을 마련해 놓고 편입시험 공부를 했다. 그리고 1학기가 끝날 무렵 편입시험을 치러 무난하게 2학기에 고대 정외과에 입학할 수 있었다. 편입했다고 그 자체로 일이 해결된 것은 아니었다. 1학기 수업을 듣지 못했기 때문에 1학기 학점 이수를 해야 했고, 그래서 1학기 28학점을 보충하기 위해 정시수업을 비롯해 그 외 보충수업 등

신입생 때.

2학년 때

2학년 때 중앙도서관

북한산 등반

고려대학교 정외과 시절

에도 열중할 수밖에 없었던 것이다.

나는 그때 고대 정문 옆에서 하숙을 하고 있었는데, 매일 학교 아니면 집을 다람쥐 쳇바퀴 돌리듯 오고가는 생활을 했다. 공부 외에 다른 건 일체 신경 쓸 겨를이 없던 시기였다. 그러나 단 한 가지 예외는 있었다. 바로 운동이었다. 아무리 공부가 중요하다 하더라도 평생을 해온 운동 또한 십수 년간 내 몸과 생활의 일부였기에 매일 운동도 빠뜨리지 않고 했다.

내가 고대에 입학하자마자 고대 역도부(역우회, 力友會)에 들어간 것도 같은 맥락에서다. 지금은 잘 모르겠는데, 내가 고대에 다닐 당시 역우회를 비롯해 고대의 각종 체육서클은 기율, 속된 말로 군기가 세기로 정평이 나 있었다. 그리고 각 체육서클들끼리의 경쟁심도 강해 불협화음이 거치질 않았다. 럭비부가 역도부에 있던 나를 건드려 조그만 사건이 일어났던 것도 그런 불협화

중암동 하숙집 하우스메이트였던 뽀빠이 이상용

음 중의 한 사례다.

각 체육서클들이 공동으로 사용하는 운동시설 방에 운동을 하러 갔다가 럭비부원으로부터 느닷없이 한 대 얼굴을 맞은 것이다. 나를 때린 사람은 졸업도 하지 않은 채 7, 8년간을 학교에 다니면서 체육부장을 겸하고 있는 럭비부 부장인데, 나더러 인사를 안 한다며 건방지다고 나무라다 주먹을 휘둘렀고 이 과정에서 나는 엉겁결에 얼굴을 한 대 맞은 것이다.

나는 맞고는 절대 못 사는 사람이라, 그가 체육부장이든 누구든 안중에 없이 그 자리에서 응징을 하려 했다. 더구나 나는 그때까지 안면을 그 누구로부터도 맞은 적이 단 한 번도 없었기에 화가 머리꼭지까지 올라 있었다. 그냥 그 체육부장을 번쩍 들었다. 그리고는 창밖으로 내던질 참이었다.

그런 나의 험악한 기세에 그 체육부장도 당황했던 것 같다. 그 즉시로 그는 꼬리를 내리며 사과를 했다. 만일 내가 럭비부장을 그 자리에서 응징을 했다면 자칫 럭비부와 역도부 간의 집단 패싸움으로 번질 수도 있었다. 그러니 역도부 풋내기 신입생인 나를 두고서 한편으로는 그 또한 부담일 수밖에 없었다.

그래서 그냥 겁을 주는 수준에서 끝냈다. 그 다음날 럭비부에서 얼굴 부기를 가라앉히라며 날계란 한판을 갖고 와 나를 달랬다. 그게 인연이 되어 럭비부장과는 그 후 친하게 지냈다. 고려대 체육부에서 상당한 실력자였던 그 양반과 그런 관계였으니 학교생활이 비교적 편했다.

나와 고려대 같은 61학번으로는 경제과를 다니면서 정경대 학생회장을 했던 이명박 전 대통령이 있다. 이 전 대통령과는 1970년대 내가 사업을 하면서 그걸 계기로 몇 차례 만나기도 했다. 당시 그가 현대건설 부사장으로 있을 때였다. 역시 경제과 출신으로 국내 굴지의 전기밥솥 업체인 C전자의 회장 구 아무개 회장과도 재학 시 친하게 지냈다. 이 친구는 손글씨 잘 쓰기로 정평이 나 있었는데, 그 손글씨 신세를 내가 톡톡히 진 바 있다.

졸업시험 때 나는 별다른 의도 없이 책자를 꺼내 본 컨닝 사건으로 곤욕을 치른 바 있다. 그때 시험감독이 후에 총장이 됐는데 고려대의 상징으로 남아 있는 김상협 교수님이시다. 나는 교수님에게 수차례 찾아가 잘못을 빌며 용서를 구했다. 그 과정에서 나는 나의 잘못을 회개하는 편지를 교수님에게 보내면서 글솜씨와 글씨체가 남다르게 좋은 구 아무개 이 친구더러 편지를 쓰게 했던 것인데, 결과적으로 교수님으로부터 용서를 받을 수가 있었던 것이어서 이 친구를 지금도 고맙게 생각하고 있다.

정외과 동기로는 국회의원을 지낸 김덕규, 조홍규, 박정훈, 김범명 능과 마산고 동기로 김호일이 있다. 고려대 재학 시절 친하게 지내던 한 해 선배로 농대를 나온 허 아무개가 있다. 허 선배는 고려대 역도부인 '역우회' 선배로도 나와 가까운 사이였는데, 이 선배는 후에 차지철 전 청와대경호실장의 보좌관을 역임하기도 해 '허지철'로 불리기도 했다.

나의 고려대학 시절은 비교적 순탄하게 보냈다. 해병대 장교가 되겠다는 꿈은 그때까지도 유효한 것이었고, 그래서 고려대를 졸업하기 전 나는 이미 해병대 간부후보생 시험에 합격해 해병대 예비장교가 돼 있었다.

고려대 동기들

내가 겪고, 뛰어든 마산 3·15의거

1

마산의 '3·15의거'도 이제는 세월이 많이도 흘렀다. 흘러가는 시간을 붙들어 맬 수는 없을 것이니 어쨌든 지나간 과거 속의 한 역사로 되고 있는 게 현실이다. 그러니 세월의 흐름 속에서 그 가치와 의미도 시간의 무게만큼 엷어졌다.

이즈음의 젊은 세대들이 3·15의거를 얼마나 알까. 대체적으로 모를 수도 있고 아예 관심조차 기울이지 않을 수도 있을 것이다. 하지만 마산사람들, 특히 나이 지긋한 시민들에게 3·15의거는 아직도 시간을 초월해 뇌리에 각인된 익숙한 한 역사적 사변이다.

3·15의거는 반세기도 훨씬 전인, 지금으로부터 65년 전 1960년 우리나라에 민주주의가 뿌리를 내리기 전 (민주화가 어느 정도 완성된 지금으로 보자면) 그 착근(着根)을 견인한, 4·19를 보태 결과론적으로 말하자면 우리나라 민주주의 대혁명이다. 독재정권의 권력 유지를 위한 부정선거에 분연히 떨쳐 일어나 피와 땀과 눈물로 부정선거를 폭로, 규탄한 후 독재정권 종식으로 이어

마산고등학교 학생 시위 모습

지게 하는 도화선을 마련해 준, 대한민국 역사에 의로움의 한 장을 열게 한 역사적인 사건이다.

 나는 마산사람으로서 이런 3·15의거가 마산과 마산사람에게 무엇일까를 가끔씩 생각해 본다. 비록 마산이라는 지명은 이제 없어졌지만, 그래도 '마산하면 3·15이고, 3·15하면 마산'이라는 등식은 여전히 대한민국 사람이라면 누구나 갖고 있는 보편적 인식이다. 그만큼 이 등식은 3·15와 마산을 떼놓을 수 없는 관계로 규정하는 한 잣대이면서 마산사람의 긍지와 자부심을 드높이는 요소이기도 하다.

이런 관점에서 3·15의거는 과거의 역사적인 사건이지만 마산과 마산사람들에게는 여전히 살아 있는 현재형의 그것이라고 나는 생각한다.

3·15의거에 당시 마산사람들은 거의 다 참가했다. 남녀노소를 불문하고 의거의 현장에 뛰쳐나왔다. 나 또한 그 현장에 있었다. 나는 청년 학생으로 그 자리에 있었고, 일을 도모했고, 동료 급우들과 투쟁했다. 나는 3·15의거에 그렇게 참가한 것을 지금까지 살아온 내 80 평생을 통털어 가장 자랑스럽게 여기고 있었다.

하지만 나는 지금껏 그것을 오랜 외국 생활 등 이런저런 사정으로 드러내지 않고 있었다. 그런데 나는 나의 3·15의거 얘기를 나이 80줄에 들어선 지금에야 밝히고 싶다. 3·15의거의 맥락에 내 얘기가 한줌이라도 보탬이 되기를 바라는 마음에서다. 내 나이 이제 80을 넘기고 있다. 인생의 황혼이라는 이런 시점에서 나는 이 얘기를 통해 3·15의거의 진실과 순수성을 바탕으로 한 정의감의 의미를 되새기는 한편으로 같은 맥락에서 이의 숭고한 정신과 역사적 의의를 후배들에게 전하고 싶은 것이다.

이런 측면에서 보자면 나는 그나마 운이 좋은 편이라는 생각이다. 3·15의거에 뛰어들었으면서도 진실을 전하지도 못하고 세상을 일찍 뜬 여러 동료들을 생각하면 그렇다. 3·15의거를 전후해 참여한 사람들에 따라 많은 영욕이 교차됐다. 더러는 죽었고, 더러는 다쳤고, 더러는 행방불명되기도 했다. 또 더러는 나라로부터 상을 받기도 했고, 더러는 감옥에 가기도 했다. 이 글을 쓰면서 나는 이들 중 어디에 속할까 하는 생각이 든다. 이 글을 보시는 여러분들은 글을 다 읽고 어떻게 생각할지가 궁금해진다.

역사적 사건의 현장에 함께하는 게 쉬운 일은 아니다. 원한다고 되는 것도 아니고, 피한다고 되는 것도 아니다. 더구나 그 현장에서 한 역할을 한다는 건 더욱 그렇다. 이는 크게 보아 우연일 수도 있고, 필연적인 것일 수도 있다. 3·15의거 현장에 있었던 나로서는 우선 마산에 살고 있었다는 것, 그리고 당시의 정치, 사회 등 시대적 상황, 그리고 그런 처지와 상황에서 주어진 어떤 불가피한 계기 및 그로 인한 나의 의지 등을 감안해 보자면, 나의 경우는 필연 쪽에 가깝다고 할 수 있겠다.

동학 전쟁을 배경으로 한 걸출한 서사시 '금강'을 쓴 신동엽(申東曄) 시인이 생각난다. 그는 시공을 초월해 19세기 말의 동학 전쟁 현장에 그토록 있고 싶어 했다. 그러나 현실적으로는 그럴 수가 없는 노릇 아닌가. 시인은 결국 자신이 쓴 '금강' 시 속으로 들어간다. 그 시에서 시인은 동학군의 신하늬 장군으로 나타나 동학 전쟁 현장에서 일본군과 싸우고 있다. '금강'이라는 시로써 그는 역사적인 현장에 있었던 것이었다.

2

3·15의거가 일어난 1960년 3월, 나는 마산고등학교 3학년 학생이었다. 그해 3월은 나를 포함해 3학년이 된 우리 동기들로

서는 대학 진학을 위해 마음을 새롭게 가다듬고 면학에 한층 더 힘을 써야 할 시기여서 봄날의 아스라한 지평선 아지랭이 마냥 기대와 긴장이 교차되던 때였다. 하지만 그렇다고 딱히 그럴 수도 없는 게 갓 3학년이 된 우리들의 처지였다. 자유당 독재정권 하의 나라 돌아가는 형국이 위태위태했기 때문이다. 정치와 사회, 경제는 독재정권의 추잡하고 허약한 토대 위에 갖은 부정부패 등으로 회복이 불가능할 정도로 망가져 가고 있었고, 그에다 민생의 극심한 어려움과 빈부격차 등으로 인한 사회적 모순이 한층 심화되고 있어서 나라가 언제 엎어진대도 하등 이상할 리가 없는 위기 속의 대한민국이었다.

나라 꼴이 이러니 혈기 왕성한 청년 학생인 우리들로서도 앞날에 대한 불안과 걱정이 없을 수가 없었다. 3·15의거는 자유당 정권이 자행한 3월 15일 부정선거에 맞선 마산시민의 혁명적인 항쟁이지만, 그 조짐은 나라의 이러한 전반적인 어지러운 상황에 대한, 국민적 불만을 중심으로 한 민심과 함께 이미 오래 전부터 배태되고 있었다고 봐야 한다.

이런 상황에서 이미 민심이 떠나버린 이승만 독재정권은 정권 유지를 위한 계략, 즉 3월 15일 정·부통령선거에서 대규모 부정 공작을 도모하고 있었고, 이는 선거 전부터 이미 시중에 그 소문이 파다했다.

그걸 우리 학생들이 모를 리가 없었다. 따라서 학교에서는 교실마다 급우들끼리 삼삼오오 모이기만 하면 정권에 대한 비난과 불만이 난무했고, 그 방안으로써 우리(학생)들이 떨쳐 일어나야 한다는 '당위적 참여론'이 적극적인 지지를 받고 있었다.

    3월 초부터는 구체적으로 대구에서 경북고 학생들을 중심으로 일어난 '2·28사태'와 부산 동래고 시위 움직임에 적극 동조해야 한다는 주장들과 함께 마산고 교내의 시위 분위기 또한 점차 고조되고 있었다. 이와 관련해 동래고와 마산고 학생회 간부들이 거사 일정을 조정하기 위해 구체적인 협의를 가졌다는 얘기들이 의거 후 나왔는데, 내가 아는 바로 이는 좀 과장된 게 아닌가 하는 생각이 든다.

    당시 마산고등학교는 학생들 스스로 학교생활과 학업을 운영하기 위한 취지로 '학생자치위원회'가 있었다. 동기인 박문달이 위원장이었고, 오형섭이 대대장, 그리고 정종식이 기율부장이었다. 나는 3학년 2반 부반장으로 자치위 내에 설치된 운영위 운영위원이었다.

    이러던 중 3·15의거는 쏜살처럼 우리들을 덮쳤다. 주지히디시피 3·15의거는 이승만 정권하에서 자행한 '3·15정·부통령선거'에서의 상상을 초월하는 부정선거가 그 직접적인 촉발 요인이다. 이 부정선거는 마산에서 유독 그 양태가 심했다. 사전투표. 3인조 공개투표 등 갖가지 부정투표가 자행된 것이다. 이 가운데 사전투표는 정말 악랄하고 지독한 것이었다.

    이 과정을 지켜본 당시 야당인 민주당으로서는 도저히 묵과할 수 없는 민주주의 유린의 만행이어서 3월 15일 선거 당일 오전 10시 반 선거 포기를 선언하고 가두시위에 나서게 되면서 3·15의거는 시작된다. 시위는 시민들의 적극적인 호응 속에 세를 불리며 마산 시내 곳곳에서 그 위세를 올렸고, 이에 위기감을 느낀 경찰은 시위대에 대한 구타와 구금, 체포로 대응하다 급기야는 거의 마지막 수단인 발포까지 하게 되면서 살상의 만행을 저질렀다. 이로써 3월 15일 시위 첫날 수십 명의 시민과 학생이 죽거나 다치게 되는 인명 손실 사태가 발생한다.

이날 마산고 재학생이던 김용실(21회)과 김영준(19회)이 경찰의 총탄으로 사망한다. 이와 함께 2학년 박광규, 박광수, 김무신, 서기홍 등이 부상을 당한 상태에서 무차별 구타를 당한 채 구속됐다. 이 소식이 학교에 전해진 16일 교내는 경악감 속에 분노로 들끓고 있었다. 당장 전교생 차원으로 교문을 박차고 나가 시위에 나서자는 쪽으로 학교 여론이 들끓었다.

그러나 16일부터 시위에 참가한 시민과 학생들에 대한 경찰의 무더기 연행이 구금으로 이어진 데다 경찰과 교사들의 엄중한 감시 등으로 우리 마산고 학생시위는 좌절되고 있었다. 게다가 이날 마산 일원 중·고등학교에 대한 휴교령이 내려지면서 마산고생들의 발목은 더욱 꽁꽁 묶였다. 하지만 마고생들의 가슴에는 분노의 물결이 용광로처럼 활활 들끓고 있었다.

3

나는 마산고등학교 학생의 일원으로서 3·15 부정선거와 그에 맞선 시민. 학생들에 대한 경찰을 포함한 당국의 살인과 폭력 등 야만적인 행태에 대해 솟아오르는 분노심을 시위에 참여한 마산시민, 학생들과 함께 공유하면서도 어찌할 수 없는 안타까움에 그저 발만 동동 구르고 있는 상태였다. 나뿐만이 아닐 것이다. 학교의 급우들도 마찬가지였다. 말하자면 시민과 학생들의 개별적 시위에 강한 연대감을 보내면서도 이는 다분히 심정적인 것이었다는 얘기다.

사실 3월 15일 부정선거가 자행된 당일 들고 일어난 1차 3·15의거 때 참여한 학생들은 조직적인 것이 아닌, 개인적인 충동이나 우연 혹은 어떤 불가피한 상황에 의해 흐름의 물결을 타는 경우가 대부분이었다. 하지만 참혹하게 살해돼 유기된 당시 마산상고 입학생 김주열의 시체가 마산 바닷가에 떠오른 4월 11일 이후의 그것은 다른 양상이었다. 학생들이 조직적으로 시위에 나선 것이다. 학생들뿐만 아니라 마산과 마산시민 전체가 분노의 용광로처럼 끓어오른 상태에서 어쩌면 그것은 당연한 귀결이었을 것이다. 역사가들은 이를 기점으로 한 마산시민들의 시위를 '제2차 3·15의거'라고 부른다.

4월 11일 오전 11시 30분 마산 신포동 중앙부두 앞 바다 수면 위로 떠 오른, 오른쪽 눈에 최루탄이 박힌 김주열 시신의 참혹한 모습을 본 마산시민들은 경악하고 분노했다. 시신이 안치된 도립병원 앞을 기점으로 이날 저녁 4만여 명의 마산시민들이 궐기해 거리로 나섰다. 당시 마산 인구 12만 정도였던 걸 감안하면 마산시민의 3분의 1일이 시위에 나선 것이다.

이날 저녁 마산은 시청과 파출소, 소방서 등 관공서를 포함해 주요 언론사, 그리고 자유당 인사들의 집이 불타고 파괴됐다. 경찰은 시위대에 곤봉 구타와 연행 등으로 맞서며 진압에 나섰지만 성난 파도와 같은 군중을 감당하기에는 아예 처음부터 역부족이었다. 결국 그런 와중에 경찰은 3월 15일 1차 의거에 이어 결국 이날도 발포로 맞서 수십 명이 죽거나 다쳤다.

나 또한 언제 집을 나왔는지 모르게 시위대 선두에서 목이 터져라 구호를 부르짖으며 돌을 던지고 있는 나 자신을 발견했다. 그때 내가 속한 시위대는 북마산파출소 앞이었다. 그 당시를 돌이켜 보면 그날 어떻게 내가 집에서 뛰쳐나와 시위에 참여했는지 생각이 난다. 아버지가 뜻밖에 나를 시위에 나가라고 적극 부추긴 것이다.

하루라도 운동을 게을리하지 않았던 나는 그날 초저녁 무렵 혼란스러운 시내 분위기에도 불구하고 운동을 마치고 아버지 가게가 딸린 수성동 집으로 내려갔다. 가게 바깥 시장통은 데모 열기로 가득차 있었다. 가게를 들어서려는데 아버지가 계셨다. 아버지께 왔다는 인사를 드리며 아버지를 보니 아버지는 잔뜩 화가 난 표정이었다. 아버지는 그런 표정으로 나를 보더니 대뜸 이러셨다. "니는 와 데모를 안 하냐" 하시는 것이다.

시장통에서 장사를 하시는 아버지는 평소에 과묵하셨고, 정치엔 관심이 없는 분이셨다. 그런 아버지가 나더러 꾸짖듯이 그렇게 말씀하시는 것에 나는 당황할 수밖에 없었다. 나 또한 자유당 독재정권의 실정과, 부정선거에 특히 분개해 있는 상태에서 이와 관련해 뭔가 어떤 일을 도모할 궁리를 하고 있던 차에 아버지의 데모에 나가라고 부추기는 듯한 말씀은 언뜻 시의적절한 것이면서도 한편으로 의외의 것이었다.

  나는 그때까지 생각하기로 우리 아버지도 다른 아버지들과 마찬가지로 자식의 안전을 바라는 차원에서 자식의 데모 참가를 만류할 것으로 지레 짐작을 하고 있었고, 그래서 아버지의 눈치를 슬금슬금 살펴보던 중이었다. 그런 아버지에게서 나더러 데모에 나가라는 뜻밖의 말씀을 들었고, 그래서 아버지에게 일언반구도 하질 않고 데모에 뛰어든 것이다. 내 아버지의 이런 예에서 보자면 마산은 3·15부정선거 및 이로 인한 3·15의거를 기점으로 전국에서 야권(野圈) 성향이 가장 강한 도시가 된다. 말하자면 마산의 3·15의거는 마산시민들의 정치적인 각성을 일깨운 하나의 계기가 된 것이라 할 수 있다.

  그 길로 집을 나온 나는 군중들 속에 휩쓸려 북마산파출소 앞까지 오게 된 것인데, 그 과정에서 나는 무학초등학교 앞 북마산으로 가는 철길에서 돌을 가득 주워 가방에 담아서 군중들에게 나눠주는 역할을 했다. 그렇게 해서 돌을 나눠주며 구호를 외쳐대는 한편으로 경찰에게 돌을 던지며 시청 쪽으로 행진하던 중 어느 지점에선가 "땅, 땅, 땅" 총소리가 울렸다. 경찰들이 실탄 사격을 시작한 것이다. 시위대는 전열이 흐트러지면서 각자 엎드

3·15의거 마산고 시위 당시 내 모습(오른쪽에서 두 번째)

리거나 숨을 곳을 찾아 튀는 등 일대 아수라장이 벌어지고 있었다. 나도 엎드려 숨을 곳을 찾는 일촉측발의 그 순간, 내 눈에 들어온 것은 내 옆에 두 명이 총을 맞고 쓰러져 고통스러운 비명을 지르고 있는 모습이었다.

그리고 그 뒤에선가 누군가 한 사람이 피를 흘리며 쓰러져 버둥대고 있는 게 눈에 들어왔는데, 이상하게도 그 형체가 나를 끌어당기는 느낌이 들었다. 엉금엉금 기어 부상당한 사람의 곁으로 가서 보니 그 사람은 다름이 아닌 '판구'였다. 판구는 내 동네 인근에 사는, 학교에 다니지 않는 '사회 친구'로 나와는 친하게 지내던 사이였다. 그 판구가 복부 쪽에 총을 맞아 부상을 당해 피를 흘리며 쓰러져 있는 것이었다.

그런 처참한 지경의 판구를 본 순간 이러고저러고 할 시간이 없었다. 부상당한 판구를 들쳐업고 뛰었다. 얼마나 뛰었는지 모르겠다. 일단 병원을 가야겠는데, 사방 천지가 정전으로 어디가 어딘지도 모르는 상황이었으니 그저 방향도 모른 채 뛰고 있을 뿐이었다. 숨가쁜 줄도 모르고 한참을 정신없이 뛰면서도 나는 입속으로 기도하듯 그저 "시민외과, 시민외과"만 되뇌이면서 빨리 그 병원으로 가야겠다는 생각뿐이었다.

수성동에 있는 시민외과는 우리 동네 사람뿐만 아니라 마산 시민 누구나 다들 잘 알고 있는 병원으로, 우리 집과도 잘 알고 지내는 사이였다. 외과의로 명성이 높았던 당시 김화수 원장님은 나의 아버지와도 잘 알고 지내는 사이였고, 특히 그 집 아들들 중 한 명은 마산고 1년 후배이면서 내 친구이기도 했다. 그래서 나는 이 병원을 수시로 드나들었고, 병원의 간호사들과도 잘 알고 지내고 있었다. 그렇게 정신없이 달리는 중에 얼마 되지 않은 거리에 병원을 나타내는 불빛이 보였다. 바로 시민외과였다.

시민외과에는 경찰의 구타와 특히 총상을 입은 많은 부상자들이 응급실 여기저기에 드러누운 채 치료를 받고 있었다. 나는 응급실 한쪽 구석에 판구를 일단 눕히고 알고 있는 간호사에게 응급치료를 부탁했다. 간호사가 총상 부위를 살펴보는데, 판구가 다 죽어가는 소리로 내 손을 잡고 내 이름을 불렀다. 내가 판구의 손을 꼭 잡았더니 판구 하는 말이 "주식아, 내 죽는 거 아이가?"라고 울음 섞인 목소리로 훌쩍거리며 말하는 것이었다. 판구의 그 말에 나는 간호사와 원장님에게 외치듯 상태를 물었다. 그랬더니 원장님이 우리를 유심히 돌아보며, 생명에는 지장이 없다고 했다. 그렇게 해서 판구를 안심시켰다. 그 후에도 판구는 몇 번씩이나 나를 보고 자기가 혹시 죽지나 않을까 안달을 내고 있었는데, 그 혼란스럽고 어지럽고 위태로운 상황에서 나는 나도 모르게 웃음이 나왔다. 판구가 자꾸 그런 말을 하는 게 의료진으로서는 바쁜 와중에 자꾸 듣기도 그렇고 짜증스러웠던 모양이다. 원장님이 나더러 다시 한 번 생명에는 지장이 없다면서 "걱정하지 말고 내일 퇴원하도록 하거라"고 했다.

나는 그날 밤까지 병원에서 판구를 돌보다 밤늦게 몸과 마음이 엉망으로 지친 상태로 집으로 왔다. 아버지는 집으로 들어온 나를 보고 별다른 말씀도 없었다. 행색이나 표정으로 보아 내가 데모에 참가한 것은 잘 알고 계셨을 것이다. 그런데도 아버지는 무관심으로 대하시는 게 나는 속으로 좀 서운했다.

아버지의 부추김으로 데모에 나가 나름으로 할 일을 했고, 또 경찰이 총을 쏘는 등 위험한 데모 현장에 있다가 왔으면 한마디쯤이라도 "욕봤다"라든지 "어데 다친 데 없고 무사하냐"는 등의 따뜻한 한말씀쯤 하실 줄 알았는데, 아버지는 그냥 아무런 표정 없는 평소의 그 모습이었는데, 그 표정대로라면 "씻고 자라"고 하시는, 평소 으레 하시는 말씀 그 이상 그 이하도 아니었다. 하기야 원체 표현을 잘 드러내시지 않는 과묵한 성격이셨으니까 오히려 나의 그런 바람이 호사였을 것이지만, 그래도 아무튼 나는 아버지에 대한 일말의 서운한 감정은 어쩔 수 없는 것이었다.

나는 세수를 한 후 내 방으로 가 책상 앞에 앉았다. 그리고 오늘 일어났던 일과 내가 한 행동, 그리고 앞으로 어떻게 해야 할 것인가를 생각했다. "독재 타도! 민주주의 만세!"를 목이 터져라 외쳤던 데모 현장, 경찰의 실탄 발사, 그로 인해 죽거나 다친 시민, 학생들… 그런 생각이 떠오르면서 몸서리가 쳐졌고 치가 떨려오기 시작했다.

아니, 부정선거 등 민주주의 국가에서 도저히 용납될 수 없는 짓에 대해 규탄하며 들고 일어난 국민들에게 어찌 공권력인 경찰이 총부리를 겨누고 쏠 수 있다는 것인가. 이런 독재 권력의 나라에 과연 내일의 희망이 있을 수 있겠는가 하는 생각과 함께 이 독재정권을 이대로 결코 둬서는 안 된다는 의분감이 치솟았다. 그러면서 나는 학생으로서 내가 해야 할 일이 무엇이고 어떻게 해야겠다는 결의를 다졌다. 그날 밤 나는 잠을 이룰 수가 없었다.

4

다음 날 나는 평소보다 일찍 학교로 갔다. 학교는 학생들의 소요 사태를 막기 위해 교문을 제한적으로 폐쇄하고 각급 교실 출입도 통제하고 있었다. 학교 측의 학생 데모를 막기 위한 조처는 다양하고 강력했다. 학교 출입의 제한적 폐쇄는 물론이고 경찰의 사찰, 그리고 학부모를 통한 사전 단속도 그중 하나였다.

나는 3학년 운영위원으로서 여러 가지 측면에서 전교생들에 대한 장악력이 있었고, 특히 학생 선도와 규율을 통제하고 조정하는 입장에 있었다. 그랬기에 나에 대한 감시는 더했다. 그러니 학교에서 무슨 일을 도모하기 위해서는 선생님들이 모르게 비밀리에 해야 했다. 그래도 학생들은 전날의 네모 등과 관련해 저마다들 학교에서 어떤 사단이라도 마련해야 할 것이 아닌가 하는 생각에 삼삼오오 짝을 지어 학교로 등교하고 있었다.

나는 학교에서 일단 운영위원회 회의를 선생님들 모르게 비밀리에 소집하게 했다. 그 전에 나는 자치위원장인 박문달에게 상황의 긴박함을 전제로 마산고 전교생이 전원 시위에 나서야 하는 필요성을 얘기하고 동의를 구했다. 그리고 대대장인 오형섭과 정종식 기율부장에게도 이런 내 생각을 전했고, 이들도 내 말에 동의를 했다. 물론 학교 측에는 절대 알리지 않는 것을 전제로 한 것이었다.

소집된 운영위원회에서 나는 3·15 부정선거와 이승만 자유당 정권의 불의에 맞서 마산고 전교생 차원에서 데모를 하는 건 정당한 것이라고 주장하면서 데모의 불가피성을 역설했다. 덧붙여 "시금 이 상황, 그리고 이 시점에서 마산에서 고등학교생들이 데모에 나서야 한다. 누가 해도 해야 할 고등학생 데모인데, 그렇다면 다른 학교에 앞서 마산고가 제일 먼저 나서야 한다"고 주장했다. 그리고 운영위원회의 동의를 얻어냈다. 운영위에서는 이와 함께 공무원을 아버지로 둔 학생들은, 아버지가 어떤 불이익을 받을지 모르므로 데모에서 제외시키자는 견해가 제시돼 통과되기도 했다.

　이렇게 해서 1천5백 명 전교생들을 운동장에 전원 집결시켰다. 교사들은 학생들의 이런 불시적인 움직임의 기세에 놀라 전전긍긍하고 있으면서 운동장에는 나오질 않고 교무실에서 지켜보고만 있었다. 말하자면 교사들도 대세의 흐름을 어찌할 수 없었던 것이다. 나는 말을 잘하는 오형섭 대대장더러 연설을 하라고 부추겼고, 대대장은 연단에서 데모의 불가피성을 중심으로 분노가 섞인 열변을 토했다. 참혹한 모습으로 바다에서 발견된 김주열 열사를 얘기하는 지점에서는 전교생들의 의분에 찬 감성을 자극했는지 대부분의 학생들이 두 팔을 들어 올리며 "나가자!"라는 구호를 외치면서 당장이라도 교문을 박차고 뛰쳐나갈 태세를 보이기도 했다.

　김주열의 시신이 떠올라 마산시민들의 노도와 같은 3·15의거 2차 시위가 있었던 그 다음 날인 4월 12일 마산고 데모는 그렇게 시작됐다.

　이날 마산고 데모대는 오전 11시쯤 교문을 박차고 나섰다. 데모 인원은 1천여 명으로, 전교생 1천5백 명 가운데 1학년은 제외시키자는 얘기가 나와 이들은 일단 교실로 돌려보냈다. 이와 관련해서는 다소 다른 얘기가 있다. 박문달 자치위원장은 그날 마산고 데모는 1천5백 명 전원이 참가했다는 증언을 남겼지만 ('3·15기념사업회' 발간 『3·15의거사』), 내가 생각하기로는 1천여 명이 맞지 않는가 싶다. 나의 동기생이며 친구인 홍석교 군도 2, 3

학년생들을 중심으로 9백여 명이 참가한 것으로 기억하고 있다.

교문을 뛰쳐나간 마산고 데모대는 나와 오형섭이 선두에서 지휘했다. 맨 선두에는 덩치 큰 3학년 학생들과 함께 당시 내가 소속된 교내 친목클럽인 '부학' 멤버들로 하여금 스크럼을 짜 앞장을 세우고 그 뒤를 데모대가 오와 열을 정돈되게 갖추고 뒤따르게 하면서 시위에 돌입했다. 학생들은 교문을 나서자마자 구호를 외쳤다.

"김주열을 살려내라!"
"살인경찰 처단하라!"
"부정선거 다시하라!"
"이승만 대통령 하야하라!"…

교사들도 이렇게 뛰쳐나간 학생들을 마냥 지켜보고 있을 수만은 없었을 것이다. 기억하기로 김창기, 심모섭, 이훈경 선생님 등 몇몇 교사들도 데모대를 따라나섰다. 당시 교장인 김치은 선생님도 합류했다는 전언이 있는데, 선두에 섰던 나로서는 교장선생님을 본 기억은 없다.

마산고 데모대의 주 방향은 마산경찰서와 시청, 그리고 김주열의 시신이 안치돼 있는 도립병원 등이 있는 신마산 쪽이었다. 그렇게 방향을 잡은 후 무학국민학교 앞 간선도로에서 일단 남성동 파출소를 경유해 마산의 다운타운 격인 구마산 불종거리

쪽으로 행진을 이어 나갔다. 아침 11시를 넘긴 시간이었는데, 마산고생들 데모대를 본 시민들이 길 양옆으로 늘어서기 시작하면서 응원의 박수와 함성을 보내주기 시작했다. 시내 중심가인 불종거리에서 마산고 데모대는 잠시 의식을 가진 후 구호와 노래를 부르면서 시위를 벌였고 이에 시민들은 열렬한 지지와 호응을 보냈다. 데모대는 불종거리에서 다시 남성동파출소로 내려와 주력 방향인 신마산 시청 쪽으로 향했다.

신마산 시청 쪽으로 행진해 나가면서 시위는 가두 시민들의 지지와 호응이 가열되면서 열기가 끓어올랐다. 선두에서의 선창은 오형섭이 맡았는데, 신마산 쪽으로 가면서 나에게 바톤을 넘겼다. 나로서는 대중 앞에서의 그런 경험은 처음이라 어색했지만, 시위 열기에 나도 모르게 목청껏 구호를 외쳤다. 그러나 아무래도 내가 하기에는 오형섭이 하는 것보다는 역부족이라는 생각이 들어 다시 형섭이에게 선창자 지위를 넘겼다.

마산고 데모대가 다시 부학국민학교 앞을 지나는데 학교 앞에 몰려있던 얼마간의 시민들이 흥분된 상태에서 우리 데모대에 합류하려 했다. 나는 그런 움직임을 보고 그 즉시 시민들 앞으로 가 합류를 차단했다. 나는 그들에게 이렇게 말했다.

"시민 여러분들의 성의와 열의는 고맙습니다. 하지만 우리들은 순수한 고등학생들로서 나라와 국민을 위한 우리들의 순수한 뜻을 전하고자 하는 평화적인 시위인 만큼 합류를 자제해 주시기 바랍니다."

나의 이 말에 시민들은 동의를 담은 박수와 환호를 보내면서 "과연 마산고등학교답다"는 등의 말로 우리들을 격려해 주었다.

무학국민학교를 지나 시청 쪽으로 가려는데 이런 얘기가 들려왔다. 도립병원 앞에 경찰들이 완전부장한 채 바리케이드를 치고 시위대를 제압하려 한다는 것이다. 우리들은 도립병원에서 김주열을 위한 간단한 추모 의식을 지낼 예정이었다. 그러면 어떻게 될까. 시위를 강행해 도립병원으로 가 추모제를 가지려 한다면 경찰들이 제지하려들 것이고 그러면 충돌이 빚어지는 것은 명약관화한 일이었다.

그럴 경우 그 다음이 어떻게 전개될지를 생각하니 아찔했다. 위기의 국면이었다. 평화적 시위를 천명했으니 어떻게든 충돌은 막아야 한다. 그러니 선택의 여지가 없었다. 오형섭이가 이때 "우리 어디로 가야 하노?"라고 한 학생을 시켜 나에게 물어왔다. 그래서 나는 잠시 간의 궁리 끝에 결국 길을 우회하자고 했다. 시청 쪽으로 이어지는 간선도로를 우회해 오른쪽 완월동 비포장 도로로 완월초등학교 쪽으로 올라가자고 했고, 마산고 시위대는 내 말을 따랐다.

시청 맞은편 길에서 비포장도로를 따라 오르면 완월동을 지나는 길에 성지, 마산, 제일의 3개 여자고등학교가 있었다. 나는 문득 이런 생각이 떠올랐다. 여고생들을 학생 데모에 동참시키고자 하는 것인데, 이 또한 우리 시위의 효과적인 측면에서의 한 결과가 될 수 있지 않을까 하는 것이었다. 그런 계획으로 우리 데모대는 먼저 성지여고 앞에서 멈춰 구호를 부르짖고 노래를 부르며 시위를 벌였다. 성지여고생더러 함께 시위에 참석하자는 것이었다.

수업 중이던 성지여고생들은 창문을 열고 손을 흔들며 화답을 보냈다. 이어 마산여고 앞으로 가 마여고생들을 불러내는 데모 선동을 한참 동안 했고, 그리고 제일여고 앞에서도 같은 시위를 벌이며 여고생들의 데모 동참을 유도했다. 다음 날인 13일에 있은 마산시 8개 고등학교 연합시위에 3개 여고 여학생들이 적극적으로 참여한 것은 우리들의 이날 여자고등학교 앞 시위에 힘입은 바가 없지 않았을 것이다.

제일여고 앞 시위를 끝내고 이어 창원군청 쪽으로 행진하면서 한 차례 아찔한 순간이 있었다. 창원군청 앞에서 어떤 이유에서인지 갑자기 학생들이 흥분하기 시작하며 돌멩이를 군청 건물에 던지면서 난입하려는 사태가 벌어진 것이다. 결국 또 내가 나서서 몇몇 격렬 주동자들에게 책임을 묻겠냐는 식으로 강한 엄포를 주어 자제를 시키면서 사태는 진정됐다.

창원군청 앞에서의 그 소요 때문에 우리들은 창원군청 옆 개천을 따라 내려와 마산경찰서를 지나 시청 쪽으로 갈 계획을 세웠다. 하지만 그런 계획을 눈치챈 선생님들이 적극 만류했다. 그래서 그냥 경찰서 앞까지만 가기로 했다. 경찰들과의 충돌을 우려한 탓인데, 결과적으로 선생님들은 상황을 모르는 상태에서 단지 충돌을 피하고자 하는 생각뿐이었다. 그 시각 경찰서에서 시청 쪽으로 가는 간선도로에 경찰은 이미 뿔뿔이 피신해 있던 상황이었다. 우리들은 선생님들에게 경찰서 앞에서 데모를 끝내고 해산하겠다는 약속을 하고 경찰서 앞까지만 가자고 했던 것이다.

선생님들의 어떻게든 데모를 막아보겠다는 안간힘은 가히 눈물겨울 정도였다. 가는 곳마다에서 선생님들은 이구동성으로 해산을 독촉하며 감성에 호소하기도 했다. 행진하는 와중에 한 학생이 나를 찾아와 김창기 선생님이 찾는다기에 가 보니 선생님은 나에게 데모의 열기를 진정시키려 했다. 엄혹하다면 엄혹한 시위 현장에서 김창기 선생님 말씀은 쓴웃음을 짓게 했다. 60여 년이 훨씬 지났는데도 그때 선생님이 나를 붙잡고 했던 이 말은 아직도 기억에 생생하다.

"주식아, 나는 인자 늙어서 너희들을 도저히 따라다닐 수가 없다. 그러니 인자 데모 좀 그만하모 안 되겠나, 응? …"

마산경찰서 앞으로 오니 경찰서는 말 그대로 개미 새끼 한 마리도 안 보이게 전부 철수한 상태로 텅 비어 있었다. 그럴 만도 했을 것이다. 그날 마산은 전날 폭풍 같았던 2차 3·15의거의 여파와 함께 시민들의 분노가 팽배해, 말 그대로 어떤 일이 이어지고 벌어질지 가늠할 수 없는 '태풍 전야' 같은 분위기였기에 공권력은 완전 무력해진 상황이었다.

이런 무중력 상태의 분위기에서 우리들 마산고 데모대는 선생님들과의 약속도 있고 해서 이날 데모를 사실상 더이상 이어

갈 수 없는 노릇이었다. 우리들은 경찰서 앞 마산역 광장에서 전원이 참석한 가운데 이날 시위의 해산식을 가졌다. 역 광장에 가운데에 있던 연단에 내가 올랐다.

나는 "3·15부정선거와 자유당 정권의 부정부패, 그리고 국민을 살상의 대상으로 한 살인 경찰을 규탄하며 마산에서 고등학교로서는 맨 먼저 벌인" 마산고 학생 데모의 의의를 높게 평가하고, 특히 "비폭력, 무혈, 평화적 시위로 무사하게 시위를 끝내준 데 대해 서로를 위로하고 안도하자"며 마산고 데모대의 노고를 격려했다.

이어 우리들은 나의 선창으로 "대한민국 만세!" 삼창을 목이 터져라 외쳤다. 그리고 나는 이날 마산고 데모의 공식적인 종료를 선언했다. 종료를 선언했지만, 학생들은 대오를 흐트리지 않고 그 자리에서들 서성거리며 이날 데모의 의의와 감격을 되새기려는 자세들이었다. 그런데 뒤에 듣기로 해산이 선언된 후에 박문달 자치위원장이 위원장 자격으로 별도의 신인문을 낭독 했다는 얘기를 들었다. 하지만 나는 기억이 없다. 아울러 이날 우리 마산고가 시내에서 데모를 벌이는 과정에서 나는 박문달 위원장을 본 기억도 잘 나질 않는다.

마산역 광장에서 해산식을 한 후 나는 오형섭 등 학생자치회 간부들과 한가지 상의를 했다. 역 광장에서 뿔뿔이 헤어지는 것보다 일단 학교로 가자고 했다. 학교에서 출정식을 가졌으니, 학교로 돌아가 각 학년 각 반별로 모여 인원을 점검하고 헤어지는 게 이치에 맞을 것이라는 견해를 나는 제시했고, 모두들 나의 말에 동의하면서 학교로 향했다.

시위에 나섰던 우리 마산고 학생들이 모두 내 말을 들은 것은 아니었다. 이들 중 김정문을 비롯한 내 동기들 20여 명은 구마산 산호동에 있는, 지금은 용마고로 이름이 바뀐 마산상고로 몰려갔다. 상고학생들 더러 함께 데모를 하자며 독려차 몰려갔던 것이다. 이들은 수업 중인 마산상고 운동장에서 구호를 외치며 상고생들의 데모를 독려했다.

사실이 이런데도 지금껏 마산의 3·15 관련 단체들에서 내놓은 자료들에는 마산상고생들 1천여 명이 4월 12일 오전 시내에서 데모를 벌인 것으로 기록하고 있는 것을 나는 훗날 보았는데, 도대체 어떻게 해서 이렇게 기록되어 있는지 나는 그 영문을 잘 모르겠다.

학교로 온 우리들은 각 학년 각 반별로 급장 주도하에 교실에서 인원 점검을 한 후 모두들 하교 준비에 들어갔다. 이러는 이날 오후 4시 경이었다. 몸과 마음이 지친 나는 좀 멍한 기분이었다. 오늘 내가 무엇을, 어떤 일을 했는가를 돌이켜보니 뿌듯한 자부심과 함께 마음이 거뜬해지면서도 한편으로 다리가 후들거리는 느낌이었다. 학교 교정에는 봄이 완연했고 학교 뒤 무학산은 울긋불긋 봄꽃으로 물들어 있었다. 나는 교정을 아무런 생각 없이 한 바퀴 천천히 돈 뒤 집으로 가기 위해 교실을 나서고 있었다. 교실 문을 막 나서려는 찰나, 홍석교가 가쁜 걸음으로 나에게

1960년 4월 12일 마산경찰서 부탁으로 폭도들의 무기고 급습에 대비해 경찰서 무기고를 지키고 있는 마산고생들

달려왔다.

　마산경찰서에서 왔다는 급한 전갈이라고 했다. 부산에서 마산의 학생 데모를 지원하기 위한 '원정데모대'가 마산으로 향할 것이라는 계획과 함께 경찰서 무기고를 습격한다는 첩보가 있으니 마산고에서 무기고를 지켜 달라고 부탁했다는 것이다. 경찰은 이들을 일단 '폭도'로 간주한 것이다. 석교 말을 들어보니 아주 위험한 상황의 소식이었다. 나는 석교에게 신마산에 거주하는 동기생 10여 명으로 '사수대'를 꾸려 무기고를 지키라고 했다. 신마산에 집이 있는 석교는 그 즉시로 달려가 사수대를 조직해 경찰서 무기고를 지키러 갔다. 그 얼마 후 내가 집으로 가면서 경찰서 쪽으로 갔더니 석교를 포함해 10여 명의 동급생들이

무기고를 지키고 있었다.

　나는 경찰 무기고를 지키고 있는 마산고생들의 모습을 보면서 경찰이 어지러운 상황에서 우리들에게 각중에 무기고를 맡겼다는 건 무엇을 의미하는 것인가를 곰곰이 생각해 보았다. 그것은 다름이 아니라 그만큼 오늘 우리 마산고 데모가 비폭력적, 평화적으로 질서정연하게 진행된 것을 경찰에서도 높이 평가하고 인정하면서 신뢰 차원에서 그런 부탁을 한 것이 아니겠는가라는 생각이 들면서 좀 묘한 기분 속에서 뿌듯하기도 했다.

5

　64년 전 마산 3·15의거 때 참여한 마산고등학교 데모대의 활동 상황을 회상하고 적으면서 나는 다음과 같은 점을 강조하고 싶다. 마산 3·15의거에서 조직적인 학생 시위는 마산고가 제일 먼저 나섰다는 것, 그러니까 다른 고등학교보다 하루 먼저 일으킴으로써 학생 데모의 도화선이 마산고라는 것이다.

　실제로 마산고 시위가 있은 그다음 날인 13일 마산 시내 고교생들의 연합시위가 마산 시내에서 벌어졌고, 15일에는 제비산(노비산)에서 마산고와 마산상고생들이 시위를 벌였다. 13일에는 마산 해인대생 200여 명이 거리로 나서기도 했다. 따라서 이런 가설이 붙을 수가 있다. 마산고가 먼저 나서지 않았으면 다른 학교들이 나설 수 있었겠냐는 것이다.

　3·15의거가 4·19혁명을 촉발시켜 독재정권 타도의 기폭제

가 된 것은 주지의 사실이다. 4·19를 혁명으로 승화시킨 주체는 단연코 수많은 희생자들을 낸 학생들이었다. 그런 점에서 3·15의거에서도 학생시위는 중요한 의의를 갖는다는 측면에서 나는 3·15 학생시위에서 누가 선도하고 주도했는가 하는 이 점을 강조하고자 하는 것이다. 또 하나, 마산고 '4·12시위'에 내가 주도적인 역할을 했다는 사실도 보태고 싶다. 나를 그로써 공치사하려는 건 결코 아니다. 다만 역사는 올바르게 기술돼야 한다는 원칙적 차원에서 사실을 사실 그대로 알리고자 하는 것이다.

그런데 이 글을 적으며 마산의 3·15유관단체 등에서 펴낸 몇몇 3·15관련 책자의 기록과 당시 언론보도를 보니, 적어도 내가 겪은 것을 바탕으로 기억하고 있는 사실과 어긋난 부분들이 많았다. 우선 4월 12일 마산에서의 첫 고등학생 데모도 마산고가 아닌 다른 학교이며 마산고가 그 학교에 뒤이은 것으로 기술되고 있는 것을 우선 지적하고자 한다. 이는 내가 보기에 잘못된 기술과 보도가 아닌가 싶다. 3·15유관단체에시 그렇게 적고 있는 기술의 배경으로 그 책자들이 제시하고 있는 자료와 증언들이 서로 맞지 않고 엇갈린다는 점도 첨언하고자 한다.

다시 한 번 말하지만 마산 3·15의거에서 제일 먼저 주도적으로 학생시위에 나선 학교는 마산고였다. 이 부분이 잘못 기술되니 4월 13일 마산의 고등학생들 연합시위가 전개된 전후 배경과 과정도 또한 어지럽게 잘못 기술되어 있는 부분이 많았다. 다시 한 번 말하지만, 나는 이 글을 통해 마산고등학교와 나 정주식을 어떤 형태로든 부각시켜 내세우고자 하려는 의도는 추호도 없다. 다만 바르게 기술되고 바르게 기억될 올바른 역사의 기록을 바라고 있을 뿐이라는 걸 밝히고 싶다.

이 글을 마무리할 시점에 나의 마산고 20회 동기들이 모교인 마산고 교정에 20회들의 3·15의거 참여를 기리는 기념비를 건립할 것이라는 소식을 접했다. 일부 동기들이 뜻을 합쳐 3·15 2차시위 둘째 날인 1960년 4월 12일, 3학년이었던 우리 20회 주도 아래 마고생들이 학교 교문을 박차고 나가 시위를 벌인 것을 기념하고 후배들에게 그 뜻을 알리자는 것이다. 20회 동기들로서는 충분히 그럴 만한 가치가 있는 일이고, 오히려 팔순 나이를 지난 노년의 처지들에서는 만시지탄의 아쉬움이 있지만, 그나마 지금이라도 그 뜻을 되살릴 수 있다는 게 한편으로 뿌듯하면서도 어떤 기대감을 갖게 하기도 한다.

사실 20회 우리 동기들이 주도한 그날, 그러니까 1960년 4월 12일 오전부터 시작된 마산고 시위는 그 의미가 다대한 것임에도 불구하고 그동안 잘 알려지지 않았다. 이날 마산고 시위는 20회 수도 아래 1천여 명의 마고생들이 분연히 떨쳐나서 벌인 비폭력, 평화적인 민주시위였다. 이날 마산고 시위는 마산의 3·15의거에 있어 조직적인 학생시위로서는 첫 번째였으며, 4월 12일 마산고 시위를 계기로 마산 시내 8개교 학생들이 거리로 나선 13일 연합시위의 촉발점이 된 것이었다. 그러나 마산고 20회가 주도해서 나선 이날의 마산고 시위에 관한 기록은 어떤 이유에서인지는 모르겠으나 거의 전무한 실정이다. 마산고등학교 자체로서도 그 기록이 일부 잘못되어 있다.

마산고 시위는 그날 시위에 나섰던 우리 20회 동기들은 누구나 기억하고 있는 분명한 팩트다. 그러니 20회 동기들이 그 뜻을 모아 60여 년을 훨씬 넘긴 이즈음에 마산고 교정에 소박한 기념비 하나를 세우는 것은, 그날의 정의로운 민주적인 시위를 기념함과 아울러 이날 마산에서 있었던 학생시위의 진실을 밝히고자 하는 측면도 있는 것이다.

나는 이날 마산고가 시위에 나서도록 당시 3학년인 20회 동기들을 설득하고 독려한 장본인이다. 그런 입장에서 이와 관련해 할 말은 많다. 하지만 60여 년이 지난 지금 시점에 와서 이 얘기를 꺼내고 기념비를 모교에 세우는 것으로 진실을 가린 기록을 바로 잡는 게 현실적으로 어렵다는 걸 잘 안다. 그러니 마산고 20회 동기들로 하여금 시위에 나서도록 하면서 그로써 마산고 시위를 수노했던 내 저지로시는, 중이 제 머리를 깎을 수 없다는 점에서 내가 적극적으로 나서기가 좀 난감하고 곤혹스런 점이 없지 않다. 하지만 그러면서도 역사는 올바르게 기록되어야 한다는 절대적 명제 앞에 뭔가 어떤 당위적인 흐름이 전개되면서 진실이 꿈틀대고 있는 것을 나는 느낀다. 이걸 기대감이라 해도 무방할 것이다.

영원한 '해병'이 되다

    대학 4학년이 되면서 나는 내가 바라는 바 이상을 현실화시키려는 준비를 했다. 학업과 하루도 게을리하지 않는 운동이 그 근간이다. 하지만 그 과정에서 해결해야 할 과제가 하나 있었으니, 그것은 대한민국 청년이라면 누구나 감당해야 할 병역의무였다. 그때 시절은 아무리 군사혁명으로 집권한 군인 출신의 박정희 대통령 정부 서슬이 퍼렇다 해도 자유당 때의 사회 곳곳에서 있었던 부정부패가 완전하게 일소된 것은 아니었다.

    그 가운데서도 병역과 관련한 부정부패 비리는 여전히 잔존하고 있던 터였다. 병역 부문에서의 가장 큰 비리는 두말할 것도 없이 돈과 권력에 기대 어떤 형태로든 군대를 안 가든가 합법을 위장해 면제받는 것으로, 자유당 때보다는 덜했지만 여전히 틈틈이 이뤄지고 있었다. 그러니 이로 인한 국민적, 사회적 불평등은 심화되면서 이에 대한 불만 또한 여전히 고조되고 있던 시기였다. 그러니 어떻게 돈과 권력을 동원해 적당하게 비비고 뭉개면 군에 안 갈 수도 있다는 기회주의적인 풍조 또한 만연되어 있었다.

내가 이런 얘기를 좀 길게 하는 건, 나 또한 그렇게 할 수도 있었다는 어떤 개연성이 있었기 때문이다. 마산의 본가도 크게 부유하지는 않았어도 그럭저럭 살 만했고, 주변의 친지나 지인 등을 통한다면 얼마든지 그렇게 할 수도 있었다는 얘기다. 그러니까 나의 군대 문제를 둘러싸고 그런 움직임들이 없었다면 거짓말일 것이다.

하지만 나는 그 당시 내 입대 문제와 관련한 주변의 그런 움직임에 단호한 태도를 보였다. 어떤 경우든 군대를 가야겠다는 의지를 스스로 다지면서 병역에 관한 한 어떤 부정이나 특혜로 인한 수혜를 나 스스로 일찌감치 차단한 것이다. 나는 이런 생각을 했다. 국민을 위해 나라를 이끌어 갈 정치가가 되는 게 나의 꿈이었던 만큼 그 이상에 다가가기 위해서는 개인적으로 한 줌의 부정이나 수치스러운 오류도 있어서는 안 될 것이라는 소신을 나의 원칙으로 확고히 하고 있었다. 당연히 정치가를 지망하는 대한민국 남아로서 병역의무는 그 과정에서 하나의 중요한 '통과의례'로, 절대적으로 이행해야 할 절차로 여겼던 것이다.

여기서 내가 택한 게 바로 해병대다. 해병대 중에서도 나는 사병이 아닌 장교가 되기를 원했고, 그러려면 대학교를 졸업해야 했다. 군대는 물론 재학 중에도 갈 수가 있었다. 1, 2학년을 마치고 입대했다면, 아마도 그때 복무 연한을 줄여주는 것으로, 대학 재학생들에게 인기가 있던 '학보병(학적보유병)'으로 갔을 공산이 컸다.

학보병은 자유당 때부터 대학교의 학적을 보유하고 있는 입대자에게 군 복무기간 단축의 혜택을 주기 위해 실시돼 오고 있던 대학생 우대의 병역제도로, 복무기간이 일반 현역병의 절반인 1년 6개월에 불과했다. 그러나 사병들 간의 위화감이 고조돼 사고가 빈발하는 등 여러 부작용으로 박정희 대통령 정부 들어 폐지됐는데, 내가 3학년 때인 1963년이다. 그러니 나는 그런 상황에서 평소 원하던 대로 해병대 장교 입대를 하기로 것이다.

해병대 입대

해병대는 대한민국 국군 중에서도 그 강인함과 용맹성, 단합성 등에서 단연 돋보이는 존재다. 그래서 이런 말이 있다. "누구나 다 해병이 될 수 있다면 결코 해병을 선택하지 않았을 것"이라는 것. 이런 말에서 알 수 있듯 해병은 되고 싶다고 아무나 되는 게 아닐 뿐더러 되기가 그리 쉽지는 않다.

내가 해병대원, 그것도 장교가 되기를 바랐던 건 위에서 언급한 대로 이런저런 뜻한 바에 따른 것이었지만, 그와 함께 나로서는 오래전부터 해병을 마음속으로 동경하는, 말하자면 하나의 로망으로 자리 잡게 된 계기가 있었다. 마산중학교를 다닐 적이었다. 당시 전국적으로 중학교 야구가 성행하고 있는 가운데 마산에서는 마산중학과 마산동중이 서로 쌍벽을 이루고 있는 관계로 학교를 번갈아 가며 시합을 벌이고 있었다.

해병학교 훈련 시절(Ⅰ)

해병학교 훈련 시절(Ⅱ)

영원한 '해병'이 되다

어느 날 월영국민학교에서 동중과 야구시합이 벌어졌고, 각 학교들에서 동원된 학생들이 열띤 응원을 벌이고 있었다. 그런데 응원을 벌이고 있던 마중과 동중 학생들 사이에 묘한 분위기가 형성되기 시작했다. 그것은 양교 간의 야구시합이 아닌 배구장에서 벌어지고 있는 배구게임에 학생들의 관심이 흘러가고 있었던 것이다.

그때 배구경기장에서는 진해에 주둔하고 있던 해병부대와 마산 주둔의 육군 39사단 사이에 친선게임이 진행되고 있었던 것인데, 이 배구 경기 또한 해병부대와 39사단 장병들 간의 응원전이 가열되고 있었다. 응원단 규모로는 39사단이 수백 명으로 해병부대를 수적인 면에서 훨씬 압도하고 있었다. 해병대는 스무 명도 채 되지 않았다.

그런데 이 얼마 되지 않는 해병대 응원에 학생들뿐만 아니라 39사단 군인들의 모든 시선이 집중됐다. 해병대의 응원이 그만큼 체계적이며 신나고 재미있고 볼 게 많은 것이었다. 당시 유행하던 외국 노래를 우리 식으로 부른 "삐빠빠 룰라"나 해병대의 '군조가'의 한 가락인 "헤이빠빠리빠" 등 흥겹고 신나는 리듬을 우람찬 근육질의 해병대원들이 대오를 지어 특유의 체계적이며 질서정연하면서도 유머가 담겨진 율동으로 응원전을 펼치는 그 광경에 모두들 넋이 나간 것이다.

그러니 마중 동중 양교 학생들은 물론이고 39사단 장병들도 경기는 뒷전인 채 해병들의 응원 광경을 그냥 넋을 놓고 바라보

해병학교 훈련 시절
(진해 천자봉)

고 있었고, 나 또한 그중의 한 명이었다. 해병대원들의 그 모습은 내 마음속에 무(武)와 기(氣)와 예(禮)를 겸비한 '멋'으로 스며들고 있었고, 특히 응원을 지휘하는 해병 장교의 모습은 참으로 멋져 보였던 것이다. 그래서 나는 군인이 되면 해병이 될 것이고, 그중에서도 장교가 되리라 다짐한 것이었으니 이를 일컬어 로망이라 하지 않을 수 있겠는가.

해군사관학교를 가지 않고 해병대 장교가 되기 위한 방법으로는 일명 '해간'으로 부르는 '해병간부후보생'이 되는 것이었다.

현재는 대학 1, 2, 3학년을 마친 학생들에게 응시 자격이 부여되나, 1960년대 초반에는 대학을 졸업해야만 들어갈 수 있었다. 당연히 필기시험을 치러야 했고, 엄격한 체력과 신체검사를 통과해야만 했다. 그러니 그때 당시로는 유명 대학 입시만큼이나 경쟁율이 높았다. 당시 내가 다니던 고려대학교에서도 수십 명이 지원했으나 8, 9명이 겨우 합격할 정도였다.

나는 1964년 11월 졸업을 앞두고 치른 '해병간부후보생(해간)' 필기시험에 합격했다. 나로서는 평소에 마음을 두고 있던 시험이라 나름으로 준비도 했었고, 여타 마음의 준비 등에서도 다른 학생 이상이었으니 좋은 점수로 거뜬하게 시험을 통과할 수가 있었다. 남겨놓은 체력이나 신체 검정에서도 나는 어디 하나 꿀릴 데가 없었다. 나는 당시 가슴둘레가 120cm를 넘어서는 건장한 체격에다 신체 또한 건강했으니, 최종 합격은 따놓은 당상이나 마찬가지였다.

그러나 해병 장교가 되는 길이 그리 순탄하지는 않았다. 전혀 엉뚱한 곳에서 난관이 조성되리라곤 예상도 못했다. 해병간부후보생 필기시험에 합격한 나는 고려대에서 마지막 졸업시험을 남겨두고 있었다. 해병 장교는 응시 자격 면에서 대학 졸업을 전제로 한다. 그러니 전 학점을 이수한 나는 당연히 졸업은 하는 것이지만, 그래도 마지막 졸업시험이 갖는 의미는 각별한 측면이 있는 것이었다. 그런데 그 졸업시험에서 문제가 생겼다. 좀 느슨해진 마음에서 비롯된 하나의 해프닝이랄까, 하지만 나에게 분

해병학교 훈련 시절

해병학교 기초반 훈련 시절

명히 잘못이 있는 사건이었다.

정치학 시험을 치르고 있는 중이었다. 마지막 한 문제에서 헷갈렸다. 잘 알고 있는 문제인데도 기억이 오락가락하면서 두 줄 정도를 더 써넣어야만 마음이 찰 것 같은 문제였다. 그 문제를 설명하고 있는 책은 내 가방 속에 있었고, 나는 설명 부분의 그 페이지까지 알고 있었다. 그래서 죄의식 등의 별생각 없이 가방 속에 든 책을 꺼내 그 부분을 보며 답안지에 적어 가고 있었는데, 그건 누가 봐도 일종의 커닝이었지 않았겠는가. 나의 그런 모습을 시험감독 중인, 후에 총장이 되신 김상협 교수님이 보고는 나에게 다가와 한 차례 주의를 줬다.

그런데 나는 김 교수님의 그 주의를 별로 대수롭지 않게 여겼다. 마지막 졸업시험인데다, 해병 장교 시험까지 합격한 마당에 뭐 이런 것까지 그러는가 하는 생각에서였고, 그래서 교수님의 주의에도 아랑곳하지 않고 계속 책을 보며 답을 쓰고 있었다. 나의 그런 모습에 교수님이 다시 다가왔다. 그러더니 다짜고짜 아무 말도 없이 답안지를 집더니 그냥 아무렇게나 꾸겨서는 갖고 나가버리는 것이었다.

교수님의 그런 모습을 보고 그때서야 나는 사안의 중대성을 알게 되면서 교수님을 찾아가 잘못을 빌었다. 결과론적으로 내가 고려대를 무탈하게 졸업했지만, 해병 장교가 되려는 과정에서 빚어진 한 사건이었다. 그때 내가 너무 안이하게 생각했던 건 그 후나 지금이나 마찬가지로 나를 부끄럽게 하는 하나의 자기

성찰의 대목으로 남아 있다. 당시 시험감독이셨던 그 교수님이 바로 그 후에 고려대 총장을 역임, 지금껏 고려대 상징으로 남아 있는 김상협 교수로, 내가 고려대 정치외교학과를 다닐 때 정치학개론을 맡고 계셨다.

또 한 해프닝성 난관이 있었다. 해병간부후보생(해간)이 되기 위해서는 '해병학교'에 입소해야 한다. 해병학교에 들어가기 전 신체검사 확인을 받는데, 그 과정에서 문제가 발생한 것이다. 누군가 나의 시력을 의심하면서, 내 시력이 합격 기준에 맞추기 위해 부정으로 조작된 것이라고 공개적으로 주장하고 나선 것이다. 나는 신체검사에서 양쪽 시력 1.0으로 합격 판정을 받았다. 그런데 지(池) 씨 성을 가진 한 구대장이 내 시력이 좌우 0.5, 0.6이라며 내 뒤를 따라다니며 부정 합격이라 주장해댔다. 그 구대장 말이 사실이라면 나는 해병학교에서 퇴교당할 처지가 되는 것이었다.

이 문제를 해결하기 위해서는 내가 그 구내장을 직접 만나 따지든가 아니면 제 3자 기준에서 시력검사를 다시 하면 되는 것이다. 그러나 그 구대장은 이상하게도 나와 직접 만나는 걸 꺼려했는데, 나로서는 도대체 그 연유를 알 수가 없어 답답하기 이를 데가 없었다. 나로서는 기가 찰 노릇이었지만 그래서 하는 수 없이 그 구대장 주변을 살펴본 후 연이 닿을 만한 사람들을 통한 설득과 재검정 및 확인 작업을 나름으로 시도했다.

그런데 뜻밖에도 그 과정에서 그 구대장은 내 시력의 오류가 자신의 착각에 의한 잘못이라고 인정, 주장을 번복했다. 나는 지금도 그 구대장이 왜 자신의 주장을 그렇게 쉽게 번복했는지 알 수가 없다. 나중에 듣기로 당시 마산에 있던 나의 형님이 힘을 썼던 결과라고 하기에 훗날 형님에게 따져 물었으나 형님은 모르는 일이라고 했다.

그러나 어쨌든 그 구대장은 번복을 하면서 자신의 불찰임을 인정했다. 그래서 나는 이 사건을 60년이 다 돼가는 지금까지도 하나의 해프닝으로 보고 있는 것이다. 하지만 나는 이를 해프닝이라 여기면서도 한편으로는 나의 정신자세와 몸가짐을 올바로 가지라는 나에 대한 하나의 경고로 받아들였다. 말하자면 진정한 해병이 되기 위해서는 그 어떤 오류도 범하지 않아야 된다는 교훈을 안긴 하나의 통과 절차로 여겼던 것이다.

이와 함께 또 '해병학교' 입교 전 예비과정에서 겨드랑이에 고약한 냄새가 나는 '액취증' 환자로도 오인을 받아 고생을 했다. 결국 누추한 훈련복에 의한 것으로 판명이 나면서 그 누명을 벗기도 했다.

해병학교, 그리고 '해간 34기'

나는 그리하여 해병 장교가 되기 위한 중요한 관문인 해병학교에 입교한다. 그때가 1964년 12월 28일 세밑이었다. 그해 그날 입교한 우리들은 기수로 해병간부후보생 기수로 따져 '해간 34기'다. 그 당시까지는 해병예비사관, 곧 해병사관을 '해간'으로 부르고 있었다.

　'해간'의 연원을 짚어보면 1기에서 6기까지는 육군에 위탁, 교육을 받고 갑종간부후보생으로 임관했으며, 1951년 해병학교 창설 이후 해병 사관 7기부터 자체적인 해병사관후보생으로 '해간'이라 부르며 모집하기 시작, 이후 54기를 마지막으로 해병학교가 해체될 때 해군교육사령부로 흡수돼 해병사관이 '해후', '사후' 등 다른 명칭으로 불리어지고 있다. 그런 역사적인 관점에서 '해간'은 해병 정신이 충만한 해병 장교의 중추적인 기수로 그 결속력이 남다르다는 평가를 받고 있다.

　1951년 4월 1일, 6·25 전쟁의 와중에 창설된 해병학교는 경남 진해에 있었다. 해병대사관후보생과 초임장교에 대한 기본교육과 보수교육을 하며, 상륙작전과 지상전술의 교육훈련을 담당하는 해병장교 양성기관이었다. 이후 '귀신 잡는 해병'을 양성하는 그 명성과 전통을 떨치던 해병학교는 1973년 해병대사령부가 해체되면서 함께 아쉬움 속에 해체됐으나, 이후 여러 각도에서 해병학교의 역사성과 중요성이 다시 부각되면서 근자에 복원하자는 여론이 군 관계자들 사이에 점증하고 있는 분위기다.

　1964년 12월 말 제일 추울 때인 한겨울에 해병학교에 입교한 우리들 '해간 34기'는 진해 앞바다의 검푸른 파도와 함께 혹독한 훈련을 받았다. 그 모진 훈련 속에서도 매일 새벽 부르던 '해병학교가'는 아직도 내 가슴 속을 휘감는 영원한 해병 정신의 찬가다.

"양양한 오대양은 우리의 활무대

충무공 순국정신 햇불을 삼고

찬란한 해병대의 전통을 이어

대한의 쾌남아가 한데 뭉친 곳

자유세계 건설의 숭고한 사명

승리를 빛내가자 우리의 해병학교…"

우리들 '해간 34기'는 해병학교에서 사관 후보 훈련 3개월 후 소위로 임관한 후 다시 거기서 기초교육 6개월을 포함해 모두 9개월 훈련 교육을 받고난 후에야 정식 해병 소위로 복무할 수 있었다.

나는 해병학교 훈련을 받느라 1965년 3월 5일의 고려대학교 졸업식에 참석할 수도 없었다. 졸업식에 못 갔다고 아쉽고 억울한 것 하나도 없다는 생각이었다. 강한 해병이 되기 위한 극한의 훈련상황에서 대학 졸업식이라는 것은 말하자면 호사에 가까운 것이라 여겨졌기에 단 한 줌의 아쉬움도 없었던 것이다.

해병학교 훈련이 원래 거칠고 힘들지만, 한겨울에 입교한 우리들 34기는 특히 힘들었다. 게다가 우리들 34기가 들어갈 그 무렵은 해병학교가 가교사 건물과 함께 신축공사를 할 때였다. 따라서 우리들은 훈련과는 별도로 건물 건축공사와 함께 각종 학교 환경조성 및 훈련시설물 공사도 도맡아 했기 때문에 더 힘들었다. 이런 강도 높은 각종 훈련과 노역 등으로 부상자가 속출

임관 후 해병장교 정복차림

하기도 했고, 따라서 중간에 탈락하는 퇴교자도 많이 생겨났다.

우리들 '해간 34기'는 이런 측면에서 다른 기수들 보다 돋보이는 점이 많다. 입교할 때 가장 많이 들어갔고, 또 중도에 탈락하는 퇴교자 또한 제일 많았다. 우리 기수는 필기시험과 체력, 신체 검정을 거쳐 모두 168명이 합격해 해병학교에 들어갔으나, 그중 절반 정도인 88명만이 졸업할 수가 있었으니 해병학교 교육과 훈련이 얼마나 어려운 과정인가를 잘 알 수 있을 것이다.

지금도 기억에 생생한 동기 한 명이 있다. 안(安) 씨 성을 가진 연세대 법대 출신의 이 동기는 12월 사관 후보 훈련 때 동사를 했다. 혹한 훈련 때 진해 상남 용지못에 뛰어들었다가 그런 변을 당한 것이다. 이 사고로 12월 혹한 훈련이 일시 중단되기도 했다.

이런 상황에서 우리들은 고된 훈련을 겪어내야 하는 어려움도 그렇지만, 훈련기준 등이 미달돼 퇴교당하는 것에 대한 두려움 또한 상당했다. 결과적으로 그 수가 동기생들의 반 정도였으니 아마도 일종의 집단 패닉이라 할 수 있을 것이다. 훈련을 끝내고 내무반에서 고된 몸을 뉘어 함께 잔 후 새벽에 일어나니 옆자리가 비워져 있다. 그러면 그 자리 훈련생은 퇴교를 당하고 아무도 몰래 학교를 빠져나간 흔적의 자리였다. 탈락한 퇴교자에 대한 통보 또한 공포스러운 것이었다. 곤히들 잠든 한밤중에 퇴교 대상자만 남들 모르게 살짝 깨운 후 퇴교 사실을 통보한 후 민간 옷을 입혀 내보내는 것이다.

야심한 밤의 이런 퇴교 통보방식과 관련해 너무 일방적이고 잔인하다는 등의 말들이 많았다. 통보 담당자에 대해 '저승사자'라는 말까지 생겨났다. 그래서 방식이 바뀐다. 퇴교 대상자들을 위로하면서 한편으로 '예우'해 주는 것이다.

이의 일환으로 일종의 세리머니인 '퇴교식'을 해주는 것인데, 퇴교생은 전 훈련생들이 지켜보는 가운데 팡파레 속에 GMC를 타고 학교를 떠나게 하는 것이었다. 하지만 아무리 그래 준다고 한들 중도 탈락의 퇴교자들은 애석하고 억울해 하면서 다들 울음을 머금고 학교를 떠나갔다.

중도 퇴교는 이렇듯 모든 훈련생들의 공포의 대상이었다. 그러니 나 또한 아무리 훈련을 잘 견디며 여러 면에서 좋은 평점을 받고 있지만, 어떤 경우가 생길지 예측할 수 없는 상황에서 퇴교 대상에서 제외된다는 보장은 없었으니 전전긍긍하기는 마찬가지였다. 그러던 중에 나는 어느 날 구대장으로부터 소대 '군취반장'이라는 자리에 지명되면서 그런 공포에서 다소나마 벗어날 수 있었다.

'군취반장'은 훈련생들을 대상으로 기율 사항 등을 지적하고 바로잡아주는 직위로, 구대장을 포함한 윗사람들과 교통해야 하는 처지의 자리였기에 나름으로 그런 생각을 한 것이다. 나는 '군취반장'을 사관 후보 교육 내내 할 수 있었다. 윗사람들은 여러 면에서 나를 근성과 강한 리더십을 바탕으로 한 통솔력이 있다고 본 것 같았다.

우리들 '해간 34기'는 한편으로 해군사관학교 정규 졸업생들과 함께 해병학교에서 기초반 훈련을 받고 역시 함께 해병소위로 복무한 최초의 기수라는 점에서 좀 독특하다는 평가를 받고 있다. 우리들 '해간 34기'는 사관 후보 훈련을 3개월 마친 후 1965년 3월 27일 임관했다. 그리고 곧바로 기초반 훈련에 돌입하는데, 그때 해군사관학교 19기로 해병에 지원한 십수 명의 해사 출신 소위들이 합류했다.

그들 해사 출신 소위들은 우리보다 빠른 그해 2월 1일 임관했고, 이들 또한 해병이 되기 위한 과정으로 해병학교를 이수해야 했다. 그런데 이들을 위해 별도로 해병학교에서 교육을 받게 하느니 예산 절약 차원에서 우리들 임관을 기다려 함께 훈련을 받도록 한 국방부 방침에 따른 것이다.

그래서 우리들과 해사 출신들이 함께 어우러져 해병학교 교육을 받고 모두 34기로 해병학교를 졸업하게 된 것인데, 그러니까 해사 19기 출신 해병 소위들은 우리들 '해간 34기'와 동기가 되는 것이다.

해사생들과 사이는 그다지 좋지 않았다. 해사생들은 사관학교 출신이라는 프라이드가 강한 것에서 빚어지는 유난스런 언행들이 우리들 관점에서는 볼썽사납게 보여질 수밖에 없었는데, 특히 내 성깔에는 그랬다. 그래서 곧잘 시비가 붙곤 했는데, 해병학교 특성상 거의 우리측이 이기는 쪽으로 끝났다. 요컨대 알력이 시비로 빚어지는 예는 이런 것들이다.

휴일 외출을 진해로 같이들 나와 가게에 들러 뭘 살 때 해사생들은 각자가 계산을 하는 '더치 페이'를 보란 듯이 하는데, 그게 우리들 눈에는 아니꼽게 보이는 것이다. 또 면도기 문제가 있다. 대부분의 훈련생들이 사용하는 면도기는 거의 원시 수준의 것이라, 면도를 할 적에 어려움이 많다.

이에 반해 해사생들의 면도기는 다르다. 대부분 해사를 다닐 적 임관을 앞둔 해외순방에서 산 것들이라 성능이 좋다. 그걸 보며 좀 빌려 쓰자, 안 된다로 시비가 붙는 것인데, 해사생들은 면도기를 빌려주지 않아 우리들의 미움을 많이 샀다. 내무반 개인화기 손질 시 소총 총구를 손질하는 꼬질대 빌려주는 문제로도 서로 시비가 붙었다.

이런 시비는 대부분 우리 동기들이 일방적으로 이긴다. 수적으로 훨씬 우세하기 때문이다. 구대장들도 우리와 해사생들과의 이런 알력을 잘 안다. 그리고 해사생들이 많이 얻어 맞는 것도 잘 안다. 하지만 알고도 모른 채 한다. 해사 출신 구대장들도 그랬다. 그건 일종의 불문율이었다.

나는 어느 날 밤 보초를 서면서 내 앞 순번인 해사생이 나를 깨우는 과정에서 시비가 붙었다. 나는 안 그래도 그 해사생이 아니꼬운 짓을 하도 일삼는지라 그를 노리고 있던 참이었다. 결국 그날 보초를 서면서 그 해사생을 밖으로 불러내 두들겨 팼다. 나중에 우리 구대장으로부터 듣기로, 해사출신 구대장은 야심한 밤에 해사생이 비명을 지르며 맞고 있는 것을 알고도 그냥 모른 채 눈감아 줬다고 했다.

해병학교에서 '해간 34기'로 9개월여 간의 교육훈련을 통해 형성된 인간관계도 나의 인생 여정에 있어 빠뜨릴 수 없는 부분이다. 해병학교에서 맺어진 동기들, 그리고 선배들과의 해병으로 맺어진 인연은 반세기를 훨씬 넘긴 지금까지도 이어져 오고 있으니 말이다.

동기들 중에는 모교인 마산고등학교 동문들이 많다. 나보다 한 해 위인 마산고 19회 박종길, 박수학, 김철진 동기들이 그들이다. 또 마산공고 8회 출신의 강성원 동기는 우리 34기 모임의 사무총장을 맡고 있다. 이 글을 쓰면서 기억 안 나는 부분들을 강성원 동기에게 물어 알 수 있을 정도로 강 총장은 우리들 '해간 34기'의 '살아 있는 백과사전'이다.

선배기수로는 1979년 김재규의 박정희 대통령 시해 당시 사망해 지금은 고인이 된 정인형 전 청와대 경호처장과 해병학교 당시 중대장을 역임한 16기의 안재송 전 청와대 경호부처장을 비롯해 33기인 박상범 전 청와대 경호실장이 있다.

이들이 해병 제대 후 역임한 직업이 공통적으로 모두 청와대 고위경호 관련 업무라는 점에서 이들 선배의 무술 실력을 포함한 여러 분야에서의 능력이 얼마나 출중했는가를 보여준다 할 것이다. 박상범 선배와는 형제같은 사이로 지금도 연락을 하며 잘 지내고 있다.

조선일보 편집국장과 대표이사를 역임한 중견 언론인인 안병훈 선배(30기)는 내가 교육훈련을 받을 당시 해병학교 제 3구대장으로 나를 가르쳤으며, 그때의 인연으로 지금까지도 가까운 선배로 모시고 있고, 강대인 전 방송위원장은 33기로 나의 한 기 선배다. 안병훈 선배에 앞서 구대장을 하셨던 이강직 전 제주해역사령관은 고인이 됐다. 해병학교 구대장이라함은 교육훈련생들의 훈련과 내무생활을 지도하는 현역 사관을 말하는 것으로, 초·중·고 학교로 치면 담임선생님 같은 격이다.

이들 해병학교에서 맺은 인연들은 더러는 동기로, 더러는 선배로 그리고 이들을 총괄해서는 해병 전우로서 현재까지도 끈끈한 인간관계를 유지하고 있다.

구대장을 지낸 안병훈 선배는 이와 관련해 몇 년 전 펴낸 자신의 회고록 『나는 아직도 또 꿈을 꾼다』에서 우리 해병학교 동기들을 언급하면서 영광(?)스럽게도 내 이름도 거명하고 있어 그 내용을 인용해 본다.

"(…) 내게 맡겨진 교육훈련생들은 해병대장교(해간) 33기와 34기였다. 이들은 이후 베트남 파병 청룡부대 1진 소대장들이 되었다(…) 34기에는 '무공수훈자회' 회장을 맡고 있는 박종길과 전 아시아시멘트 사장 김동열, 그리고 강성원, 정주식, 박수학, 임무웅 등 60여 명이 있다. 나는 이들 중 일부와 지금도 만나고 있다. 전쟁 경험을 한 이들을 만날 때면 나는 외경스러운 마음을 갖게 된다(…) 다행인 것은 내가(가혹하고 엄격하게) 훈련시킨 이들이 내게 크게 반감을 드러내지 않았다는 것이다."

해병대 소대장 시절

　진해 해병학교 졸업과 함께 1966년 초 나는 해병 소위로 김포에 있는 해병 제1여단 소대장으로 배치받았다. 더 구체적으로는 김포 화성면 시암리의 해병 제1여단 2대대 9중대 1소대장으로 부임한 것이다. 시암리는 임진강 건너 북한군 초소가 보이는 최전방 지역으로, 여기서 우리 해병 제1여단은 북한군과 근접거리에 마주하면서 남침이나 무장 도발에 대비하는 경계 및 대응 태세 완비가 주 임무였다.

　시기적으로 1966년 그 당시는 북한군의 휴전선 일대에서의 간단없는 무장 도발과 특히 무장 공비들의 대남 침투가 빈발, 남북 간에 긴장이 고조되면서 전방 근무 장병들은 투철한 경계와 대응 태세 완비를 위한 전투력 강화로 영일이 없었다. 이런 시기에 최전방 해병 소대장으로 배치받은 나는 해병으로서의 결의와 각오를 새삼 다져 임무에 충직하고자 하는 의기로 충만해 있었다.

　그런 의지로 해병 소총소대 소대장으로 부임한 나였지만, 여

김포 화성 소대장 시절

기 오기 전부터 대대에서는 이미 나에 대해 일부 과장된 측면이 있는 소문이 좀 나 있었다. '악발이'라는 것도 그 소문의 한 갈래다. 몸 움직임, 그러니까 날래기가 이를 데 없는데다 격투에 능하고 근성, 속된 말로 '깡다구'가 남다르다는 얘기들도 나돌았다. 해병 초임소대장으로 전방 소총 소대를 장악하고 이끌려면 그 정도는 돼야 하는 것인데, 나를 둘러싸고 좀 과장된 소문이 나돌고 있었던 것이다.

그러니 내가 지휘할 소대의 소대원들은 긴장할 수밖에 없었을 것이다. 육군 등 다른 군들도 마찬가지지만, 신참들에게는 전통적으로 '군기 잡기'라는 게 있는데, 이게 장교라고 면제되는 건 아니다. 나 또한 신참 소위로 소총 소대 소대장으로 갔으니 어떤 형태로든 나를 대상으로 미리 길을 들이려는 '군기 잡기'가 마련될 것을 각오하면서 마음의 준비를 하고 있었다. 하지만 나에게는 이상하게도 그런 일이 없었다. 소대에서 그러지 못한 건 아마도 내 부임 전 병사들 사이에 나돌던 그 소문 때문이 아니었을까 싶다.

소대장으로 부임했을 때 중대장으로부터 나로서는 좀 납득하기 어려운 얘기를 들었다. 휴가를 나가 부대에 복귀하지 않는 '미귀자'가 부대의 큰 문제라는 것이다. 그러니 소대장은 그런 미귀자들을 찾아 달래서 부대로 데려오는 일이 경계근무나 전투력 강화 등 본래 임무에 못지않게 중요한 문제라면서, 소대장들은 십중팔구 이 문제 때문에 매월 한 달치 봉급을 거의 다 털어 넣어야 할 판이라는 것이다. 내가 소대장으로 부임해 당면한 문제도 말하자면 미귀자 복귀였다.

나는 이 문제를 어떻게 해결할 것인가로 골몰했다. 그 결과 생각해낸 건 두 가지 방안이었다. 하나는 소대원들에게 부대 복귀와 관련해 일종의 조건을 걸어 외출과 외박을 많이 주는, 말하자면 인센티브를 주는 방법 그리고 또 하나는 미귀자에 대한 시범적 형태의 체벌을 가하자는 것 두 가지였다. 나는 소대원들을 대상으로 시행 전에 이런 내 뜻을 밝혔다.

첫 번째 방안을 구사라면 뭣보다 외출·외박증을 내가 많이 갖고 있어야 했다. 그때 마침 대대장실에 인사 문제와 함께 외출·외박에 관해 권한을 갖고 있는 한 하사관이 마산 출신으로 나를 잘 따랐다. 그 고향 하사관에게 사정 얘길했다. 그래서 내 호주머니에는 늘 외출과 외박증이 충분하게 준비되어 있었다.

그 외출·외박증으로 복귀시간을 모범적으로 잘 지키는 소대원들에게 보란 듯이 인센티브를 줬다.

어떤 조직이든 원래 사고뭉치가 있게 마련이다. 우리 1소대에도 유명한 사고뭉치로 오 아무개라는 하사가 있었다. 빼빼 마른 체구에다 얼굴 또한 하관이 쏙 빠진 채 한눈에도 다루기가 만만찮게 보이는 하사였는데, 부대에서도 못된 일은 골라 하면서 외출이나 외박을 나갔다 하면 제시간 안에 들어오는 때가 없이 늘상 미귀를 밥 먹듯이 했다. 집안에 잘 나가는 인척이 있어 뒤를 봐준다는 말도 나돌고 있었다.

나는 그러나 그에 아랑곳하지 않고 이 하사관을 둘째 방안의 제물, 아니 대상으로 삼기로 했다. 어느 날 이 친구가 외출을 했다. 그리고 항상 그러듯이 습관처럼 제시간 안에 들어오지 않고 있었다. 나는 시간 카운팅을 했다. 9시간이나 지난 시점에 이 친구가 그냥 아무런 일도 없었던 것처럼 태연하게 부대로 들어왔다.

나는 소대원들이 지켜보는 가운데 이 하사관을 불러내 체벌하기로 하면서 이렇게 말했다.

"미귀 한 시간당 빳다 1대씩, 그러니까 9대를 때리겠다. 엎드려 뻗쳐!"

하사는 건성으로 엉덩이를 깐 채 엎드렸고, 나는 곡괭이 자루로 그 하사의 엉덩이에 있는 힘을 다해 한 대 내리쳤다. 빳다 한 대에 그 친구는 비명과 함께 그대로 바닥을 구르기 시작했다. 그러면서 동시에 내 앞에서 싹싹 비는 시늉을 했다. 나는 그럼에도 다시 그 친구를 엎드리게 해 나머지 8대를 마저 내리쳤다. 그 하사관은 울음 섞인 비명과 함께 엉덩이가 피칠갑인 채로 뒤뚱거렸다. 그러더니 그대로 정신을 읽고 바닥에 큰 대자로 뻗어 버렸다. 한순간 정적감이 흘렀다. 나는 뻗어 있는 그 하사관을 손으로 가리키며 다시 소리쳤다.

"미귀할 놈들은 마음대로 해라. 도망갈 놈도 마음대로 해라. 그러면 다들 이렇게 된다. 죽든 병신이 되든 나는 알 바 아니니 그리들 알아라!"

이날 이후부터 미귀자들은 확연하게 줄어들더니, 어느 날부터인가 미귀자가 단 한 명도 발생하지 않았다. 미귀자들을 강온 양면의 방식으로 다스린 내 얘기가 부대 안에서 "악발이 소대장한테 잘못 걸리면 국물도 없다"는 식으로 회자되면서 나는 그런 수근거림의 대상이 됐다.

나의 이런 행동에 대한 부대 내의 시선, 특히 상관들의 반응은 긍정적인 것이었다. 그만큼 당시 군 내부에 만연하고 있는 이런저런 부조리한 행태 등에 관해 척결보다는 그저 좋은 게 좋다는 식으로 방관하는 풍조가 없잖아 있었다. 하지만 나에게 그런 건 통하지 않았다. 나는 소대장으로서 어떻게하든 부하 소대원들을 챙겨 일사불란하게 만들어야 했고, 그렇게 하는 것이 한편으로 북한을 압도하는 전투력 강화에 도움이 된다는 소신을 견지하고 있었다. 그러던 시점에 아주 말도 되지 않는 사고가 발생한다.

다른 소대에 작전차 배속 나갔던 우리 2대대 소속의 1분대장인 하사 한 명이 임진강에서 익사한 사건이 발생한 것이다. 배속부대는 나의 해병학교 '해간 34기' 동기생인 이장렬 소위가 소대장으로 있는 1대대 3중대 1소대로, 사고가 난 이날 소대장은 교체됐다. 그런데 대대장으로부터 듣기로 익사한 이유가 참으로 황망하기 짝이 없는 것이었다.

임진강에 서식 중인 오리를 잡으려 총을 쏜 후 오리를 건지러 갔다가 갑자기 불어난 물에 빠져 죽었다는 것인데, 오리를 잡으려 한 이유가 믿기 어려운 것이었다. 소대원들이 배가 너무 고픈 나머지 오리라도 잡아 배를 채우려다 그런 사고가 났다는 것이었다.

그 소식은 나를 격분케 했다. 아니 해병 정량으로 지급되는 식량이면 배를 그토록 쫄쫄 굶게 할 건 아닐 것이니, 그에는 필시 그럴만한 원인이 있을 것이 아닌가 하는 의문도 동시에 들었다. 물론 그 이유는 이미 짐작되는 바가 있었다. 바로 병사들 급식에 관련된 부정이 개입된 게 아닌가 하는 것이다. 내 짐작은 들어맞았다. 배속병에게 돌아가야 할 고기가 중간에 빼돌려져 일체 급식이 안 되고 있던 차에 그런 어이없는 사고가 발생한 것이었다.

그런 연유를 알자 나는 참을 수가 없었다. 마침 그날 오후 3중내 부중대장이 배시을 지휘하고 있었다. 나는 상관인 그 부중대장에게 다가가 급식 부정을 전제로 하면서 배식을 좀 똑바로 잘 해달라는 당부를 했는데, 그 부중대장은 나의 마산고등학교 2회 선배였다. 그러나 부중대장은 내가 그런 식의 행정적으로 다소 나무라는 듯한 말에 험악한 인상을 쓰며 역정을 내기 시작했다.

부중대장의 그런 모습을 보는 순간 나는 자제력을 잃고 욕설과 함께 주먹이 먼저 나가려 하고 있었다. 하극상이 벌어지려는 순간이었다. 마침 그때 내 곁에서 지켜보고 있던 하사관 하나가 나를 제지했고, 그 틈을 타 부중대장은 달아나듯이 자기 부대로 귀대해 버렸다.

그런 정도로 끝낼 내가 아니었기에 나는 그대로 앉아 있을 수가 없었다. 그날 저녁 뭔가에 이끌리듯 확인하고 싶은 그 무엇이 생각났다. 그래서 나는 소대 향도를 불러내 1대대 3중대로 함께 가 보기로 하고 길을 나섰다. 그날 달이 휘영청 밝은 밤에 향도를 앞세우고 임진강변을 걸어 가는데, 멀리 3중대 본부 막사의 불빛이 눈에 아른거리는 지점에서부터 뭔가 구수한 고기 굽는 냄새가 풍겨왔다. 그 냄새를 맡으니 마음이 더 바빠졌고 그래서 걸음을 재촉해 중대 본부 막사 앞에 섰다. 그 자리에서 나는 호흡을 길게 가다듬었다.

막사 안으로부터는 고기 굽는 냄새와 함께 담소하는 소리가 새어 나오고 있었다. 나는 막사 문을 그대로 강하게 발로 차 열어젖혔다. 문이 열리자마자 연기가 새어 나오면서 막사 안 풍경이 눈에 들어왔다. 그들은 그 안에서 난로 위의 구운 고기를 먹으며 막걸리파티를 하고 있던 중이었다. 그들은 누구였던가. 바로 3중대 소대장 셋과 중대장, 부중대장들이었다. 그들은 우리 부대에서 배속 나간 하사 한 명이 배가 고파 오리를 잡다 임진강에서 빠져 죽은 그날 밤, 고기를 구워 먹으며 막걸리를 마시고 있었던 것이다. 그 모습을 본 나는 기가 차면서 끓어오르는 분노로 거의 제정신이 아니었다.

"야이 ○○○들아! 이게 뭐 하는 짓들이냐. 배고픈 부하들에게 돌아갈 고기로 이딴 짓을 하고 있는 네 놈들은 인간들이 아니다, 이 ○○○들앗!" 하면서 고기를 굽고 있는 난로를 군홧발로 차 엎어 버렸다.

그리고는 중대장에게 따져 물었다. 아무리 중대장이라지만 현장을 들켜버린 중대장으로서도 할 말이 궁색했을 것이다. 그 중대장에게 나는 이런 투로 말을 했다.

"너희들 ○○○들이 이렇게 하는 짓은 군형법 상 이적죄에 해당한다. 그러니 그에 따른 처벌을 각오하라!"

중대 본부 막사 안은 삽시간에 난장판으로 변했다. 중대장이 상황을 알아채고는 나를 달래기 시작했고, 마산고 선배인 부중대장은 그런 와중에 나의 하극상을 지적하고 있었다. 부중대장의 그런 언행에 나는 화가 더 치밀어 욕으로 맞상대를 했다. 결국 중대장이 잘못을 인정하고 나를 달래면서 대충 마무리됐다. 하지만 그런다고 이날 밤, 이 사태가 가라앉을 사안은 아니었다.

그다음 날 난리가 났다. 중대장을 필두로 한 중대 간부들이 고기로 술파티를 열었다는 것도 중대 사안이었지만, 내가 중대장과 부중대장을 상대로 하극상을 벌였다는 것 또한 앞 사안과 별도로 간과할 수 없는 행위였기 때문이다. 그날 아침, 1대대장으로부터 호출 명령을 받았다.

대대장실로 들어갔다. 대대장은 나를 보더니 느닷없이 뺨을 한 대 후려쳤다. 나는 억울하고 분통이 터졌다. 최악의 결과까지도 각오할 수밖에 없었다. 나는 대대장의 손을 잡고 달겨들었다. 그런 각오에 따른 내 행동은 격렬했고, 당연히 하극상에 해당하는 행위였다. 누군가 뜯어말렸다. 그러면서 나는 차츰 이성을 회복하기 시작했고 그런 후에 나는 좀 차분하게 대대장을 비롯한 참모들 앞에서 저항의 기미가 가득 찬 상태로 내 행위에 대한 배경 설명을 했다. 그러면서 나는 이렇게 말했다.

"나의 하극상을 문제 삼는다면 그에 따른 처벌은 어떤 것이든 달게 받겠다. 하지만 나는 적을 목전에 둔 우리 해병부대에서의 이런 급식 부정은 도저히 묵과할 수 없다. 청와대 진정 등을 통해서라도 분명히 바로잡을 것이다."

나의 이런 말에 분위기가 일순 가라앉았다. 내가 틀린 말 한 게 아니었기 때문이었을 것이다. 이런 상황이었으니 1대대장도 죽을 노릇이었을 것이다. 결국 참모들이 만류하면서 나의 하극상에 대한 책임은 묻지 않기로 했고, 1, 2대대장끼리 좀 험악한 상황이 연출되었지만, 결국 이 사건도 그냥 단순한 익사사건으로 마무리지었던 것으로 알고 있다. 물론 그 과정에서 나는 우리 2대대장으로부터 설득과 화해를 종용받기도 했다.

내가 이런 얘기들을 하니 나의 김포 해병여단에서의 초임 소대장 시절이 마치 이러쿵저러쿵 지저분한 일들로 점철된 시간이었다고 생각할 수가 있을 것인데, 단연코 그렇지 않다. 나는 1960년대 중반 우리나라 서부지역을 방위하고 있는 해병부대의 소총소대 소대장으로서의 막중한 임무와 역할을 소신과 사명감을 갖고 열심히 일했다.

물론 나뿐만 아니라, 나랑 한때 사이가 좋지 않았던 몇몇 장교들을 포함해 우리 해병대원 전체가 그런 결의로 서부전선을 지켰다는 자부심은 지금도 여전하다.

나의 해병 제1여단 소대장으로서의 군무는 그리 길지가 않았다. 한참 소대장으로서 주어진 임무를 수행하고 익히며 강한 해병이 되어 가던 나에게 또 다른 임무가 주어지고 있었다. 바로 월남전 파병 청룡부대의 일원이라는, 월남에서 공산군들에 맞서 싸워야 하는 해병으로서의 임무가 기다리고 있었던 것이다.

월남전 파병, 전장에서

김포 화성면 시암리에서의 소총소대장 생활이 몸에 익어갈 무렵 말들이 나돌기 시작했다. 격화되고 있는 월남전으로 파병된다는 것이었다. 사실 입대할 적에도 미국과 북월맹 간의 월남전이 진행 중이었기 때문에 파병 가능성이 없었던 것은 아니었지만, 직접적으로 우리들이 파병된다는 그런 말은 없었다. 그러다 전황이 미국에 불리하게 돌아가면서 한·미 간에 우리 군의 파병이 논의되기 시작했고, 급기야 1965년 중반기부터 급속도로 구체화되기 시작했다.

그해 8월 임시국회에서 전투병 파병안이 통과된다. 전투병 파병은 곧 우리 해병대를 중심으로 하는 것이다. 해병대는 이에 따라 그해 8월 17일 제 2연대를 기간으로 한 파월해병전투단 편성을 마치면서, 이 전투단이 이봉출 준장을 여단장으로 하는 해병 제2여단으로 개칭되면서 월남전에 참전하는 청룡부대로 탄생하게 된 것이다. 김포 우리 부대도 이 여단에 배속돼 파병을 준비하고 있었다. 이봉출 장군은 자연 청룡부대 사령관이 됐다.

월남항 배 타기 전 어머니와 함께

이봉출 사령관은 나의 먼 인척이다. 하지만 나는 사령관을 통해 뭔가 요행을 바라고자 하는 건 애시당초 추호도 없었다.

나 또한 이런 상황에서 마음의 준비를 하고 있었다. 전쟁을 하러 머나먼 이국땅으로 간다는 것과 관련해 이런저런 여러 생각들이 많아진 건 어쩔 수 없는 노릇이었다. 특히 제대를 2년여 남겨 놓은 시점에서 자칫 전사할 수도 있는 전장, 그것도 딴 나라끼리 하는 전쟁에 참전한다는 게 마음에 걸리지 않았다면 거짓말일 것이다. 그러나 길게 고민할 것 없었다. 나는 해병이라는 것, 그리고 국가와 상부의 명령에 절대적으로 복무해야 한다는 해병 정신이 그런 갈등적인 요소를 잠재우고도 남을 만큼 충만해 있었기에 나로서는 월남에 간다는 게 별문제가 되질 않았다.

해병 청룡부대는 1965년 10월 3일 파병 1차 1진이 부산항을 출발해 9일 월남의 캄란만에 상륙한다. 이날 부산항 제3부두에서 개최된 환송식에는 많은 환송 인파와 함께 당시 김성은 국방

월남항 승선 전 가족과 함께

장관과 함명수 해군참모총장, 공정식 해병대사령관을 비롯해 주한미군 고위 관계자들이 대거 참석해 우리 해병 전투부대의 첫 해외파병의 장도를 격려하고 무사 귀환을 축원했다.

나는 1차 2진으로 이듬해 6월 월남으로 파병됐다. 그날이 기억에 생생하다. 많은 환송 인파도 그렇고 목에 꽃다발을 걸어 주던 아리따운 아가씨도 생각난다. 한편으로 자식과 형제를 전장의 험지로 보내는 부모와 가족들, 그리고 친구들의 안타까운 표정과 시선들도 잊을 수 없는 장면들이다. 당시 공식적으로 공개하기를 정부에서는 갖은 방법을 동원해 축소하거나 숨겼지만, 우리 군인들이 월남전에서 적잖게 다치고 죽는다는 얘기들이 공공연하게 나돌고 있던 시기여서 특히 그랬다.

나는 그날을 생각하면 한 장의 사진을 떠올린다. 파월 장병 환송식 직후에 일본인 구와바라 시세이(桑原史成) 사진작가가 찍은 사진이다. 시골에서 올라온 어머니는 베트남으로 떠나는 아들에게 뭔가를 얘기하고 있고, 아들은 어머니의 손을 꼭 잡고 있다. 아마도 "꼭 살아서 돌아와야 한다"는 어머니의 말에 아들은 "걱정 마세요"라며 어머니를 안심시키고 있는 장면을 찍은 사진인 것 같은데, 이 장면은 월남전으로 떠나는 병사와 그 어머니의 환송을 명분으로 한 작별의 상징적인 한 모습으로 지금껏 걸작으로 남아있는 사진이다.

파월병사와 노모(사진_구와바라 시세이)

그렇게 해서 우리들은 정확한 이름은 아리송하지만 미해군 수송선 '카이저'호인가를 타고 부산항 제3부두를 출발, 남지나해를 지나 일주일여 후 월남의 남중부지역 도시인 캄란에 도착, 맹호부대원들을 하선시키고 그 이튿날 투이호아에 상륙했다. 월남 땅에 첫발을 내디딘 순간 기분이 묘했다. 내 나이 스물셋 평생 처음 와 보는 남방의 호기심 서린 외국 땅이면서 한창 전쟁으로 황폐하고 이념적으로 뒤틀린 나라라는 이중의 감상이 겹쳐졌

부산항 파월 해병 청룡부대 환송 장면

기 때문이었다.

월남 땅에 도착해 몸으로 느끼는 첫 느낌은 후텁지근함 그 자체였다. 월남은 연평균 기온이 섭씨 28도 안팎으로 심할 때는 40도를 웃도는 열대 국가라는 건 잘 알고 있는 사실이지만, 우리가 도착한 6월은 특히 하계 몬순 기간의 거의 한가운데라 기온도 그렇지만 덩달아 불쾌지수도 100을 상회하므로 가만 있어도 땀이 줄줄 흐르면서 짜증을 유발하는 날씨라 더 그랬다. 월남사람을 비롯해 미군들의 입에 늘상 붙어 있는 말로, 누구든 월남에 오면 제일 먼저 배운 후 절로 많이 쓰게 되는 말이 왜 '싸나바빗치(son of bitch)'라는 욕설인가는 이런 덥고 후텁지근한 날씨에 영향받은 바가 없지는 않을 것이다.

　월남전에 파병된 해병 청룡부대는 고정된 사령부 본부(HQ)가 없었다. '전술책임작전'을 수행하고 있었기 때문이다. 말하자면 지역을 옮겨다니며 평정작전을 수행, 지역의 월맹군과 베트콩을 소탕하면서 어느 정도 평정이 되면 그 지역을 육군에 넘겨주고 또다시 이동하는 작전을 구사하고 있었다. 1진으로 파병돼 투이호아에 상륙한 부대는 그해 12월 '청룡1호작전'을 전개하면서 투이호아에서 적들과 전투를 벌이고 있었고, 우리들 2진은 그 무렵 투이호아에 도착한 것이다.

　투이호아에 도착한 우리 중대는 투이호아 반도 하단에 은신하면서 아군을 괴롭히고 있는 베트콩들을 1개 소대가 맡아 먼저 공략하면서 작전지역을 확보하고, 나머지 2개 소대는 중대 방어에 돌입하는 것으로 우리 소대는 후방을 맡았다. 그 얼마 후 우리 청룡부대는 투이호아 지역에서 '해풍작전'을 전개했고, 당시 3대대 정보장교였던 이인호 대위가 부하들을 살리기 위해 수류탄을 자신의 몸으로 막아 전사하는 사건이 벌어지기도 했다.

　베트남에서의 전쟁은 미군들도 마찬가지였겠지만, 우리들로서도 참으로 어렵고 힘든 것이었다. 정규전이 아닌 게릴라전이었기 때문이다. 그에다 대부분의 지형조차도 빽빽한 열대 밀림에 늪이 많다는 것과 은신의 명수들인 베트콩들의 특성상 적이 어디 있는지를 가늠하기 어렵기 때문에 대부분 먼저 공격을 당한 후 대응하는 형식의 전투라는 점이 그랬다.

월남전 소대장 시절

월남전 작전 중 모습

　초대 주베트남 한국군사령관을 맡았던 채명신 장군이 월남전 파병과 관련해 견해를 타진했던 박정희 대통령에게 반대를 표명한 이유도 그랬다. 베트남전은 기본적으로 어디에 적이 있는지 알 수 없는 게릴라전이기 때문에 6·25전쟁 당시 전면전 경험밖에 없는 한국군으로서는 당해내기 어렵다는 것이 채 장군의 반대 이유였다.

　이와 함께 게릴라전 특성상 베트콩들을 식별하기 어려운 것도 전투를 어렵게 하는 큰 요인이었다. 베트콩들은 밀림과 마을을 가리지 않고 은신과 출몰을 반복하면서 우리들을 괴롭혔다. 사람들이 붐비는 마을의 저자거리에서도 멀쩡하게 보이는 청년이 돌연 총을 꺼내 우리들을 향해 공격을 하고는 사라지기도 했다. 그러니 누가 베트콩인지, 누가 민간인지를 구별하기가 어려웠다. 의심이 드는 수상한 청년을 어렵게 붙잡아 추달을 해도 베트콩이 아니라고 하면 그만이었다. 통역을 붙여 심문을 해도 아니라고 잡아떼면 어쩔 수 없이 풀어줘야 했다.

말로써는 식별하기 어려우니 물증이 있어야 했다. 베트콩들은 어떤 사진을 신주같이 몸에 숨겨 지니고 있다는 사실을 알게 되면서 식별이 어느 정도 가능해졌다. 그것은 다름이 아닌 공산 월맹의 지도자인 호지명의 사진이었다. 그 사진을 몸에서 어렵게 발견해 보여주면 대부분 베트콩임을 자인했다. 베트콩들 모두 사상적으로 끈질기고 집요하고 적대적이지만, 특히 여자 베트콩들을 발견하고 생포 후 심문하기가 어려웠다. 이들은 전투는 물론이고 여자라는 특성을 이용해 연락이나 무기 등을 포함한 물품 지원을 위한 자금 조달 등을 능숙하게 해 내고 있었다.

이런 일이 있었다. 베트콩으로 의심되는 한 젊은 여자를 생포해 심문을 벌이고 있었다. 이런저런 질문에 이 여자는 막무가내로 묵묵부답으로 일관했다. 그때 어떤 제보가 들어왔다. 그 여자의 아랫도리를 조사해 보라는 것이다. 치부가 있는 그쪽을 우리들이 뒤지기는 난감해 월남인 여자 조력지로 히어금 살피게 했다. 그랬더니 그 안에서 꼬깃꼬깃 깊숙이 숨겨 놓은 달러가 쏟아져 나왔던 것이다. 그 이후로 우리들은 좀 더 대담해졌고, 여자 베트콩들을 생포하면 거의 무조건 그쪽부터 의심하기 시작해 적절한 조치를 취하곤 했다.

베트콩들의, 과장을 좀 보태 신출귀몰하는 게릴라전에 우리들이 적잖게 당하면서, 생포한 베트콩들에 대한 우리 사병들의 적개심과 분노는 이들에 대한 폭력으로 이어지기도 했다. 이런 과정에서 크고 작은 불상사 또한 생겨났다. 소대장으로 이런 일을 마냥 보고 넘길 수는 없는 일이었다.

물론 나도 사람이고 감정의 동물인지라 베트콩들의 저격이나 기습으로 소대원이 죽거나 다치면 눈이 뒤집혀질 정도로 분노가 치솟으면서 이들 베트콩 포로들에 대한 사병들의 구타나 폭력행위를 어느 정도 눈감아 주기도 했다. 하지만 그에 따른 불상사가 속출, 상부의 지적거리가 되면서 그 또한 그냥 두고 볼 일은 아니었다. 결국 베트콩 포로들을 전쟁포로에 관한 국제협약에 따라 처우해 주는 쪽으로 소대원들에게 지시했다. 그러나 이게 잘 지켜지지 않을 때도 많았다. 전장이라는 데가 원래 그런 곳이라는 생각이 들었다.

이런 어려운 전장과 전투상황에서 우리 해병이 구사할 수 있는 작전은 매복과 수색이었지만, 그 또한 파병 초기에는 어려움도 많았고 피해도 적지 않았다. 6중대의 경우 한 소대가 거의 전멸하다시피 했고, 특히 소대장들이 많이 당했다. 밀림에 은신하는 베트콩들은 반드시 우리 측의 소대장을 먼저 식별해 저격한 후 공격을 감행한다. 어떤 경우는 수색을 끝내고 부대로 복귀하다 부대 바로 앞에서 저격을 당해 전사한 소대장도 있었다. 정찰과 수색은 특히 긴장되는 작전이었다. 베트콩들은 땅굴을 활용한 작전을 잘 구사했다. 밀림에서 거의 평지처럼 만들어 놓은 땅굴에 은신하면서 아군에 대한 저격을 토대로 한 공격을 일삼았다. 그러니 땅굴을 발견해 내고 수색하는 건 중요한 일이었고, 이 과정에서 피해 또한 적지 않았다.

그럼에도 불구하고 우리 청룡부대 해병들은 잘 싸웠다. 나는 소대원들과 거의 2, 3일에 한 번은 전투 및 정찰 작전에 나가 싸웠고 반드시 적들을 꺾었다. 특히 야간 매복 작전에서의 전과는 괄목할 만한 것이었다. 베트남전에서 한국군의 전과를 통틀어 가장 큰 것으로 꼽는 것이 '짜빈동 전투'라면, 그에 버금가는 게 나의 해병학교 한 해 후배인 '해간 35기' 한 소대장이 수행해 큰 전과를 올린 바로 '테로이 매복작전'이다. 이 매복작전에서 우리 해병은 1개 분대병력으로 적 1개 중대병력을 물리쳤던 것이다. 매복작전에서 맞닥뜨린 베트콩들은 육박전에서는 결코 우리들 해병의 적수가 될 수 없었다.

이렇게 해서 투이호아를 평정한 우리 부대는 이 지역을 육군

소내 회식

백마부대에 넘겨주고 1966년 8월 추라이 지구로 이동한다. 우리들 해병이 맡은 지역에서 월맹과 베트콩들 소탕은 물론이고, 월남국민들을 위한 재건사업과 대민사업도 병행해 괄목할 만한 성과로 좋은 평가를 받기도 했다.

이 글을 쓰면서 생각난 김에 한번 찾아봤더니 청룡부대의 대민지원사업과 관련해 1966년 중앙일보에 투이호아 현지 특파원 발로 이런 기사가 실린 걸 보았다. 이 기사를 통해 그때를 한번 돌이켜보기도 했다.

"한국 청룡해병여단은 지난 21일로써 제2호 작전인 추수보호작전을 끝내고 22일부터 제3호 작전에 들어갔다. 제3호 작전은 건설작전-치열한 전투로 파괴된 투이호아 지구를 재건하여 베트콩을 몰아낸 후에 현지 양민들로 하여금 다시 평화스러운 삶을 영위하도록 하기 위한 것이다.

따라서 한국 해병대의 '투이호아 작전'은 월남전에서 가장 모범적인 표본작전으로 등장하고 있는데, 말하자면 베트콩 소탕과 양곡수확, 그리고 안정된 생활을 다시 찾아 주는 월남전의 특수성을 처음으로 실현시켜 보고 있기 때문이다.

해병여단은 지난 1월 19일부터 2월 21일까지의 추수보호작전을 통하여 투이호아 주민을 연 2만5천4백여 명을 동원하고 1천1백50대의 연지원 차량을 동원함으로써 2만9천7백32톤의 벼를 거두어들여 베트콩의 군량미 확보를 완전히 가로막았다. 이 작전 기간 중 해병은 약간의 인명 손실을 입었으나 그 반면 적 사살 3백11명, 부상 10명, 포로 16명, 용의자 체포 4백 88명, 귀순자 1명이라는 막대한 전과를 올렸다. 제1, 2호 작전을 통해 투이호아 지구는 완전히 우리 해병의 수중으로 들어왔으며 알뜰한 피난민 구호의 손길로 인심도 아군 측으로 기울도록 만들었다."

추라이 지구로 이동해서도 우리들의 일상은 변하지 않았다. 적들로부터의 공격에 대비하고, 매복과 정찰, 수색으로 이어지는 연속의 나날이었다. 그런 한편으로 쉴 적에는 무엇 하나에도 구애받질 않고 잘 쉬었다. 생과 사가 오가는 긴장의 연속적인 나날이었지만, 오히려 그런 상황에서 더 잘 놀고 더 잘 먹자는 본능이 발동하는 것이다. 식료품 등 물자는 미군의 지원으로 풍부했고 급여로 받는 돈도 여유가 있었다.

바다에 연한 투이호아나 추라이는 해변의 친언 백사장들이 정말이지 속된 말로 죽여주는 곳이었다. 베트남의 이런 자연을 보면서 당시 '베트남 붐'을 타고 윤일로가 불러 히트를 쳤던 "남, 남쪽 꿈의 나라, 월남의 달밤…"이라는 가사로 시작되는 노래가 흥얼거려지기도 했다. 휴일이면 이 백사장으로 가 프랑스 혼혈 아가씨인 프렌치 콩까이들의 예쁜 자태를 보면서 수영과 일광욕을 즐기기도 하고 물 반 고기 반 바다에서 생선도 잡아먹곤 하는 '자연인 생활'도 했다.

당시 나는 해병 소위로서 월급을 120달러를 받고 있었다. 한국에 있을 때의 급여보다 4배나 많은, 당시로는 큰돈이었다. 사병들 60달러도 결코 적은 돈이 아니었다. 먹을 것, 마실 것 풍부하니 돈은 쓸데가 없다. 그러니 그 돈이 어디로 가겠는가. 좀 부끄러운 얘기지만 부대 안에서 '섰다' 등 도박판이 은밀하게 성행한 것도 그 때문이었을 것이다.

매복과 수색, 전투가 없는 날이라는 단서가 붙지만, 사실 이것들만 아니라면 베트남 이곳은 지상의 파라다이스가 아닌가 할 정도로 모든 게 풍족했고 모든 게 좋았다. 이런 농담이 장병들 사이에 오갔다. "죽지 않는다는 보장만 있다면, 여기서 평생 죽을 때까지 살고 싶다." 아무리 그렇다 하더라도 하룻밤 사이에 어떻게 될지 알 수 없는 처지의 운명들이 죽음을 담보로 이런 말을 지껄이고 있는 것에서는 뭐랄까, 죽음에 대한 극도의 공포심을 그런 식으로 캄플라주하고자 하는 심리가 깔려 있었을 것이다.

나는 이 말이 로버트 드 니로가 나오는, 월남전을 배경으로 한 '디어 헌터(Dear Hunter)'라는 영화에서, 내일을 기약할 수 없는 군인들이 목숨을 걸고 하는 '러시안 룰렛' 게임을 통해 월남전의 고통과 비애를 자포자기적인 희열로 가장하고 있는 것과 별반 차이가 없다는 생각이 들었다.

담배 얘기를 빠뜨릴 수 없다. 우리들은 흔히들 미군들의 담배로 회자되는 '럭키스트라이크'를 많이 피웠다. 그런데 이 담배를 회피하는 장병들도 많았다. 럭키스트라이크가 미군 전사자들의 시신에서 제일 많이 발견되는 담배라는 섬에서다. 이는 미군들이나 베트남 사람들도 마찬가지였다. 그래서 럭키스트라이크보다는 파란 색 갑의 박하향 나는 샬렘(Salem)이 많이 선호돼 인기가 많았다.

그래서 럭키스트라이크보다 한 배 반이나 비싼 샬렘은 웃돈을 얹어 거래되는 경우 많았는데, 샬렘은 PX에 나오기 전 이미 민간시장 등 다른 곳으로 새 버리고 없는 바람에 품귀현상은 더 가중됐다. 샬렘을 비롯한 미군 PX의 담배나 C-레이션, 전자제품 등을 민간시장에 내다팔면 두 배 이상의 이익을 얻을 수 있다는 뜻의 은어로 통용되는 말이 있는데 바로 '공팔칠'이라는 말이 그것이었다. 하지만 나는 이 말의 정확한 뜻은 모른다. 그저 그렇게 다들 부르니 그렇게 알고 있었을 뿐이다.

월남전에서의 그런 생활을 돌이켜보면 나의 처지도 그리 특별한 것은 아니었다는 생각이다. 생(生)과 사(死)가 공존하는 전장에서의 두려움 또한 나도 마찬가지로 있었고, 그 와중에 다른 장병들처럼 쉬고 즐기고 하는 것 또한 별반 다를 게 없었다. 월남을 갔다오니 월남전 참전을 토대로 한 소설들이 많이 나와 있었다.

안정효의 『하얀전쟁』 박영한의 『머나먼 쏭바강』, 이상문의 『황색인』 그리고 조성국이 쓴 『짜국강』 등이 그런 류의 소설인데, 나로서는 이런 소설을 보면서 재미있고 공감되는 부분도 많았지만, 좀 이질적으로 다가오는 것도 있었다. 이 소설들은 저자들이 직접 월남전에 참전한 경험을 바탕으로 쓴 것들이라는 점에서 바로 저자 자신들의 얘기인 것인데, 내가 느낀 건 소설을 통한 그들의 표현이 너무 좀 사변적이 아닌가 하는 것이었다.

말하자면 전쟁의 폭력과 잔혹성에 괴로워한다든가 '전쟁외상성증후군(PTSD)'으로 고통을 받고 있다든가, 아니면 베트남전이 베트남인들의 '통일전쟁'이라는 이념적인 측면을 부각시킨다든가 하는 게 그랬다. 내가 과문한 탓도 있을 것이지만, 나는 내가 겪은 월남전에 대해 비교적 생각이 복잡하지 않고 단순하며 이념적이지 않다. 굳이 이념을 들이대자면 나는 자유진영 수호를 통한 세계평화라는 대의적인 측면에서 내 소신껏 월남에서 공산군에 맞서 싸웠다는 것이고, 전쟁이란 어차피 죽고 죽이는 극단의 행위라는 점으로 그 명분에서 나는 그리 큰 자책감은 없다는 것이다.

부상, 그리고 '원 밀리온 달러 불릿'의 그늘

우리 해병 청룡부대는 1965년부터 1972년까지 6년여에 걸쳐 3만7340명의 장병이 베트남전에 참전해 혁혁한 전과를 올렸다. 여단급 대규모 작전 55회를 포함해 15만1522회의 크고 작은 전투를 벌여 공산 월맹군과 베트콩들을 쳐부수면서 그들의 간담을 서늘하게 했다.

하지만 이 과정에서 우리 해병은 장교 42명과 사병 1160명이 목숨을 잃었고, 2904명이 부상을 당하는 피해를 입었다. 파월 해병대 병력의 80%가 최전선에서 싸워야 했기 때문에 희생이 불가피했고, 특히 최전선 선봉에 섰던 소대장들이 많이 죽거나 다쳤다. 나의 '해간 34기' 동기들 가운데 여섯 명이 월남전에서 전사했고 참전한 동기들 대부분이 다쳤다.

나 또한 예외일 수가 없었다. 하지만 나는 죽지는 않았고, 총상을 입은 것이다. 내 주변에서는 이걸 '영광의 상처'라고들 한다. 하지만 나로서는 좀 부끄럽기도 하다. 궁극적으로는 내가 못

나 부상을 당한 것이라는 소지 또한 있기 때문이다. 나름의 변명 하나를 보탠다면 나의 이런 부끄러운 심사에 다소 억울한 점도 있다. 내가 부상을 당한 건 후임이 부임해 있는 상태에서 당한 것이기 때문이다.

월남전에서 우리 해병 소대장들은 항상 소대원들의 맨 선두에서 정말 목숨을 걸고 용감하게 싸웠다. 그렇기 때문에 많이 죽고 많이 다쳤다. 소대장들의 이런 희생과 관련해 당시 국방부에서 조치를 내렸다. 월남전에서의 해병 소대장은 임기를 6개월로 정하고 그 기일이 지나면 교체하기로 한 것이다.

그러니 나는 소대장 임무를 벗어난 시기에 베트콩으로부터 저격을 당해 총상을 당한 것이다. 그러니까 내가 총상을 당한 건 베트남에 온지 6개월을 넘어서고 있던 때라는 얘기다.

내가 부상을 당할 당시 우리 소대는 대대를 방어 중이었다. 그런데 중대 방어 중이던 두 개 소대 소대장이 모두 부상을 당해 중대본부가 위험한 상태에 처해 있었고, 전투와 정찰을 할 수 없었다. 이런 상황에서 새벽에 우리 소대더러 위치를 옮겨 중대 방어에 나서라는 명령이 떨어졌고, 나는 소대원들을 이끌고 중대 방어의 한 긴요한 지점으로 이동하려 하고 있었다.

그런데 대대본부에서 이동하려면 작전보좌관으로부터 좌표 등 루트를 지도를 통해 알아야 한다. 해가 뜨기 전 잠에서 덜 깬 새벽녘이라 그런지 작전보좌관이 좀 우왕좌왕하고 있었다. 가르쳐 주는 루트대로 이동을 하는데, 갈 수 없는 강을 건너게 하는 기동로를 주길래 다시 보좌관에게 올바른 루트를 요청했지만, 돌아오는 대답은 참으로 무책임하기 그지없었다. "니 마음대로 가라"는 것이었다.

보좌관의 그런 무책임한 답변에 화가 치밀어 올랐지만, 그걸 따질 여유있는 상황이 아니었다. 그때 앞서가던 소대원으로부터 긴급 보고가 왔다. 전방에 동굴 비슷한 걸 발견했다는 보고였다. 나는 즉시 앞으로 나가 동굴이 있다는 그 지점 앞까지 왔다. 보니 분명한 동굴이었고, 수풀로 위장된 입구가 보였다. 그 동굴을 지나칠 수는 없는 일이었다. 동굴은 베트콩들의 핏줄같은 여러 갈래의 땅굴로 연결되는 출발점일 수도 있을 뿐더러, 규모가 큰 은신처일 수도 있기 때문이다.

나는 그때 개머리판 없는 칼빈 M2소총을 들고 소대를 지휘하고 있었다. 그 소총을 들게 된 사연이 있다. 며칠 전 베트콩 한 명을 포로로 잡았다. 우리 작전지역 내에서 붙잡은 베트콩 포로였기에 그로부터 확보할 수 있는 베트콩 규모와 은신치 등에 관한 정보를 많이 알고 있을 것으로 여겼고 심문을 통해 그 정보를 캐내야 했다. 심문은 소대장인 내가 통역을 두고서 진행했다. 그러나 알려진 대로 베트콩들은 한 명 한 명이 그리 호락호락하지는 않았다. 입을 꽉 다문 채로 일체의 심문에도 응하지 않았다. 그러니 결국 무력을 사용하지 않을 수밖에 없었다. 무력에 앞서 위협부터 해야 했다.

내 곁에 항상 붙어 다니던 전령으로 전길수 수병이 있었다.

'독사'라는 별명을 가진, 수많은 전투현장에서 많은 죽음을 보고 생사를 오갔었기에 항상 눈에 살기가 도는 노련한 해병이었다. 나는 통역을 통해 위협스런 말과 욕설을 베트콩 포로를 대상으로 쏟아부었지만, 베트콩은 일체의 반응을 보이지 않았다.

나는 답답하면서 화가 머리끝까지 치밀어 올랐다. 그때 내 곁에 서 있던 전길수 전령이 들고 있는 칼빈 소총이 보였다. 그 소총을 전길수 전령으로 빼앗아 베트콩 포로에게 겨누며 죽인다고 고함을 지르며 위협했다. 그래도 베트콩 포로는 굴복하지 않고 오히려 비웃는 태도로 응수하는 듯했다. 나는 순간적으로 나도 모르게 칼빈 개머리판으로 베트콩 포로의 머리를 내리쳤다.

베트콩은 그 즉시 옆으로 쓰러졌고, 나는 계속해서 개머리판으로 베트콩을 정신이 거의 나간 상태로 가격하려 했다. 그것을 본 전길수 전령이 나를 제지했다. 잘못하면 포로가 죽을 수도 있을 것이라는 우려 때문이었다. 전령이 나를 제지하면서 나는 소총을 포로 옆의 나무를 내리쳤다. 그러면서 개머리판이 "꽈당" 하고 부서졌다. 개머리판이 부서졌을 망정 소총은 소총이었다. 그러니 전길수 전령은 그 개머리판 없는 소총으로 전투를 하면서 임무를 수행해야 했다. 나는 그래서는 안 된다는 생각이 들었다.

그래서 내가 차고 있던 권총을 빼서 전길수 전령에게 주면서 그 권총을 임시 방편으로 전투시 사용하라고 했다. 그 대신 나는 개머리판 없는 그 칼빈 소총을 들고 다녔던 것이다. 전길수 전령은 나중에 듣기로 귀국 날짜를 받아 놓은 상태에서 안타깝게도 전사를 했다. 나는 그의 귀국 예정을 알고 귀국 전까지 좀 편한 생활을 하라며 중대본부 포반으로 보직변경을 해 놓은 터였다. 그런데 하필 베트콩 포탄이 그가 근무하던 포반으로 떨어지는 바람에 폭사를 한 것이다. 그러니 내가 총상을 입었던 이날이 그와 나로서는 마지막 전투였던 것이다.

나는 일단 동굴 앞에서 소대원들을 멈추게 한 후 한 분대더러 사주경계를 하게 한 다음 분대별로 수색을 위한 투입 명령을 내리려 하고 있었다. 개머리판 없는 칼빈 소총을 든 오른손을 들어 나직하게 말했다. "1분대 투입!" 그 명령을 내린 순간 한 방의 총성이 밀림 속 정적을 깨뜨렸다.

"따당!"

그와 동시에는 나는 앞으로 주저앉듯 쓰러졌다. 뭔가 오른쪽 하복부 쪽으로 뜨거운 게 확 밀려 내려가는 느낌이 들면서 다리에 힘이 풀렸다. 그런 상황에서 나는 주저앉으면서 직감적으로 내가 어디에 숨어 있는지 모르는 베트콩 서격병으로부디 총을 맞았구나 하는 생각이 들었다.

"아, 내가 총을 맞았다. 이걸 어떡하지, 이걸 어떡하지. 내가 총을 맞다니…"

의식은 있었다. 다만 하복부 아래가 흐느적거리며 풀리고 있는 기분 나쁜 느낌은 한편으로 나를 엄청 분노케 하고 있었다. 내 입에서 욕설이 마구마구 나왔다. 대상이 없는 분노의 욕설이 있다. 이 모두가 지극히 순간적으로 이어지는 상황이었다.

부상 직후, 구조 헬기를 기다리고 있는 급박한 상황

그런 순간에도 나는 소리쳤다. "사격 개시, 사격 개시!" 사주 경계를 하고 있던 분대가 일제 사격을 했다. 전방의 동굴을 향해, 그리고 목표물도 없는 주변 밀림을 향한 대응 사격이었다.

몇몇 소대원들이 쓰러져 있는 나를 안전한 곳으로 옮겨 총상을 입은 부위를 살피고 있었고, 그러는 사이 통신병은 중대에 나와 있는 미군 헬기구조대에 지원을 요청하고 있었다. 미군 앵글리코(ANGLICO; 항공함포연락중대)에서 우리 소대에 파견돼 내 곁에 붙어 다니는 미 해병 켈리필즈(Kellyfields) 일병도 나의 구조를 거들고 있었다.

나는 우측 하복부 쪽에 총을 맞았다. 위생병이 응급조치를 하면서 "소대장님, 소대장님, 조금만 참으면 됩니다, 조금만 참고 기다리면 됩니다"며 내 몸을 흔드는 한편으로 "씨발, 씨발"하며 흐느낌 섞인 욕설을 내뱉고 있는 게 내 귀에 또렷이 들렸다. 그만큼 내 의식은 또렷했다는 얘기다. 나중에 들은 얘기로 나는 피도 그다지 많이 흘리지 않았다고 한다.

"투투투투…" 미군 구조 헬기 오는 소리가 들렸고, 나는 채 밝지 않은 미명의 하늘을 바라보고 있었는데, 뭔가 그 상황에 맞지 않게 아늑

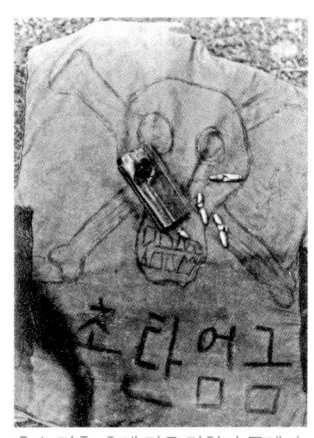

후송 직후, 총에 맞은 탄창과 몸에서 나온 총알 파편

하다는 기분이 들었다. 의식이 가물가물해지고 있었던 게 아닌가 싶다. 이윽고 헬기에서 미군이 내려오고 영어로 주고받는 얘기들이 들리면서 나는 들것에 실린 채 올려지고 있었다. 그때의 기분은 참으로 묘했다. 끌려 올려지는데, 왜 나는 레펠(rappel), 그러니까 현수 하강하듯 한없는 나락으로 끝없이 추락하듯 떨어지는 느낌이었던 것인지 모르겠다.

나는 헬기에 실려 긴급히 병원으로 후송되는 과정에서 올바른 정신이 아니었던 것 같다. 얼마간의 시간이 흘렀는지 모르겠다. 문득 깨어나 보니 나는 침대에 누워 있었고, 내 몸에는 여기저기 여러 개의 주사바늘이 꽂혀 있었다. 바로 추라이에 있는 야전병원이었다. 여기서 내 총상에 관한 구체적인 부위와 정도가 나왔다. 베트콩 저격병이 쏜 탄환은 하복부 오른쪽의 방광을 다치게 했다. 그런데 병원의 군의관을 포함한 모두가 하나같이 나

더러 천우신조라고 했다.

나는 영문도 모른 채 무슨 말이냐고 물었다. 베트콩이 쏜 탄환은 정확하게 내 방광 부위를 맞혔다. 하지만 내가 찬 탄띠에 꽂혀 있던 탄창을 때려 관통하면서 방광을 파고든 것이라 했다. 그러니까 탄띠가 일차적으로 총탄의 위력을 약화시켜 그 영향력을 줄여 주었다는 것이다. 만일 총탄이 그대로 관통했으면 방광은 물론이고 복부나 뒤로는 척추까지 다치게 해 사망 아니면 반신불수로 이어질 수 있었다는 것이다.

그러니 하늘이 나를 도왔다고 병원에서는 이구동성이었다. 그렇더라도 중상은 중상이었다. 총탄을 맞은 탄창이 파열되면서 그 안의 총알들이 파편화되어 방광 속으로 파고듦으로써 방광에 크게 손상을 입힌 것이었지만 아무튼 생명에는 지장이 없는 총상이었다.

결국 나는 응급으로 방광을 4분의 1이나 잘라내는 수술을 받고서 입원하게 된 것이었다. 나중에 들은 얘기지만, 나의 부상과 관련해 이런저런 소문이 우리 분대는 물론이고 한국의 가족들에게까지 나돌았다는 것인데, 이를테면 내가 혼수상태를 헤매고 있다는 것과 두 다리를 잘랐다는 소문들이었다.

야전병원에서는 침대에 누워 있는 나의 총상을 둘러싸고 '일백만 불짜리 상처', 영어로는 '원 밀리온 달러 불릿(one million dollars bullet)'이라는 말들이 오갔다. 한마디로 재수가 좋은 부상이라는 것으로, 말하자면 생명에는 지장이 없으면서 중상을 입

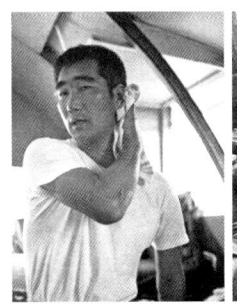
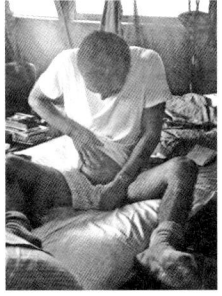

후송 병원에서

은 부상병으로서의 특별대우를 받을 수 있게 한 상처라는 뜻이었던 것 같다. 그러나 그 말의 분명한 의도도 모른 채 그 의미를 나름으로 그렇게 해석한 나로서는 솔직히 좀 듣기 거북스런 말일 수밖에 없는 것이었다. 이 '일백만 불짜리 상처'는 얼마 가지 않아 '오십만 불짜리 상처'로 격하된다. 해병소대장으로 그간 무진 고생을 했던 것에다 내가 그런 얘기를 별로 달가워하지 않는다는 점이 감안돼 그렇게 바뀌었는지 모르겠다.

나는 추라이 야전병원에서 일주일 정도 입원해 있다가 퀴논에 있는 미군 야전병원으로 이송된다. 내 부상과 관련해 한국군 야전병원에서와 달리 내 총상을 좀 무겁게 본 결과로 그렇게 된 것이 아닌가 싶다. 미군 병원은 한국군 병원에 비해 제반 시설이나 대우가 달랐다. 그러니 한국군 부상병들은 누구든 미군 병원에서 치료를 받고 입원하면서 완치되기를 바라고 있던 때라 나 또한 내 상태에 대한 우려가 들면서도 미군 병원 입원을 나름 만족하게 생각하고 있었다.

"유 내로우리 이스케입드 프람 더 조스 오브 데스…" 어느 날 나를 담당하고 있던 미군 군의관이 나를 보며 웃으며 한 말이다. 처음엔 무슨 뜻인지 모르고 나도 덩달아 함께 웃었지만, 나중에 알고 보니 내가 죽음의 구렁텅이에서 용케 살아남은, 그러니까 내가 '구사일생(you narrowly escaped from the jaws of the death)'의 행운아라는 뜻의 관용구였다. 그러니까 미군 병원에서도 나의 총상 부위를 체크하고는 운이 억세게 좋아 살아남은 행운아로 여기고 있었던 것이다.

그렇게 해서 나는 미군 야전병원에서 '행운아' 대우를 받으며 비교적 안온한 입원생활을 하고 있었는데, 그런 생활도 하다 보니 지겨워지기 시작했다. 그리고 말도 잘 통하지 않는 상태에서 진료와 치료에도 몇 가지 고충이 있었다. 그중 하나가 주사 놓는 것이었다. 지금 생각해도 이상했던 건, 미군 간호사들은 왜 그리 주사 놓는 기술이 없는지 도무지 이해가 되질 않았다. 주사는 적재적소에 잘 놓아야 부작용이 없다. 그런데 미군 간호사들은 주사 놓을 부위를 잘 찾지를 못하고 허둥대거나 우왕좌왕하기 일쑤였다. 그러니 주사를 잘못 놓은 팔이 어떻겠는가. 퉁퉁 부어오르면서 통증이 이만저만이 아니었다. 그래서 미군 병원에 계속 있다가는 주사 때문에 죽을 수도 있겠다는 별의별 생각이 다 들었다. 어떻게 해서든지 한국군 병원으로 옮겨가야 하는 것도 그 생각들 중의 하나였다.

그러던 어느 날 나에게 아주 호의적이던 머리가 허연 한 미군 군의관에게 팔을 보이며 하소연하면서 한국군 병원으로 보내줄 수 없겠느냐고 부탁했다. 내 말을 들은 미군 군의관은 그 즉석에서 그렇게 해 주마고 했고, 그날 바로 퀴논의 한국군 야전병원으로 별도의 헬기를 동원하면서까지 나를 이송시켜 주었다. 나의 청을 벼락처럼 들어준 것이다.

그때 그 미군 군의관이 왜 나를 그렇게 호의적으로 대하고 병원이송 요청도 흔쾌히 들어준 것에 대해 그 이유와 배경을 몰랐는데 그 후에야 알았다. 미국인들은 '머린(marine)', 그러니까 '해병'에 대한 존경심이 유달리 강하다는 것이고, 특히 해병 장교, 그것도 참전해 부상을 입은 해병 장교에 대해서는 어느 나라를 막론하고 깊은 존경과 신뢰를 보내고 있다는 것이다. 그리고 호칭을 할 때에는 반드시 끝에 '써(Sir)'라는 경칭을 더해 존경심을 표한다. 하지만 그것과는 별도로 미군 야전병원에서의 그 백발의 미군 군의관은 지금도 가끔씩 생각이 난다.

미군 헬기로 이송돼 퀴논의 한국군 병원(맹호부대 제6후송병원)에 도착했을 때, 내 눈에 제일 먼저 들어온 것은 헬기와 트럭으로 아군의 많은 사망자와 부상병들을 연신 내리고 있는 지경이었다. 전사자들은 더러는 그냥 맨몸인 채, 그리고 더러는 더플백이나 판초 등에 담겨 둘둘 말려서 쌓여진 채로 내려지고 있었는데, 정말 눈으로는 못볼 처참한 광경이었다. 그에다 팔다리가 잘려나가고 얼굴이 피투성이인 부상병들은 고통의 비명을 질러대고 있는데다 헬기와 트럭 등의 소음이 겹쳐 그야말로 아수라의 현장이 따로 없는 듯했다.

한국군 병원에서 나는 유인수 군의관(대위)을 만나 치료를 잘 받았다. 내가 해병 장교라서 특별히 그렇게 하지는 않았을 것이지만, 어쨌든 유 대위는 나에게 친절했고 성심성의껏 대해 주었다. 유 대위에 의하면 나는 방광 부위의 부상으로 방광이 4분의 1이 없지만 생명에는 '절대적'으로 이상이 없다는 사실을 주지시켜 주면서, 한편으로는 성기능 장애도 없는, 그러니까 속된 표현으로 '고자'도 아니라며 나를 위무해 주기도 했다. 그러니 이 병원에서 치료 잘 받고 푹 쉬다 가라고 했다. 유 대위는 그 당시 귀한 감염치료제로 구하기가 어려웠던 에리스로 마이신(Erythro Mycine)을 별도로 챙겨주기도 했다.

이 병원에서 나는 미군 병원에서 주사를 잘못 맞아 퉁퉁 부어오른 팔도 거뜬하게 잘 치료했다. 병원의 한국 여간호사들은 미군 간호사들이 쩔쩔 매는 주사를, 부위를 정확하게 한눈에 찾아내 능숙하게 거의 예술적(?)으로 놓아주었다. 나는 그것을 보면서 우리 간호사들이 천사 같다는 생각을 했다.

사실 나는 부상병으로 귀국 대상자였다. 그러나 언제까지 못박아 귀국하라는 시한은 정해진 것이 없어, 내가 마음 먹은대로 가고픈 날짜에 귀국하면 되는 것이었다. 그런 한편으로 병원장은 나더러 병원에 후송돼 오는 해병전상자들의 소대장 역할을 하라면서 나의 운신의 폭을 넓게 해 주기도 했다.

1967년 상반기였던 그 무렵 병원에서는 그해 5월의 제6대 대통령 선거결과에 따라 파월부상병에 대한 방침이 어떻게 바뀌

후송 후 병원 군무관들과

어질지 모르니 되도록 선거 전에 귀국하는 게 좋을 것이라는 전망이 나돌았다. 그래서 나도 5월 이전 귀국을 마음에 두고 있었다.

육군에서 관할하던 그 병원에서 아무튼 나는 해병 장교로서 편안하게 지낼 수가 있었다. 그런 상태에서 얼마간의 시간이 지나며 나는 그 병원에서 이런저런 부정행위들이 적잖게 성행하고 있는 것을 목격할 수 있었다. 특히 부상병들이 귀국하면서 어렵게 마련해 갖고 갈 수 있는 카메라와 라디오를 포함한 값나가는 전자제품 등의 물품에 대해 이런저런 방법들을 동원해 탈취하는 일종의 부정행위들이 많았다. 부상병들은 몸이 성하지 않은 관계로 자기 물품들에 대한 관리감독을 하기가 여의치 않은 사정을 이용하는 것이었다. 그러니 몸은 어떻게 고국땅에 내렸지만, 월남에서 어렵게 구한 전자제품 등의 짐은 따라오지 않고 사라져버리는 사고가 부지기수로 생겨나고 있었던 것이다.

나는 이런 부정행위들을 내 일이 아니라며 그냥 수수방관할 수는 없었다. 머나먼 이국에서 목숨을 걸고 싸우다 다친 처지에서 겨우 마련한 물품을 갖은 부정한 방법으로 갈취당하는 게 어디 말이 되는가 하는 분노가 치솟았다. 하지만 내 힘으로는 어쩔 수 없는 역부족의 상황이었다. 그래서 이래저래 누군가의 힘을 빌어야 했다.

마침 그때 고등학교 동창으로 친한 친구였던 홍석교 군의 매부가 당시 '군합동조사대장'이라는 요직에 계시다는 걸 전언을 통해 알고 그분을 통해 이런 부정행위를 일삼는, 주로 하사관급들의 귀국담당관들을 추달, 단속해 몇몇 귀국 부상사병들의 물품을 찾아줄 수가 있었다. 그러나 파월장병들을 대상으로 만연돼 있다시피한 이런 부정행위를 원천적으로 방지하기는 어려웠다. '군합동조사대'에서도 이런 사실을 알고 있었을 것이지만, 그 후 어떤 조치로 어떻게 개선됐는지는 내가 귀국을 하면서 확인할 수도 없는 일이었다.

나는 제6대 대통령선거 캠페인이 한창인 1967년 5월 어느 날 미군 군용기 편으로 귀국했다. 도착한 곳은 대구 동촌에 있는 K2 군용비행장이었다. 나는 진해 해군병원으로 가서 일단 귀국 신고를 해야 했다. 진해로 가는 비행기 시간이 남아 비행장을 빠져나와 대구 동촌지역을 좀 둘러보았다. 상이군인이 되어 해병 군복 차림으로 고국땅을 절뚝이며 걷고 있었는데, 지나다니는 행인들의 시선은 그리 호의적인 것이 아니었다. 마산 집에 전화 걸 일이 있어 어느 파출소에 들러 전화 이용을 부탁했다가 매정스럽게 거절당했다. 뭔가 나를 보는 눈들이 좀 이상하다는 생각이 들면서 위축감이 들었다. 흡사 패잔병처럼 여기는 것일까, 아무튼 좋게 보지는 않다는 느낌이 들었다.

중국집 간판이 보이는 가게 앞에 섰다. 정말 먹고 싶었던 짜장면을 파는 곳이기에 무작정 들어갔다. 그러나 나에게 한국 돈은 단 한 푼도 없었다. 주인은 중국 화교였다. 사정을 얘기했다. 돈은 없다, 그런데 짜장면이 먹고 싶다. 그 화교 주인장은 내 말에 우선 앉으라 했다. 그리고는 짜장면을 곱배기로 갖다주었다. 그 곱배기를 나는 두 그릇이나 먹었다. 다 먹은 후 다시 돈이 없다고 했다. 그랬더니 그 주인장은 그냥 가시라 했다. 아무 걱정말고 안녕히 가시라 했다. 나는 눈물이 났다. 그 중국집과 화교 주인장을 잊을 수가 없어 얼마 간의 세월이 지나 찾아갔더니 그 집은 사라지고 없었다. 나는 지금도 그 중국집과 주인장을 잊지 않고 있다.

나의 해병 장교로서의 월남전 참전과 치열한 전투 그리고 부상은, 말하자면 나의 청춘 시절 군 생활의 대종이다. 나는 패기와 용기로 내 젊음을 바쳐 나라를 위해 먼 이국땅에서 싸웠다. 그에 대해 어떤 보상을 바라는 건 아니다. 하지만 월남전 참전에 대해 '용병', 그것도 '미제국주의 용병'이라고 이 나라의 한줌도 안 되는 종북좌파들이 폄훼하는 건 도저히 묵과할 수 없다. 어째 그게 용병인가.

나는 월남전이 미·소 간 첨예한 냉전의 와중에 자유민주주의 수호를 위한 세계평화를 위한 전쟁이었다고 생각한다. 자유진영 쪽에서 보자면 패배한 전쟁이 맞다. 그러나 그 베트남전은 십여 년 후 세계 공산 사회주의의 몰락을 가져오게 하는 하나의 큰 계기로서 충분한 의의가 있다고 나는 생각한다. 국내적으로 보더라도 나는 월남전이 우리나라의 경제발전과 군 현대화 그리고 미국과의 혈맹을 바탕으로 한 동맹외교 강화에 큰 기여를 했다고 자부하고 있다.

고향으로 돌아오다

1967년 부상당한 몸으로 월남에서 귀국한 나는 한동안 경남 진해에 있는 군병원에 입원해 있었다. 귀국 전 월남의 군병원에서 상당 기간 치료를 했었기에 몸에 크게 이상은 없었으나, 후유증에 대한 뒷처리와 이런저런 행정적인 절차와 과정에 따른 것이었다. 나는 의가사제대 대상자였기에 제대를 상신해 놓고 있었고, 진해병원에서 자연적으로 금방 제대가 될 줄 알았다. 그러나 무슨 이유에선지 제대는 이상하게 차일피일 미뤄졌다. 무슨 야료가 있는 게 분명했다.

서울 해병대사령부의 제대 관련 담당관인 모 상사가 돈을 밝히는 자로, 그에 대한 안 좋은 소문이 들리고 있었다. 결국 힘을 쓰는 수밖에 다른 도리가 없었다. 고교동기인 친구 매부가 당시 준장으로 3군 합동수사대장을 하고 있었기에 그 친구에게 부탁을 했다. 그랬더니 그 즉시로 제대가 됐다. 호랑이 담배 피던 시절 얘기가 아니다. 지금도 그런 짓거리들이 전혀 없다고는 할 수 없지만, 그 당시만 해도 그런 일은 비일비재, 오히려 당연한 듯

받아들여졌던 일종의 병역비리로 만연해 있었다.

제대를 한 후 나는 진해와 이웃한 마산의 수성동 본가로 내려왔다. 말하자면 낙향이었다. 낙향이라는 게 거리상으로 길고 짧음에 그 어떤 의미가 있는지는 모르겠으나, 진해에서 코 닿을 듯한 거리의 고향 마산 집으로 내려가는 것도 어쨌든 낙향은 낙향이었다. 더구나 군에서 몸을 다쳐 조기 제대한 처지로 미래에 대한 별다른 설계나 계획도 없이 그저 수구초심으로 고향집으로 간 것이니 낙향 말고 무슨 말이 더 있을까.

정확한 날짜는 기억에 없지만, 그날 저녁 진해에서 마산으로 넘어가는 버스를 타고 마진터널을 지나면서 나는 터널만큼이나 어둡고 울적한 생각에 젖어 있었다. 지금의 내 처지와 앞으로 내가 어떻게 될 것인가 하는 막연한 걱정 속에, 내 자신이 전장에서 다친 패잔병처럼 피곤하고 지친 몸이나 누일 곳을 찾아가는 처량한 신세로 여겨졌다.

그때 나는 여러 가지 내 처지와 관련해 암울했고 앞날에 대한 좌절감이 적잖이 있었다. 앞으로 뭘 할 것인가, 뭘로 먹고살 것인가에 대한 막연한 걱정과 앞날에 대한 조바심이었다. 나는 제대와 함께 상이 2급 판정을 받았다. 쉬운 말로 상이군인이 된 것이다.

이 상이군인 판정은 평생 연금 등 여러 가지 국가적인 혜택이 뒤따르지만, 사회적으로 일정한 범위 내에서 제약이 있다는 것을 내가 잘 모르고 간과했다는 측면이 있다. 상이 판정은 신청을 해서 심사를 거쳐 이뤄진다. 나는 원래 신청을 하지 않을 작정이었다. 취직을 염두에 두었기 때문이다. 그러나 내 사정을 잘 아는 마산 원호청의 원호과장이 나와 아무런 상의도 없이 형에게 이를 권유했고, 형이 나를 대신해 신청함으로써 나는 상이 2급 판정을 받은 것이다.

내가 상이 2급 판정을 받을 당시에는 몰랐으나, 그 후 이 판정에 '취업 불능'이라는 제한을 두고 있는 걸 알았고, 이에 나는 크게 낙담할 수밖에 없었다. 쉽게 말해 이 판정을 받게 되면 특별한 경우를 제외하고 국가공무원이나 일반 회사에 취직을 할 수가 없게 되는 것인데, 그럼으로써 이는 사회 일원으로서의 최소한의 보편적인 자격을 상실한 것이나 마찬가지였던 것을 뒤늦게 알게 됨에 따른 상실감이기도 했다.

나는 고려대학교에서 정치외교학과를 다녔다. 직설적으로 얘기하자면, 나의 어릴 적부터 꿈은 정치가가 되는 것이었고, 그 한 방편으로 지역민들을 보살피고 챙기는 지역구 국회의원이 되고 싶어 정치학을 공부했던 것이다. 영향력 있는 큰 정치가(statesman)는 아니더라도 최소한 민의의 대표자로 국민의 편에서 민의를 받들어 이를 시행하는 그런 방면의 일을 하고 싶어 정치외교학과를 갔던 것이고, 그와 관련한 공부를 게을리하지 않으면서 그 꿈을 키워 왔던 것이다.

그러니 월남전에서의 부상으로 인한 상이군인 판정은 궁극적으로 나의 이런 꿈과 이상을 좌절시키는 계기가 됐던 것이다. 그에 더해 양복을 입고 출퇴근하는 직장에 다니거나 아니면 그에 상응하는 샐러리맨으로서의 최소한의 입신에 대한 소박한 기대마저도 어쩌면 그로 인해 접을 수밖에 없는 궁박한 처지에 놓였던 것이다.

이런 까닭에 그러면 나는 앞으로 뭘 할 것인가라는 명제를 놓고 방황할 수밖에 없었던 것이고, 한편으로 그것은 내가 가졌던 꿈과 미래에 대한 기대마저 어쩔 수 없이 접어야 하는 안타까움이기도 했다. 여기에다 사실 드러내놓고 얘기는 못하지만, 월남전에서 겪은 전쟁의 참상에 대한 상흔 또한 내 뇌리에서 쉽게 떠나질 않고 일종의 트라우마로 남아 나의 정신적인 혼란감을 부추기고 있던 시기였다.

나는 당시 내 처지와 그에 따른 앞날에 대한 걱정, 그리고 트라우마 등으로 여러 가지로 암울한 생각이 많았다. 부모님도 물론 걱정과 우려 속에서 이런 내 상황을 충분히 이해하고 있었다. 그런 나를 보는 부모님의 심정도 하기야 엄청 답답했을 것은 불문가지일 터. 부모님은 어떤 측면에서 나를 무척 조심스럽게 여기면서 한편으로 눈치를 보는 입장이었다 해도 크게 과언은 아닐 것이었다.

아버지는 그런 차원이었는지는 모르겠지만, 나를 수성동 본가에서 좀 떨어진 추산동에 별도의 거처를 마련해 주시고는 나 혼자 거기에서 지내게 했다. 부모님의 그런 심경을 내가 모를 리가 있겠는가. 그런 상황을 나도 답답해하기는 매일반, 아니 부모님보다 더했을 것이다. 그러니 나로서는 뭔가 돌파구를 찾아야 했다. 아무리 내 처지가 그렇기로서니 부모님 걱정시키면서 그냥 무위도식으로만 지낼 수는 없었다.

아버지는 어쩌다 약주라도 한잔하시면 나를 방으로 부르곤 했다. 별말씀도 없이 그저 지긋한 눈으로 나를 한참 바라보시곤 했다. 나는 그럴 때 숨이 막히는 듯했다. 그러다 아버지는 가끔 한 말씀씩 던지셨다. 간단한 단문형의 질문들이었다.

"별 일 없제?"
"예, 없심미더."
"사람 살아가는 인생, 그리 서둘 일 아이다, 알제?"
"예, 압니더."
"사람이 잘 안 죽는다, 알제?"
"예, 압니더."
"단디 하거라, 우야든둥…"

우리 집은 그때 크게 부자는 아니었지만, 먹고 살기에 아무런 지장이 없을 정도로 잘 살았다. 부지런하신 아버지와 어머니가 운영하시는 부림시장 입구 '동광상회'도 잘 되고 있을 때였다. 그러니 부모님들은 그 힘든 해병대에서, 그것도 월남 전쟁터에서 부상을 입었던 내가 무사히 살아 돌아온 것만으로도 감지덕지하면서, 무위도식이든 뭐든 내가 어떻게 하든 몸과 마음을 추스려 새로운 출발을 하기를 바라고 있었다. 이런 부모님을 생각하면 나는 더이상 주저앉아 지낼 수는 없었다. 돌파구를 찾아야겠다는 생각이 더 절실해져 갔다.

워낙 건강했던 나였지만, 월남에서의 그 힘하고 거친 생활 때문에 몸이 많이 상한 상태였다. 누가 그런 나에게는 개고기 보신탕이 좋다는 말을 어머니에게 했던 모양이다. 그렇게 독실한 불교신자였던 어머니였지만, 나의 몸보신과 건강을 위해 개고기를 삶아 끓인 보신탕까지도 주변의 말을 들어 나에게 먹이려 하셨고, 나도 어머니의 그 간절함을 외면할 수가 없어 창동 시민극장 앞 보신탕집에서 그것을 먹었다. 태어난 후 처음이자 마지막으로 맛본 개고기 보신탕이었다.

정신적으로 나는 여러 가지로 곤궁한 상태에 처해 있었지만, 나름으로 돌파구 마련의 의지를 다지면서 나는 나를 다시 한 번 뒤돌아보았다. 나는 본성적으로 사변적인 생각으로 나를 옥죄게 하는 사람이 아니라는 것, 그보다 나는 생각에 앞서 행동이 먼저 앞서는 사람이라는 것을 되새겼다. 그 의지를 나 자신에게 다지려는 자기 확신을 확인, 재확인하면서 강하게 일어서야겠다는 각오를 다졌다. 나의 본능대로라면 그냥 주저앉아 쉬고 먹는 나를 그냥 그대로 내버려 두지를 않았을 것이라는 자기 최면이었고, 자기 확신이었다. 그런 무위도식은 오히려 울적한 내 심사를 더욱더 부채질할 소지가 많다는 것을 나는 본능적으로 잘 알고 있었기에 그랬다.

그래서 얼마간 몸을 추스린 후 툴툴 털고 일어나 무슨 일이라도 하는 것이 내 정신건강에 도움이 될 것이라는 생각이었다. 무슨 일이라도 하자는 것, 이게 당시 내가 당면한 여러 가지 궁박한 처지를 벗어나게 하는 활로로 여기면서 나는 그때부터 사업, 그것도 돈이 되고 돈을 버는 것이라면 그 어떤 것도 막론하지 않는 비즈니스를 하자고 마음 먹은 것이다.

이것은 당시 나로서는 당면한 난관을 극복하기 위한 하나의 '발상의 전환(imagination)'이었다. 그것은 결국 돈을 벌어 내가 추구하고자 하는 것을 현실로 이루겠다는 것이었다. 궁극적으로 사회 일원으로 자격이 없을 것이라는 당면한 좌절감과 상실감, 그리고 부모님에 대한 자식된 도리 등이 그 발로였던 것이다.

나는 마음을 다잡아 새 출발을 하기로 하고 일어섰다. 그것은 나로서는 '제2의 인생'의 출발이기도 했다. 그 당시를 돌이켜 보면 그렇게 한 것은 물론 내 의지도 중요한 것이지만, 그 과정에 부모님의 도움이 무척 컸던 것은 두말할 나위도 없다. 부모님은 외양으로는 나를 묵묵히 지켜보시는 것이었지만, 그 내면에는 자식에 대한 헌신적인 사랑과 믿음이 있었고, 그것이 궁극적으로 나를 일으켜 세운 강한 원동력이었음을 나는 굳게 믿고 있다. 그때 불면의 밤, 내가 잘 자는지, 어떤지를 매일 밤 방문 앞에서 숨어 살피며 살펴보시던 어머니가 나를 다시 일으키게 하고 나를 다시 살게 한 것이다.

또 하나, 그때를 생각하면 문득 이런 글귀가 떠오른다. 식상하다고 여기기도 할 것이지만, "삶이 그대를 속일지라도…"로 시작되는, 머리를 깎으러 동네 이발소에 가 의자에 앉으면 눈에 들어오던, 내 눈높이 위에 걸린 액자 속에 적혀 있던 푸시킨의 시, 그 한 구절이 당시 내 마음에 그렇게 와 닿을 수 없었다. 어두운 날을 보내고 즐겁고 아름다운 날이 올 것을 믿어 의심치 않는 내 마음을 그대로 드러내 주는 구절이었기에 지금도 나는 그때를 생각하며 이 구절을 한 번씩 되뇌어 보곤 한다.

"… 슬픈 날은 참고 견디라 / 즐거운 날은 오고야 말리니 / 마음은 미래를 바라느니 / 현재는 한없이 우울한 것 / 모든 것 하염없이 사라지나 / 지나가 버린 것 그리움이 되리니."

나는 그러니까 내가 사업을 시작한 원년을 마산에서 시작한 1967년으로 잡는다. 올해가 2024년이니, 나는 지금껏 57년을 쉬지 않고 초지일관, 돈을 버는 사업에 매진해 왔던 것이고, 어느 정도 먹고살 만한 부를 축적한 이즈음에도 마산에서 시작한 첫 사업이 그래서 가끔씩 생각나기도 한다.

마산에서 시작한 첫 일은 소규모 건설사업이었다. 건설업을 하는 친구 제의로 친구와 같이 한 사업이었는데, 당연히 큰 규모 건설업은 아니고 지금으로 치면 주택이나 사무실의 리모델링을 하는 사업이었다. 사무실을 내고 장비 마련이나 기술자를 고용하는 자본은 아버지에게서 조달했다. 아무리 소규모 건설업이라

할지라도 경험이 전무한 초짜가 하기에는 아무래도 역부족이었던 것 같다.

　잘 되질 않았다는 얘기인데, 그래도 한 2년간은 그 일에 매달려 마산에서 바쁘게 지냈다. 재미는 보지 못했지만, 나로서는 여러 가지로 부대끼던 어려운 상황을 털고 일어나 사회에 나와 처음 내 손으로 해 보는 사업이라는 점에서 마산에서 처음 시작한 그 사업은 잘 되고 못 되고의 여부를 떠나 나에게 큰 의미가 있는 것이었다.

2

결혼, 그리고 신혼생활의 안팎

나는 마산에서 생활한 지 2년째로 접어든 1969년 4월 결혼을 했다. 그때 내 나이 스물여섯, 당시 풍조로 그리 빠르지도 늦지도 않은, 그렇다고 딱 맞는 시기인 적령기도 아닌 것이었다. 그러나 내가 경제적으로 자립을 하지 못하고 있을 때인 만큼, 남정네들이 대부분 경제적 여건을 마련한 후 결혼을 하는 당시 경향에 견줘 보면 빠른 편이라고도 할 수 있는 결혼이었다. 관련하여 한마디 하자면 나는 그 당시 결혼의 시기나 대상과 관련하여 뚜렷한 어떤 관점이 있었던 건 아니다.

부모님이 계시니 하기는 할 것이지만, 언제 해야 하고 어떤 여자와 해야 하는지에 관해 내 관점이 명확했던 건 아니라는 얘기다. 그러니 제대 2년 후에 한 결혼을 빠른 것으로 보자면, 이것은 부모님이 적극적으로 주선해 나선 측면이 있다고 봐야 할 것이다. 부모님으로서는 어렵게 월남에서 살아 돌아온 자식이 어떻게든 편하고 안정되게 살려면 좋은 여자를 만나 결혼을 하는 것이라고 봤을 것이다.

나는 대학을 졸업하고 해병으로 월남에 갈 무렵까지 사귀는 여자들이 꽤 있었다. 서울에도 있었고, 부산에도, 마산에도 있었다. 내 입으로 말하기는 좀 쑥스럽지만, 고등학교나 대학교 다닐 적에 여학생들에게 인기가 있다는 말도 많이 들었다.

그런데 월남에서 부상을 입은 후 돌아와 보니 나를 둘러싼 괴이쩍은 소문들이 나돌았다. 내가 온몸에 총을 맞아 팔다리가 없는 완전한 병신이 됐다는 것에서부터 머리에 총을 맞아 정신이 이상해졌다는 것까지 별 희한한 얘기들이 떠돌았다. 그렇게 뜬금없는 소문이 나돌고 있었으니 여자를 만나 연애하는 과정을 거쳐 결혼을 하기에는, 그런 루머도 하나의 장애로 작용할 소지가 없다고는 할 수 없을 것이다.

그러니 주변 인척들이 중매에 나섰다. 부산 사셨던 외할머니도 중매를 서는 바람에 부산에 선을 보러 여러 차례 갔다오기도 했다. 하지만 내 눈에 차지를 않아 쓸만한 결과는 생겨나지 않았다. 마산에서도 몇 차례 선을 보았고, 서울에도 몇 차례나 선을 보러 왔다갔다 하면서 나는 식상하기 시작했다. 어쩌다 내 마음에 든 상대라고 여겨지는 여자는 그쪽에서 빼기고 나오는 바람에 사달이 돼 버리기도 하면서 슬슬 중매로 선을 보는 데 지쳐가기 시작했다.

나는 연애 결혼이 아닌, 기왕에 중매로 선을 보아 결혼을 하는 것이라면 내가 바라마지 않는, 내 나름의 여자에 대한 어떤 가시적인 선호의 기준이 있었다. 우선 다리가 튼튼해야 한다는 것, 그와 함께 엉덩이 또한 크고 튼실해야 한다는 것이다. 이런 나의 선호는 지극히 보수적인 잣대의 것으로, 무엇보다 아이를 잘 낳아야 한다는 관점에서 생각하고 있던 것이다. 위로는 할아버지도 그러셨고, 아버지도 그러셨던 바 집안 대대로 내려온 집안의 안사람으로서의 중요한 기준이었던 것이다.

그러니 선을 보면서 웬만큼 괜찮아 보여도 일단 위 두 가지가 신통찮으면 내 쪽에서 소극적으로 돼 버리는 바람에 성사가 되질 않았다. 그러니까 여자들 입장이나, 객관적인 관점에서 보더라도 남자인 내 쪽이 그런 식으로 전근대적이고 까탈스러웠다는 점에서 혼인이 성사가 되지 않는다는 건 어찌 보면 지극히 당연한 것이었는지도 모른다.

그러던 어느 날, 나는 지금 내 아내인 황경섭이라는 여자(이하 아내)를 만나게 되는데, 이 또한 중매에 의한 것이었다. 부산에서 건축업에 종사하는 한 선배가 주선한 것으로, 나는 첫 만남의 자리에서 시쳇말로 아내에게 '필'이 꽂혔다. 그 이유는 말할 것도 없이 마음에 흠뻑 들었기 때문이다. 특히 내가 선호하는 바 아내의 다리는 한눈에 보기에도 튼튼했고, 엉덩이 또한 내가 좋아하는 그 기준에 딱 맞았다. 나는 그 자리에서 이 여자를 내 마누라로 잡아야겠다는 생각에 적극적으로 나갔다. 앞뒤 가릴 것이 없었다. 그러니 말하자면 프러포즈를 내가 먼저 한 것이다.

그런데 나만 좋다고 될 일이 아니지 않은가. 아내는 선을 보기 전 당연히 나에 관해 알아봤을 것이고, 그렇게 해서 전해 들은 말들이 있었을 것이다. 나에 관해 좋고 긍정적인 말들이 아니었다. 성격이 과격하다는 것, 그러니 맞지가 않을 것이라는 말을 아내는 유의 깊게 들었을 것이다. 그래서 결혼에 반대하는 주변도 더러 있었다. 아내가 선을 보는 그 자리에서도 그런 나에 대한 그 점에 적잖은 신경을 기울였다는 말을 후에 아내로부터 들었다. 아내는 당시 부산에 있던 조폐공사에 다니던 똑똑하고 알찬 오피스 걸이었다.

그랬을 것이다. 내가 월남전에 참전해 부상을 당한 해병대 출신이라는 것도 아내는 이미 다 알고 있던 터라 특히 그 부분에 신경을 썼던 것은 당연한 이치일 것이다. 아내는 그 당시를 회상하며 이런 말을 누구에게 했다고 들었다. "그래도 자꾸 하자고 보채고 어르는데, 어느 순간 그 사람 얼굴과 표정에서 진심이 읽혀지더라. 그러면서 내가 아니면 이 세상을 못 살아갈 것 같은 느낌을 받았다"는 것이다.

그렇다고 아내가 나의 프로포스를 그 즉석에서 긍정적으로 받아들인 것은 아니다. 돌이켜보면 아내는 나를 만난 첫선 후에도 적잖은 고민을 했을 것으로 나는 생각한다. 그런데 어차피 인연은 어쩔 수 없는 일이었다. 아내와의 첫선을 전후로 해 주변에서 혼인을 이루어 주는 이런저런 인연들이 생겨나는 것이었다. 아내 위로 오빠 둘이 마산고등학교 나의 선배들이라는 게 우선 그랬다.

큰오빠가 마산고 1회 졸업의 대선배였고, 둘째오빠가 18회로 나의 두 해 선배였는데, 중매를 주선한 부산서 건축업하는 윤병실 선배가 바로 둘째오빠의 고교 동기였던 것이다. 두 오빠들과 나는 면식은 없었지만, 이래저래 오고 가는 말들 속에 엮이면서 친근감은 이미 서로들 갖고 있었던 것이다. 또 내 형수와는 월영국민학교 동문이라는 인연도 있었다.

지금 90이 넘은 연세로 계신 아내 큰언니도 아내와 내가 맺어지는 과정에 역할을 했다. 우리나라 여성 계리사 1호인 이 큰언니가 마산에서 잘 알고 지내는 분이 내 선배의 형인데, 그 형이 마산 가포해수욕장에서 어떤 큰 봉변을 당할 위기에 처해 있는 것을 내가 나서 구해 준 적이 있다. 그러니 나의 혼담이 오간다는 소식을 듣고 그 선배가 큰언니에게 결혼에 도움이 되는 좋은 얘기를 해 주기도 했다.

처형 졸업식(오른쪽에 장모님)

아내 집은 6·25때 이북에서 피난을 와 마산에서 터를 잡은 실향민 가정으로, 약사인 아버지는 마산에서 약사 생활을 하신 분이었다. 그러니 아내를 포함해 자식들은 모두 마산에서 학교를 다녔다. 아내는 마산의 월영국민학교를 나와 마산여중에 이어 마산여고를 다니다가 부산으로 집이 이사하는 바람에 동래여고를 나왔지만, 원래 마산 출신이나 마찬가지로 마산과 인연이 깊었다.

오빠들 또한 마산고를 나왔으니까 좁은 마산에서 이래저래 걸리는 인연들이 많았다. 이런 사실은 첫선을 본 후 아내와 나 피차간에 알게 된 것이라 둘의 사이를 가깝게 하면서 결혼에까지 도달하게끔 촉매제 역할을 해 주었다. 나는 그 과정에서 어떻게든 아내를 잡으려 나름으로 많은 노력을 기울였다. 장모님이 심한 병에 걸렸을 때, 마침 용케도 내가 월남에서 귀국하면서 챙겨온 알부민을 드려 병을 낫게 하는데 도움을 주었다. 물론 그런 계기가 있어 그런 것이지만, 결과적으로는 어쨌든 이내 쪽 집안의 나에 대한 환심의 일환으로 작용했을 것이다.

이런 과정을 거쳐 아내와 나는 1969년 꽃피는 봄날, 4월 21일 결혼을 했다. 결혼식을 올렸던 곳은 창동거리를 지나 불종거리에 있던 '희예식장'이었다. 까마득한 옛날이라 그날 결혼식에 대한 기억은 뚜렷하지는 않다. 주례를 어떤 분이 섰는지도 모르겠다. 신혼여행에 대한 것도 마찬가지다.

일생에 중요한 일 중의 하나인 결혼식에 관해 기억이 없다는 것에 반문이 있을 수 있겠지만, 사실 나는 결혼식을 포함해 그때 일들이 전반적으로 제대로 기억이 나질 않는다. 제대를 하고, 마산 본가에 머물면서 조그만 사업을 하면서 결혼을 했다는 등의 굵직굵직한 큰 프레임 속의 일들은 생각이 나지만, 구체적으로 뭘 어떻게 하고 어떤 일들이 있었는가 하는 디테일에 관해서는 기억이 나질 않아 나도 참 답답해질 때가 많다. 그러니까 지금 내가 적고 있는 이 글도 기억을 해 내고 가다듬느라 나름 혼신의 힘을 다하고 있음을 감안했으면 좋겠다.

월남전에서 겪은 전쟁의 참상 등 좋지 않은 일들에 대한 트라우마가 어떤 형태로든 나의 기억 회로에 영향을 미쳤지 않았을까 하는 식으로 이런 증상을 대충 얼버무리고 있지만 아무튼 사실이 그렇다. 결혼에 대한 얘기를 하자면 달콤하고 로맨틱한 일도 있었을 것이고, 이를테면, 아내와 오간 애정의 표현 등에 관한 서술도 나올 법한 것인데, 그에 대한 언급 없이 시종일관 건조한 투로 얘기를 하고 있는 것도 그런 맥락이 아닌가 싶다. 나의 이런 점을 지적하노라니 문득 떠오르는 것으로, 아내와 선을 본 후 마산서 데이트도 했고, 대구 등 외지로 놀러도 꽤 많이 다녔던 것 같다. 그런데 역시나 큰 그림만 그렇다는 것이고, 그 프레임에 담겨진 구체적인 기억은 잘 나질 않는다.

안 그래도 짓궂은 한 후배가 얼마 전 결혼과 관련해 내가 얘기하는 걸 듣고는 나더러 아니 결혼을 하면서 어찌 그렇고 그런 로맨틱한 얘기는 하나도 없이 무미건조합니까 하고 따지듯이 물

결혼식 마산 '희' 예식장

결혼 후 유원지에서

신혼여행

결혼, 그리고 신혼생활의 안팎

었다. 나는 후배에게 이런 투의 말을 했다.

"우야든둥 알토란같은 아들 둘, 딸 하나 낳고 잘살고 있는 것, 이것 이상의 애정의 표정이 어디 있노?"
"나는 옛날이나 지금이나 언제 어딜 가더라도 마누라가 없으면 못산다는 말을 입에 달고 산다. 남 신경 전혀 쓰지 않고 그런다. 이것 이상의 애정 표현이 어디 있노?"

동문서답인 줄 나도 잘 안다. 그렇지만 이렇게까지밖에 말을 할 수 없는 내 기억의 문제, 그리고 표현력에 답답함을 느낀다.

결혼을 한 후 신혼집은 수성동 본가에서 가까운 시민외과 뒤에 차렸다. 아담한 단독주택으로 아버지가 결혼 전에 나를 위해 내 명의로 이미 마련해 둔 집이었다. 아버지는 그만큼 자식에 대한 책임감과 보살핌이 남달랐다. 아버지는 자식 일에 평소 겉으로는 근엄하고 일견 냉정해 보였지만, 속마음은 넓고 자상하고 깊었던 것이다.

내가 월남에서 돌아와 제대를 하고 상처입은 몸과 마음으로 칩거의 생활을 보내고 있을 때 아버지의 속이 얼마나 답답하고 타들어 갔겠는가에 대해서는 앞에서 이미 언급했지만, 그런 상황에서 내가 결혼을 했다는 건 아버지로서 얼마나 반길 일이었겠는가는 두말할 필요가 없을 것이다. 아버지는 내가 어려운 처지를 털고 일어나 새 출발을 하는 그 시발점을 결혼으로 본 것이다.

아버지는 그에 더해 내가 자립을 할 수 있도록 사업 밑천까지도 챙겨 주셨다. 당시로서는 큰 1천만 원이 넘는 돈이었던 것인데, 아버지는 그 돈을 석전동에 있던 논과 밭을 팔아 나에게 주신 것이다. 이 또한 기억에 아물거리기는 마찬가지다. 나는 아버지가 결혼과 함께 나의 자립과 새 출발을 위해 귀한 땅을 팔아 마련해 준 돈으로 적고 있지만, 한편으로 내가 아버지에게 손을 벌려 얻은 돈이 아닌가 하는 생각도 간혹 들기도 한다. 결혼을 할 당시 소규모 건축 일을 하고 있던 나는 일이 잘 안 풀려 돈이 필요했을 것이라는 당시 정황이 이를 뒷받침하는 측면도 있기 때문이다.

어쨌든 그 돈을 어떻게 해서 아버지가 나에게 줬는지 지금에 가리는 게 무슨 의미가 있겠냐마는, 한 가지 분명한 것은 아버지가 나에게 준 그 돈이 그 당시 상당히 큰 금액이었던 것만은 사실이었다. 그때 서울 금호동 좋은 집 한 채가 250만 원 정도 했으니, 그 돈이면 대략 다섯 채나 살 수 있었다. 왜 금호동 예를 드느냐 하면, 금호동에 처가 쪽 사람이 살고 있었는데, 실제 금호동에 집이나 한 채 사라는 그런 제의를 아내에게 해 왔고, 아내 또한 나에게 그렇게 하자는 말을 했기 때문이다.

결혼과 함께 시작한 새 출발이었지만, 나의 사회생활은 그리 순탄하지는 않았다. 사실 친구와 동업으로 하고 있던 건축업은 예상외로 잘 되질 않았다. 경험도 없는 데다 맡는 일감도 적고, 또 끝난 일에 대한 수금도 잘 안돼 여러 가지로 힘이 드는 상황이라, 이 일을 접고 다른 사업으로 방향 전환 등을 구상하며 모색하던 시기였다. 그러던 중에 낭패스러운 일을 당한다. 큰돈을 친구에게 빌려줬다가 떼이는 사고가 발생한 것이다.

친구는 나와 마산고 동기로 친하게 지내던 사이였다. 이 친구는 졸업 후 대학에 진학하질 않고 사업에 나섰고, 내가 마산에 있을 당시 서울 상암동에서 갈포벽지공장을 크게 하고 있었다. 나는 이 친구가 제조 생산하는 갈포벽지가 품질이 뛰어나고 수요 면에서 시장성이 높다는 걸 잘 알고 있었다.

그러던 차에 이 친구를 만나게 됐고, 그로부터 투자를 권유받았다. 친한 사이였던 이 친구를 나는 믿을 수밖에 없었고, 그래서 별 주저 없이 갖고 있던 아버지가 나에게 준 돈 거의 전부를 그 친구에게 투자한다.

그러다 무슨 액운이 끼었는지 친구 공장이 부도가 난 것이다. 큰 부도였다. 공장과 회사는 박살이 나고 친구는 도망 다니는 신세가 됐다. 내가 빌려준 돈도 당연히 받을 수 없게 된 것은 물론이다.

친구야 부도를 낸 당사자로서 물론 그렇겠지만, 돈을 떼인 나 또한 하루아침에 알거지 신세가 된 것이다. 친구를 만나야겠지만, 도망 다니는 친구를 만나봐야 별다른 뾰족한 수가 있을리 만무했으니, 나도 정말이지 죽을 노릇이었다. 그래도 그 친구는 어떡하든 내 돈만은 갚으려 노력했고, 나도 친구가 그렇게 애를 썼던 건 잘 안다. 친구 형이 당시 S라면 창업주의 일원이었는데, 그라면회사 주식으로 변제해 주겠다는 등 여러 방면의 제안이 있었지만 실현되지는 않았고, 나는 결국 빌려준 그 돈은 고스란히 떼이는 지경에 이르게 됐던 것이다. 그 친구는 얼마 후 부도의 여파 등에 따른 고생의 탓인지 병으로 죽고 말았다.

상경, 음식 사업을 시작하다

아내와 나는 1969년 하반기쯤 서울로 올라온다. 먹고살기 위한 활로를 찾기 위해 식당 사업을 해보기로 한 것이다. 친구에게 큰돈을 빌려준 후 친구가 부도를 내고 사망해 버리는 바람에 돈을 받을 수 없게 된 우리는 사실상 알거지나 다름이 없었다. 그래도 경제력이 있는 부모님들이 계시니 배를 굶을 지경은 아니었으나, 상당한 사업자금을 받았음에도 빈털털이가 된 나는 이래저래 부모님에게 얼굴을 들 면목이 없었다. 그래서 상경을 결정한 것인데, 우리 내외로서는 불가피한 선택이었다.

서울로 올라오는 과정도 어렵고 만만치 않았다. 서울행을 결심한 배경에 여러 일들이 있었다. 친구에게 빌려준 돈을 잃은 후 나는 취직을 시도해 보기도 했다. 상이군인으로서 정식 취직은 어려웠으나, 당시 월남전에 참전해 부상을 입은 해병 장교들을 대상으로 알음알음을 통한 특채 형식의 취업이 있는 걸 알았다. 그래서 나도 그쪽을 뚫어보고자 한 것이다. 청와대 경호실이나 정보부 등에는 해병학교 때 중대장이었던 안○○ 선배를 비롯해 박○○ 등 해병 출신 선배들이 많이 있었기에 이들을 통해 일자리를 알아보려고 했다. 그러던 중 내 처지를 잘 알고 있던 이분들의 이해를 바탕으로 얘기가 잘 돼 어떤 기관과 직급을 놓고 구체적으로 얘기가 오가고 있던 차였다.

그런데 그런 식으로 취업을 한 해병 선배들로부터 그들의 경험을 바탕으로 한 조언을 들었다. 애당초부터 무리를 하더라도 좀 높은 직급으로 가는 게 향후 내 처지에 도움이 될 것이라는 말을 해 준 것이다. 하지만 그 일이 무리한 것임에도 불구하고 너무 믿었던 게 화근이었던 것도 그렇지만 내가 원하고 바라던 직급은 현실적으로 수용되기에 다소 어려운 것이었다.

지금 생각해 보면 내가 그때 세상 물정을 너무 몰랐던 것 같다. 내가 생각하고 바라는 대로 세상이 굴러갈 줄로 알았던 게 잘못이었다. 그렇게 직급 문제를 놓고 줄다리기를 하다 결국은 성마른 내 쪽에서 포기하고 말았다. 그때 그 기관에서 주는 대로의 직급을 받고 취업을 했더라면 내 인생 항로는 변힐 수가 있었을 것이다.

어느 정도 희망과 기대를 걸었던 취업이 그런 식으로 좌절되면서 나는 좀 쫓기는 듯한 처지가 됐다. 한없이 아래로 추락해 밑바닥까지 떨어지는 궁지로의 나락이 슬슬 절감되기 시작하는 것이었다. 부모님에게도 그랬지만, 무엇보다 내 낯을 안 서게 하는 것은 갓 결혼한 아내였다. 내가 그토록 원했던 결혼으로, 한참 신혼의 푸른 꿈과 희망에 젖어 있어야 할 아내로 하여금 어려운

생활에 처하도록 하는 건 남편으로서의 도리가 아니라는 생각이 나를 더욱 궁지에 내몰게 했다. 아내는 물론 나를 잘 이해하고 있었고, 내 성질을 잘 아는 아내는 내 앞에서 일말이라도 그런 내색을 하질 않았다. 나는 아내의 그런 행태가 오히려 더 큰 부담으로 다가왔다.

그래서 어떻게 하든 돌파구를 마련해야 하는 절박한 심정 끝에 나는 하나의 결정을 마음속에 품었다. 베트남행을 결심한 것이다. 무엇보다 나는 우선적으로 돈을 벌어야 한다는 생각뿐이었다. 국내에서 겪은 이런저런 일들을 감안할 때 오히려 월남이 그런 기회를 나에게 안겨 주기에 더 유리한 곳일 것이라는 생각이 들었던 것이다. 월남이라는 곳이 물론 내게 좋은 느낌으로 다가오는 것은 아니었다. 내가 총을 들고 싸웠고, 급기야 총에 맞아 부상을 입었던, 자칫 내 생명을 앗아갈 뻔했던 곳이 월남이었기 때문이다.

그럼에도 내가 월남을 생각했던 것은 신혼의 그런 생활적인 절박감과 그나마 남아 있는 자존심의 측면에서 월남이 오히려 나에게 기회의 땅이 될 수도 있다고 생각한 것이다. 나는 월남에 가면 한 달에 최소 100만 원은 벌 수 있다고 자신하고 있었.

나는 월남전에서 부상을 당한 후 추라이와 퀴논 등 여러 곳의 야전병원 등에서 입원생활을 했었기에 거기서 어떤 식으로 하면 돈을 버는가에 대한 요령을 좀 알고 있었다. 월남으로 가기 위한 방법으로는, 당시 월남전 특수로 많은 돈을 번 ㈜한진에서 부상당한 장교들을 채용해 월남 퀴논 현지에서 운용하는, 한국에서 물건을 싣고 오면 하역작업을 하던 인력관리처인 '육운부'에서 일을 시켜 주고 있었었기에 한진에 신청을 하면 갈 수가 있었다. 당시 월급이 90만 원쯤으로 한국에서의 내 나이, 경력의 평균임금보다 높았다.

물론 나는 그 월급만 보고 가려고 했던 건 아니다. 다른 방식이 있었던 것인데, 내가 퀴논 병원에 있을 때 거기서 만난 윤 아무개라는 고교 동기로부터 그가 어떻게 해서 돈을 번다는 걸 들어서 이미 잘 알고 있었다. 윤 아무개 동기는 육군 맹호부대 소속으로 퀴논에서 태권도 교관으로 근무하고 있었는데, 현지 미군부대에 근무하는 아가씨들과 짜고 미군 PX로부터 물건을 반출해 시중에 팔아 크게 이득을 챙기고 있었던 것이다. 나도 일단 한진 '육운부' 직원으로 근무하면서 그런 일을 하면 돈을 벌 수 있다는 확신감이 들었었기에 월남행을 결심했던 것이다.

나는 월남에 가겠다는 뜻을 아내에게 말했다. 나의 말이 미처 끝나기도 전에 아내는 펄쩍 뛰었다. 절대로 안 된다는 것이다. 목숨까지 잃을 뻔한 월남은 나에게는 말하자면 '사지(死地)'나 마찬가지인 곳인데, 구사일생으로 살아 나온 것을 천만다행으로 여겨야할 처지로, 아무리 어렵다 해서 어떻게 다시 전쟁이 계속 중인 그 '사지'로 갈 생각을 하느냐는 것이었다. 그러나 이미 결심이 선 나로서도 물러설 수는 없어 뜻을 굽히지 않고 아내에게 맞섰다. 그러다 서로의 감정이 고조되면서 노골적인 말들이 막 나왔고 급기야 내 입에서 험한 말까지 나올 지경이었다.

 아내는 하지만 끝까지 안 된다고 했다. 나를 절대로 월남으로 가게 할 수 없다는 뜻을 분명히 하면서, 그래도 만일 가겠다면 '끝장'을 보고 가라고 했다. '끝장'은 무엇을 의미하는 지는 자명한 것이었다. 갈라서고 난 후 가라는 뜻이었다. 아내의 단호한 그런 말에 나는 순간 섬찟했다. 아내와 갈라선다는 건 어떠한 상황에서도 그럴 수는 없는 것이었기 때문이다. 아내는 다시 나를 설득하기 시작했다.

 월남에 목숨 걸고 갈 의지면 한국에서 무슨 일이든 못하겠냐는 것이었다. 아내의 그 말을 들으며 나는 무너지기 시작했다. 아내 말에 수긍이 되는 것이었다. 정말이지, 그 위험한 월남 땅에 갈 의지가 있다면 한국에서 못할 일은 없을 것이 아니겠는가 하는 생각에 내 결심이 수그러들었다. 하지만 아무래도 그것보다 나를 자극한 것은 아내의 그 '끝장'이라는 말이었을 것이다.

 내가 결심을 어느 정도 철회하는 것을 보고 느꼈으면서도 아내는 마음이 놓이지 않았던지 부모님께도 그런 상황을 말씀드리고 설득을 당부드렸던 모양이다. 아버지가 나를 불렀다. 아버지의 며느리에 대한 신뢰와 믿음이 그리 큰 줄을 나는 그때 알았다. 아버지는 아내에게 이미 들었기에 나에게 자초지종 묻지도 않았고 그나마 내가 하는 이야기도 거의 듣지도 않는 표정이었다. 그러다 한참을 묵묵한 표정으로 계시다 아버지는 별다른 말씀이 없이 이 말씀만 하셨다.

"며늘아이 말이 백 번 맞다. 며늘아이 말을 들거라."

아버지의 이 짤막한 두어 마디 말씀으로 월남으로 가겠다는 나의 결심은 무산됐다.

나의 월남행 결심이 이렇게 무산된 것은 당시 어려웠던 내 처지를 한편으로 더 참담(?)하게 한 측면도 있다고 보는 시각도 있을 것이다. 신혼 초일 망정 그래도 한 가정의 어엿한 남편으로서 가장의 체면이 손상되는 관점에서 보아 그렇다는 것이다. 물론 아내가 '끝장'을 배수진으로 치고 저지하려고 한 단호한 결심이 그 배경이었지만 외형상으로 그렇다는 얘기다. 아내도 그걸 몰랐을 리가 없다. 아내는 어느 날 잠자리에서 나에게 다소곳이 이런 말을 했다.

"여보, 당신 생각을 그렇게 매몰차게 한 것 미안해요. 다 당신을 위한다고 그런 것인데, 생각해 보니 그렇습니다. 그러나 이제는 내 차례입니다. 나는 당신과 우리 가정을 위해 당신이 하라는 그 어떤 것도 마다하지 않을 것입니다."

나는 그 말에서 아내가 어쨌든 내 결심을 꺾은 것에 대한 송구한 마음과 함께 그로써 구겨진 내 체면을 그나마 세워주려고 하는구나 하는 생각이 들었다. 한편으로는 나는 아내의 그 말에시 "살이도, 죽어도 함께 의지해 살아가자"는 부부로서의 어떤 원칙에 대한 또 다른 단호한 의지를 아내가 표명한 것으로 받아들였다. 결국 아내의 이런 의지의 표명이 우리 내외가 마산에서의 짧은 신혼생활을 청산하고 서울로 올라가게 된 배경이 된 것은 물론이다.

우리 내외가 서울로 올라온 것은 그즈음 서울에서 식당 사업을 할 기회가 주어졌기 때문이다. 식당 사업일이 갑자기 생긴 것은 아니었다. 그전부터 서울에 있는 해병 선배 등 지인들의 도움으로 어느 정도 귀띔을 받고 있던 중이어서 내가 마음을 어떻게 먹냐에 달려 있던 일이었다. 나는 돈 마련 등을 비롯해 여러 가지로 식당 일을 좀 탐탁하지 않게 생각하고 있던 중에 내가 그런 처지로 몰리면서 결정을 하게 된 것이었다. 물론 아내와는 별다른 상의가 없었던 터라 아내의 생각을 듣는 것도 중요했다. 나는 그 얼마 전 아내가 잠자리에서 한 말을 상기하며 아내에게 식당 얘기를 했다.

"당신은 내가 하자고 하면 그 어떤 것도 따른다고 했는데, 서울가서 식당이나 하자. 마침 목 좋은 데도 있으니…"

아내는 나의 이런 말에 가타부타 토를 달지 않고, 내가 말하는 그 자리에서 시원스레 그러자고 했다. "그라입시더." 나는 문득 그렇게 말하는 순간의 아내 눈을 보았다. 대답에 진심이 담긴 눈빛이었다. 그래서 아내와 나는 1969년 6월인가 서울로 올라온 것이다.

식당은 종로 2가에서 열기로 했다. 메뉴는 분식으로 정했다. 식당 자리는 종로 2가, 그러니까 삼일빌딩 인근의 청계천에서 종로로 올라가는 사잇길의 '국일관' 골목이었다. 원래 150평 규모의 창고로, 어느 병원장의 소유였다. 나는 그 당시 종로에서 거래 잘하기로 유명한, 부동산중개업자인 지(池) 모 영감님을 통해 이 가게 터를 확보하였다. 이 영감님이 종로지역 부동산 정보와 거래에 밝다는 것을 이미 알고 있던 나는 여러 경로를 통해 이분과 친분을 쌓아가던 중이었다. 마침 그 무렵 그 창고가 나와 있던 것을 지 씨를 통해 확보할 수 있었다.

지 씨와는 그전에 이런 일이 있었다. 내가 제대한 직후 아버지가 나더러 서울에 집 한 채를 사 놓는 게 어떠냐며 물으시며 알아보라길래, 종로에서 지 씨와 연결이 돼 세운상가 쪽 주택을 사려다 불발된 적도 있는 등 나랑은 그전부터도 좀 알고 지내는 사이였다.

가게를 확보할 수 있었던 여력이 물론 빈털털이인 나에게는 없었다. 그 돈은 아내가 마련했다. 당시 돈으로 200만 원이었다. 200만 원이면 그때 서울에 집 한 채를 살 수 있는 돈이었다. 1960년대 말 서울 반포 주공아파트 분양가가 6, 70만 원이었던 때다. 아내는 이 돈을 언니, 그러니까 나의 큰 처형으로부터 빌린 것이라고 했다. 하지만 세월이 흘러 이 돈의 '진실'이 밝혀졌다. 아내기 처녀 적 조폐공사에 다닐 적에 월급으로 모아 놓은 돈이

1960년대 말부터 시작된 '혼분식장려운동' 포스터

'혼분식장려운동' 담화문

었다. 아내는 내가 한 푼이라도 흐트러지게 쓸까 봐 거짓말을 했던 것이다.

그 창고를 식당으로 개조해 분식 식당을 하면 좋을 것이라고 권유한 이도 지 씨였다. 영감님은 식당업과 관련해 시대적인 흐름과 추세를 꿰뚫고 있는 듯했다. 당시는 한참 '혼분식장려운동'이 전 국가적으로 추진되던 시기였다. 쌀 생산량이 부족한 상황에서 쌀 소비를 줄이고 밀가루와 잡곡 소비를 장려하기 위해 시행한 '혼분식장려운동'은 1960년대 중반부터 시작돼 1970년대에 들어서기 전 본격적으로 추진되고 있던 것으로, 내가 분식 식당을 하려는 그 시기와 딱 들어맞고 있었던 것이다. 당시에는 '분식의 날'이 정기적으로 지정되고 있을 정도로 혼·분식이 거의 반강제적으로 시행되고 있던 터라, 전국의 각 가정, 그리고 식당들에서도 이 흐름을 탈 수밖에 없었고 이를 어길 경우 처벌이 뒤따르기도 했다.

분식 식당 이름을 나는 '대교분식'으로 정했다. 내가 직접 지은 것이다. '대교(大橋)'라는 이름에 의미를 부여하자면 이렇다. 두 가지 의미가 있다. 새 출발과 새로운 활로의 '큰 다리'가 되라는 뜻이 그 하나이고, 또 다른 하나는 가게가 위치한 자리가 청계천과 종로 사이에 있었기 때문에 청계천과 종로로 이어지는 '큰 가교'라는 의미를 담아 '대교'라고 명명한 것이다. 150평 창고를 깨끗하게 보수, 수리하고 나니 거의 200평이나 되어 보일 정도로 그럴듯한 식당으로 말끔하게 변모했다. 음식 맛만 갖춘다면 종로 2가의 새로운 맛집 명소로 뜰 것같은 예감이 들 정도로 그 위용이 좋았다. 그러니 출발이 좋았다고 볼 수 있다.

그렇게 해서 나의 서울에서의 첫 번째 사업소인 '대교분식'을 오픈했다. 아내와 나는 당시 금호동에서 셋방 하나를 얻어 종로 2가로 출퇴근을 할 요량이었지만, 생각대로 되질 않았다. 분식집의 오픈과 동시에 장사가 너무 잘되는 바람에 금호동 셋방에서 출퇴근하는 것보다는 식당에서 먹고 자고 생활하는 게 여러모로 편리했기 때문이다. 분식 식당 장사는 정말 시쳇말로 대박을 치기 시작했다.

지금 돌이켜보면 '대교분식'은 오픈하면서 속된 일본말로 데꼬보꼬, 그러니까 들쑥날쑥이 없이 그냥 쭈욱 잘 됐던 것 같다.

나는 드나드는 손님들을 맞으면서 그들의 '대교분식'에 대한 얘기를 최대한 신경을 써서 듣고 반영했다. 평가는 전반적으로 좋았다. 음식맛도 그렇지만 특히 분식이라 자칫 도외시할 수도 있는 밑반찬을 몇 가지 내놓고 있다는 것, 그리고 그 밑반찬 맛에 대한 평가가 아주 좋았다.

가게 첫 문을 열던 날의 기억이 있다. 가게를 오픈하기 전부터 인근에 사는 사람들이나 지나가는 행인들은 호기심 어린 시선으로 가게 앞에서 서성거리며 안을 둘러보기도 했다. 근처에 같은 류의 식당이 많았지만, '대교분식'은 그 중에서도 단연 크고 번듯했기 때문이다. 나는 첫날 가게 문을 열면서 첫 손님으로 어떤 분이 올까 호기심 속에서 기다리고 있었다. 아침 10시 문을 열자마자 허름한 차림의 청년이 마치 기다렸다는 듯이 가게에 들어섰다. '대교분식' 첫 손님이었다. 보기에 근처 대입학원에 다니는 재수생 같았다. 아마도 오전 수업을 앞두고 늦은 아침을 먹으러 온 것 같았다. 나는 그 청년에게 다가가 첫 테이프를 끊어 준 손님으로 환영의 조그만 선물을 주면서 물었더니, 역시나 그 청년은 재수생이었다.

가게를 오픈하면서 처남과 처남댁이 합류해 도왔다. 물론 식당 사업을 구상하면서부터 처남과 처남댁이 같이 분식 식당을 하기로 되어 있던 것이었다. 주방장은 그 업계 최고를 물색해 썼고, 종업원들도 열 명 넘게 두었다. '대교분식'에 십수 명의 인력이 달라 붙었지만, 매일매일 드나드는 손님들로 가게는 감당할 수 없을 만큼 붐비면서 장사가 잘됐다. 돈이 모이기 시작하는 게 눈에 보일 정도였다.

'대교분식'이 잘되고 있는 것은 당연히 자리 탓이었다. '혼분식장려운동'이 활발히 추진되던 1970년대 초반 서울 종로에는 '분식 거리'가 있을 정도로 분식 식당이 하나의 시대적인 먹거리 아이콘으로 자리 잡으면서 종로의 명소가 됐고, 그 가운데 '대교분식'은 으뜸가는 분식 식당으로 손꼽혔다.

종로 분식 거리에는 다양한 분식집들이 밀집해 있었으며, 만두와 칼국수, 혼식비빔밥, 떡볶이, 순대, 김밥, 국수 등 다양한 분식 메뉴를 값싸게 제공해 이 거리를 왕래하는 학생들과 직장인, 영세상인들로 항상 붐비고 있던 거리였다. 특히 종로 2가 쪽에는 종로

1970년대 종로거리(상단 사진은 종로2가의 랜드마크 'YMCA빌딩')

학원과 대성학원, 양정학원 등 대형 입시전문학원의 학원가가 형성돼 있어서 여기를 왕래하는 재수생들의 수가 엄청났다. 이들의 끼니를 해결할 수 있는 곳이 바로 분식 거리였으니, 장사가 잘될 수밖에 없었던 것이다.

당시 서울 종로는 사람들 간의 소통과 교류의 장으로서도 중요한 역할을 했던 곳이다. 많은 사람들이 이곳에서 지인들과 만나고, 이야기를 나누며 사회적 유대감을 형성하고 여론이 조성되던 곳이었다. 그래서 지금 종로가 한국의 '정치 1번지'라는 호칭을 얻고 있는 것도 그런 이유에서다. 같은 맥락으로 종로 분식 거리는 1970년대 한국의 경제성장과 도시화 과정에서 중요한 사회적, 문화적 현상을 발현하던 곳이었기에 종로 거리는 오늘날 많은 사람들에게 추억의 장소로도 기억이 되고 있는 것이다.

당시 '대교분식'은 이런 종로 분식 거리의 특수성이 가미되었기에 장사가 잘되었던 것이다. 그때 대교분식은 혼분식장려운동의 와중에도 밀가루 등 다른 식재료들을 제하고 매일 쌀만 몇 가마니씩 들어갔으니, 얼마나 장사가 잘됐는지를 어림잡을 수가 있는 것이다. 매일매일 매상 체크와 은행 일은 내가 도맡아 했는데, 그때 하루 매출이 100원짜리 밥을 팔아 수십만 원에 이르렀던 것으로 기억이 된다. 그러니 은행에서 나는 알아주는 고객이었던 것이다.

이렇게 장사가 잘돼 가고 있는 한편에서 아내의 고생이 매우 컸다. 주방과 매장을 관리하면서, 식자재 반입 등을 체크해야 하는 업무적인 면에서 아내는 그야말로 하루하루가 전쟁이었다. 그러는 와중에 아내는 덜컥 임신까지 하게 되면서 그 고생의 강도는 점점 가중돼 갔다. 산전(産前) 관리도 제대로 할 수가 없었다. 요즘 아내가 무릎 관절 통증 등에 시달리는 것을 보면서, 아

옥수동집에서 장모님과 아내와 아이들

내 고생시킨 후과를 나 또한 아파하면서 감내하고 있는 것인지도 모른다.

아내는 1970년 큰아들 문기를 출산하면서 또 다른 고생에 직면한다. 아이를 낳았지만, 산후조리도 제대로 할 수 없었다. 아내로서는 더 고통스러운 것이 바쁜 식당 일 때문에 아이를 제대로 돌볼 수가 없었던 것이었다. 결국 아이는 부산의 친정어머니에게 맡겼고, 아내는 갓 태어난 첫아들과 생이별을 할 수밖에 없었던 것이다. 아내는 가게 일로 눈코 뜰 새 없이 바쁜 와중에 아이에 대한 그리움을 표나게 드러낼 수 있는 처지가 아니었다.

바쁜 와중의 나날 속에 어쩌다가 한번 쉬게 되는 날, 아내는 부산으로 아이를 보러 밤차를 타고 내려갔다. 그리고 그다음 날 새벽에 올라오기를 반복했다. 그런다고 아이에 대한 절절한 그

리움이 해소가 되겠는가. 아내는 차츰 몸과 마음이 지쳐갔다. 그러던 어느 날, 아내는 드디어 폭발하고 만다. 아이가 보고 싶다고 나에게 울며불며 매달린 것이다. 결국 이렇게 하기로 했다. 서울에 집을 마련해 아이와 친정어머니가 거기서 살도록 하자고 했다. 그래서 금호동에 주택을 구입하면서 그 문제는 어느 정도 해결됐다.

'대교분식'이 이렇듯 성공을 거둔 것, 그것은 내 인생에서 큰 의미를 지닌다. 나는 '대교분식'을 통해 비로소 돈을 벌었고, 그 돈을 바탕으로 차후에 여러 사업 가리지 않고 손을 댈 수 있었다는 점에서다. 돈을 벌었다고 해서 돈을 알았다는 건 아니다. 나이 삼십이 채 되지 않았을 때이니, 나는 돈을 벌어서, 돈을 만지면서, 돈이 어떤 것인가를 알았다기보다 더 많이 벌어야겠다는, 말하자면 양적 팽창의 욕구를 드러냈다. 그에 따른 바람직한 결과를 향유하고자 하는 생각을 그때는 갖고 있지 않았던 것 같다.

돈이란 것이 결과론적으로는 내 욕구를 어느 정도 충족시켜 주기는 했다. 하지만 또한 숱한 시행착오들을 있게 한, 그럼으로써 인생의 이런저런 쓴맛을 느끼게도 해 주었으니 돈이라는 것이 버릴 수도 잡을 수도 없는 '뜨거운 감자'라고나 해야 할 것인지 모르겠다. 그러면서도 나는 아직도 돈의 참맛이 무엇인지 모르기는 그때나 지금이나 마찬가지다.

'대교분식'으로 돈이 많이 벌리던 그때, 나는 식당 사업에 어느 정도 자신이 붙었다. 그러면서 '대교분식' 하나만으로는 양이

종로 당주동 학원가(재수생들이 많이 다니던) 풍경

차지 않아 또 다른 식당을 차릴 생각을 하였다. 그럴만한 계기가 있었다. 마산의 형님이 어느 날 서울로 올라오셨다. 내 가게가 잘 된다니까 한번 둘러보고 싶다고 해서 가게에 들렀다.

가게를 둘러보고 영업을 지켜보던 형님이 이런 말을 했다. 친한 친구가 역시 종로에서 순두부 식당 지배인을 하고 있는데, 그야말로 대박집이라는 것이다. 그 순두부 식당 이름이 지금은 기억에 없지만, 그 식당이 엄청나게 잘되고 있고, 그 집 메뉴가 순두부 단 하나라는 것에 나는 귀가 솔깃해졌다. 단 하나의 음식, 그러니까 단품 메뉴로 그처럼 장사가 잘된다는 것은 분명 어떤 이유가 있을 것이라는 생각에 나는 형님과 함께 그 집으로 갔다.

형님 얘기대로 그 집은 과연 장사가 잘되고 있었다. 그 집에서 순두부를 시켜 먹었다. 그리고 나는 그 맛에 놀랐다. 그 맛은 일반적인 레시피 개념으로는 낼 수 없는, 어떤 비법적인 요소가 가미돼야 나올 수 있는 순두부 맛이었다. 그 순두부 식당을 나온 후 나는 저 순두부식당과 같은 식당을 하나 차려야겠다는 생각을 했다. 좀 더 그 식당에 관해 알아본즉, 그 집의 맛은 그 집 주방장 기술이라는 것을 알았다. 형님을 통해 그 집과 접촉했다. 주방장의 그 기술을 전수받게 해 줄 수 없겠냐는 것이었는데, 당연히 그 집에서는 그럴 수가 없다고 했다.

나는 집요하게 형 친구 되는 그 집 사장에게 달라붙었다. 결국 형님 친구인 지배인이 중간에서 도와주는 바람에 성사가 됐다. 나는 그 순두부집 주방장 밑에서 일하던 조리사를 적잖은 돈을 주고 스카웃해 왔다. 주방장이 개발했다는 비법의 맛이었지만, 결국은 그 조리사와 함께한 것이나 마찬가지여서 그 집 맛을 그대로 고스란히 가져올 수 있었던 것이다.

그렇게 해서 나는 분식 전문의 '대교분식'과 함께 순두부를 전문으로 하는 또 하나의 식당을 열게 된다. 가게 터는 '대교분식'에서 그리 멀지 않은 청계천으로, 센츄리 호텔과 세운상가 사이, 극장을 낀 주택이 딸린 100평 규모의 크고 넓은 가게였다. 이 가게도 역시 지 씨 영감님이 주선해 준 것이었다.

순두부 식당 이름은 '해운정'으로 했다. '해운정'도 '대교분식'과 마찬가지로 문을 연 그날부터 사람들이 밀어닥쳐 정신이 없을 정도였다. 낮이고 밤이고 가릴 것 없이 매일매일 가게는 손님들로 꽉 찼다. 나는 순두부 메뉴 한 가지에 하나를 더 추가했다.

생태탕을 또 다른 메뉴로 추가한 것인데, 이것 또한 인기 메뉴였다. 매일 생태 확보하는 게 나의 일이었다. 나는 매일 새벽 서울역 뒤 만리동 시장엘 가서 생태를 차떼기로 사 조달했다. 그 당시 나는 자가용을 갖고 있었다.

돈을 많이 번다는 표현을 어떻게 썼으면 좋을지 모르겠다. 그 정도로 '해운정' 식당은 잘 됐고, 거기서도 돈을 많이 벌었다. '대교분식'보다 더 잘 됐고, 그러니 돈도 '해운정'에서 더 많이 벌리고 있었다. 이렇게 복작대고 잘 되는, 서울 도심의 규모가 있는 식당 두 개를 내 수중에서 나 혼자 한다는 건 무리였다. 한 몇 날 궁리를 했다. 그 결과로 '대교분식'은 넘기자는 결론이 나왔다. 그래서 '대교분식'은 처남과 처남댁에 넘기고 나는 아내와 함께 '해운정' 순두부 식당만 하기로 한 것이다. '대교분식'을 근 3년 정도 했을 때니 그때가 1972년이었을 것이다.

이렇게 돈을 벌고 여유가 생기면서 나는 정신적으로 좀 해이해졌던 측면이 있다. 아니 어쩌면 매일 눈코 뜰 새도 없던 그런 바쁜 나날 속에서 좀 일탈하고 싶은 틈을 나 스스로 바라고 있었던 것인지도 모른다. 당시 청와대 경호실에 있던 박○○ 선배 등 해병대 선배들과 어울리기 시작한 것이다. 물론 박 선배를 비롯해 경호실 사람들도 우리 식당 단골들이었기에 박 선배들과 어울린다는 게 그리 새삼스러운 일은 아니다. 그렇지만 아내 입장에서 보면, 내가 정신적으로 좀 풀리고 있었다는 그런 말이 나올 수 있을 것이다.

아무튼 그 당시 박 선배랑 술을 많이 마셨다. 과장을 좀 보태 거의 매일을 같이 마셨다. 좀 심한 날에는 내일 지불해야 할 식재료 값을 들고 나가 송두리째 술을 마셨다가 아내로부터 크게 핀잔을 받기도 했다. 하지만 나로서는 그런 일탈이, 한편으로 변명으로 들릴 수도 있겠으나, 한순간이나마 일상의 스트레스나 고달픔을 해소할 수 있는 탈출구로서의 한 방법이었다는 나름의 익스큐스는 갖고 있었다. 왜냐하면 그러면서도 나는 식당 사업을 더욱더 적극적으로 추진해 나가고자 하는 의지를 견지하면서 실행에 옮기고 있었다. 다다익선, 돈은 많이 벌면 벌수록 좋은 것이라는 것, 그리고 '물 들어올 때 노를 저어라'는 생각이었다.

  '대교분식'을 처남에게 넘긴 후에도 여전히 청계천 '해운정'은 장사가 잘됐다. 그렇게 해서 한 2년 정도가 됐을 무렵 또 하나 솔깃한 제의가 왔다. 당시 동대문 서울운동장 앞에 규모가 큰 분식장려관을 해보라는 제의가 온 것이다. 거기도 운동장 앞에 시외버스주차장이 있어서 목이 좋은 자리라 앞뒤 가릴 필요가 없었다. 게다가 혼분식장려운동은 여전히 국가적인 시책으로 적극적으로 추진되고 있던 시기였다. 그래서 가게를 열었다. '서울분식'을 옥호로 했다. 이 분식 식당 또한 잘되기는 마찬가지였고, 나는 거기서도 돈을 벌었다. 내가 무슨 '마이더스의 손'이라서가 아니라, 시기적으로 '운때'가 딱 들어맞았던 데다, 목이 좋은 가게 터였기에 오히려 장사가 잘 안되는 게 이상하게 보일 정도였다.

그렇게 해서 나는 1969년 서울로 올라와 4, 5년 지나 종로, 청계천, 서울운동장 등 당시 서울하고도 최고의 요지랄 수 있는 곳에 큰 식당을 세 개나 운영하는 '큰 손'의 식당 사업가가 되어 있었다. 그때 나는 서른을 갓 넘긴 젊은 나이였다. 손이 바빠 처남과 처남댁에 넘겨준 '대교분식'도 명목상 그런 것이고, 가게만 안 나간다는 것일 뿐 실질적으로는 아내가 운영하는 것이나 마찬가지였기에 내 손에서 움직이고 있는 것이라 볼 수 있었다. 그러니 나는 '대교분식'을 한 3년간 하던 중에 '해운정'을 열었고, 다시 2년 정도가 돼 동대문운동장 앞 '서울분식'을 열어 경영하고 있었던 것이다. 그 세 곳 모두가 장사가 잘됐고 그 식당들로써 나는 큰돈을 벌 수 있었던 것이다.

실제적으로도 나는 돈을 잘 벌고 있었지만, 원래 돈을 잘 번다는 소문이 나면 갖은 사람들이 꾀이게 마련이다. 나와 아내 주변에 사람들이 꾀이기 시작했다. 나의 돈을 보고 이런저런 인연과 아이디어를 빌미로 사업을 제의해 오는 사람들이 특히 많았다. 그들 가운데서 옥석을 가리기는 쉽지가 않았다. 나 또한 돈이 벌리고 여유가 생기면서 부동산 등 다른 사업을 했으면 하는 생각이 슬슬 생기던 중이었다. 글쎄, 이걸 배부른 오만이라고 해도 할 수 없을 것이지만, 사실 식당 사업을 하면서, 이 일이 남자로서 평생을 하기에는 좀 마땅찮게 여겨지는 부분이 없잖아 있었다. 그건 아내도 마찬가지로 그렇게 여겼다. 그랬기에 식당 사업은 아내가 해도 된다는 생각에 나는 내가 할 사업을 물색하고 있던 참이었다.

그래서 사업을 제의해 오는 여러 사람들을 많이 만나 보기도 했다. 나 또한 젊었으나 그리 어리석지는 않다는 나름의 자신은 있었다. 그래서 나대로의 기준과 판단으로 이들을 만나고 대하는 과정에서 영 엉뚱하고 사기라고 느껴지는 건 과감하게 정리할 수 있었다. 하지만 기발한 아이디어를 교묘한 수법으로 포장해 다가오는 자들에겐 당할 수밖에 없는 것이다.

이걸 나는 앞에서 '시행착오'라는 말로 간단하게 언급했지만, 사실 심하게 당한 경우도 적지 않았고 해프닝적인 사고도 있었다. 앞으로 얘기하는 과정에서 그 몇몇 사례를 예로 들 것이지만, 미처 다 얘기할 수 없는 어이없는 일도 많았다. 나와 아내에게 다가오는 또 다른 부류의 사람들은 거의 대부분 먼 인연을 내세워 돈을 빌려 달라는 것이었다. 기억에 별로 없는 학교 동기나 먼 친구들이 많았고 잘 모르는 친척이거나 인척들도 많았다. 사실 그 당시 이들이 나에게서 빌려 간 적잖은 돈 가운데 이후 어떤 형태로든 되돌려 받아 본 사례는 찾기가 힘들다.

소매치기 사건

우리나라 사람들 대부분이 그렇겠지만, 나도 시방 팔십 나이까지를 살아오면서 별일 다 겪었다. 좋은 일도 있었고, 나쁜 일도 있었다. 전반적으로 보아 고통스럽고, 어둡고 괴로운 신산스러운 삶은 아니었다 하더라도 나는 월남 전쟁터에서 베트콩 저격병 총을 맞아 죽을 뻔도 했고, 나이들어 패혈증으로 생사를 오가기도 했다. 이런 여러 가지 겪은 일들 가운데 이런저런 그동안의 나의 처지들에 견줘 내 기억 속에 유난히 부각되고 있는 사건이 하나 있다.

어찌 보면 빠릿빠릿한 젊은 나이임에도 속수무책으로 당할 수밖에 없었던 것이라 기가 차고 어이가 없으면서, 한편으로는 그 사건 속에 얽혀 있는 추악하고 복잡한 유착 구조가 우리 사회 부정부패의 한 단면을 드러내는 것이어서 더욱 기억에 생생하다. 나로서는 이것이 생전 처음 당하는 어처구니없는 금전 손실의 사건이어서 어떻게든 해결하려 애를 썼다.

그 해결의 형태는 손실을 최소화하기 위해 내가 힘을 썼던 과정과 마무리 과정의 맥락이 거의 비슷했다. 즉 내 주변의 '힘'이 불가피하게 동원될 수밖에 없었다는 얘기다. 이 사건의 전개와 해결 과정은 한편의 홍콩 누아르 아니면 황당한 측면에서 한 편의 코미디 같은 사건이었다고 지금도 생각하고 있다. 그것은 내 나이 서른을 갓 넘겨서 내가 어이없이 당한 소매치기 사건이었다.

이 소매치기 사건에 얽힌 얘기를 어떤 계기였는지는 몰라도 얼마 전 사무실 근처 식당에서 점심을 먹으며 친구들에게 들려주었다. 그런데 우리 테이블 곁에 앉았던 어떤 분이 내 얘기를 처음부터 끝까지 몰래 들었던지, 느닷없이 나에게 이런 제의를 해 왔다. 자신을 작가라고 밝힌 이분은 내가 한 이 소매치기 사건을 자신이 글로 쓰면 안 되겠느냐는 것이었다. 내가 왜 그런 생각을 하시냐고 물었더니, 너무 황당하면서도 재미가 있고, 사회에 경종도 될 만한 것이어서 그런다고 했다.

내가 원래 말주변이 없다는 것은 자타가 공인하는 바다. 말솜씨 없는 그런 내가 한 얘기를 재미있게 들었다는 건, 여러 가지로 소매치기 사건 자체가 갖는 흥미 유발적인 요소가 많다는 것이 아니겠는가. 그분의 그런 제의를 그 자리에서 정중하게 거절했지만, 나는 이 얘기를 언젠가 글로 옮겨야겠다는 생각을 그때 하였다.

1974년 9월 하순 무렵이었을 것이다. 그때는 육영수 여사가 문세광으로부터 저격, 시해를 당해 나라가 슬픔 속에 잠겨 있었고, 사회 분위기도 전반적으로 좀 가라앉아 있는 시점이었다. 식당 사업으로 돈을 한참 벌고 있던 나는 또 다른 사업에 대한 구상을 하고 있을 무렵이었다. 그 가운데 하나가 바로 부동산 투자였다. 그 무렵 이미 종로 세운상가 인근의 69평, 3층짜리 주택을 하나 사들여 소유하고 있었던 나는 그 일대의 다른 주택과 창고들도 눈여겨보고 있으면서 지 씨 영감님을 최대한 활용하고 있었다. 종로 바닥을 중심으로 세운상가 일대에 좋은 물건이 나타나면 바로 잡아 달라는 것이었다.

그러던 어느 날 아침, 동대문운동장 앞 '서울분식'에 나와 있는데, 지 씨 영감님으로부터 전화가 왔다. 좋은 물건이 하나 나왔으니, 빨리 계약금을 갖고 나오라고 했다. 사 놓은 세운상가 인근 집 앞에 큰 창고가 하나 매물로 나왔다는 것이다. 바로 집 앞이라 여러모로 활용도가 높은 창고로, 나와 지 씨 영감님이 눈여겨보고 있던 것이었다.

중국 화교가 소유하고 있던 이 창고의 가격은 4,000만 원에 달했다. 지 씨 영감님은 계약금 조로 4백만 원 정도를 갖고 나오라고 했다. 나는 그때 하필 하복부 쪽에 안으로 곪아가는 큰 종기가 나 통증에 시달리고 있어서 바깥출입을 자제하고 있던 터였다. 나는 즉시 계약금으로 200만 원짜리와 10만 원권 수표, 그리고 일부를 현금으로 나눠 마련했다. 나로서는 부동산 투자와 관련해서 가장 큰 금액의 거래를 시작하는 것이어서 마음이 설렜고 한편으로는 조심스러웠다.

은행에서 돈을 마련하고는 밖으로 나와 택시를 타고 갈 작정이었다. 9월 하순이어서 완연한 가을 날씨는 아니었으나, 그래도 아침저녁으로 제법 쌀쌀해 나는 평상시의 가벼운 차림 대신 양복을 입었고, 돈은 양복 상의 왼쪽 포켓에 넣어두었다. 은행 앞에서 택시를 잡으려는데 잡히지가 않았다. 합승을 하려 해도 방향이 맞질 않아 몇 대의 택시를 그냥 보내고 있던 터라 마음이 급해졌다.

버스 정류장을 보니 종로로 가는 버스가 많이 서 있었다. 종로라야 그리 멀지도 않았기에 나는 막 떠나려는 버스를 집어 탔다. 버스는 그리 복잡하지는 않았고, 안쪽에 비어 있는 자리가 더러 보였다. 몇 정거장 되질 않으니 나는 자리에 앉지 않고 승하차문 옆에 손잡이를 잡고 섰다.

나는 손잡이를 잡고 서서 오른손으로 돈이 든 상의 포켓을 한번 만져 보았고, 버스는 출발하고 있었다. 버스가 동대문을 지나 종로 5가 정류장에 섰을 때 일군의 장사꾼 같은 사람들이 많이 타면서 버스가 좀 복잡해졌다. 서서 가는 나의 앞 뒤로, 곁으로도 승객들이 에워쌌다. 종로 3가를 지나면 내가 내릴 정류장이었다. 나는 내릴 채비를 하면서 운전수석 앞 차창을 한번 슬쩍 보았다. 비가 오질 않는데 차창 유리에 물기가 흘러내리는 게 이상해 보였던 것이다.

그때 내 엉덩이 쪽을 뭔가가 쿠욱 찔렀다. 웬일인가 싶어 뒤로 돌아보니 내 반대편 쪽에 서서 가는 장사치로 보이는 한 사내가 들고 있는 뭉툭한 나뭇가지 같은 게 내 엉덩이를 찌르듯 닿아 있었던 것이다. 나는 손으로 그 막대기를 좀 신경질적으로 치워 버렸는데 그 사람이 돌아서서 나를 힐끗 쳐다보았다. 나와 순간적으로 눈이 마주쳤지만 그 사람은 내 시선이 강했던지 이내 눈길을 거두고는 다시 고개를 돌렸다. 나는 막대기가 닿았던 엉덩이 부분을 손으로 몇 차례 털면서 몸을 좀 크게 움직였다. 그리고 나는 다음 정류장에 내렸다.

지 씨 영감님 사무실로 가면서 나는 매매가 이뤄질 창고에 대한 생각에 젖었다. 거기를 어떻게 고치고 다듬어 어떤 업종으로 어떻게 운용할지, 장사가 잘될 것인지의 전망 등을 이래저래 짚어보았다. 안목이 워낙 좋은 지 씨 영감님이 매매를 주선한 것인 만큼 사들이는 창고의 현재 시세가 앞으로 분명 오를 것으로 생각하며 이런저런 꿈에 부풀어 있었다.

지 씨 영감님 사무실에 도착하니, 창고주인 화교는 보이질 않았다. 그는 중국인답게 매매계약에 만선을 기하려 했던 것인지, 계약을 지 씨 영감님 사무실 대신 명동 중국대사관 앞 화교가 운영하는 대서방에서 하자며 그곳에서 기다리고 있다고 했다. 나는 지 씨 영감님과 함께 그 대서방으로 갔다. 대서방에서는 화교가 앉아 있었다. 창고주인 화교 및 대서방을 하는 화교와 인사를 나누고 본격적인 계약을 하려고 했다. 나는 상의 왼쪽 안주머니에서 돈 봉투를 꺼내려 했다.

그 순간 만져지는 아주머니의 촉감이 이상했다. 아무것도 들어 있지 않는 촉감이었다. 봉투가 사라지고 없었던 것이다. 어! 하는 절망적인 신음 같은 비명이 순간적으로 내 입에서 튀어나왔다. 그리고 뒤이어 안주머니에 손을 집어넣으니 주머니 아래로 뻥 뚫려 있었다. 누군가 칼로 찢었고, 그 틈새로 돈 봉투를 빼내 간 것인데, 바로 소매치기를 당한 것이었다.

나는 순간적으로 정신이 까마득해졌다. 이런 일이 나에게 어떻게 생기는 것일까 하는 생각이 들면서, "이걸 어떻게 하지, 어떻게 하지" 하는 자조적인 한탄을 내 입으로 연신 뱉어내고 있었다. 무슨 영화 속의 한 장면 같았고 정신이 없었다. 지 씨 영감님 등 주변은 어리둥절한 표정으로 뭔 일이냐고 내 얼굴을 보며 묻는 것 같았다.

나는 정신을 가다듬었다. 그리고 조용하게 말했다. 딱 두 마디, "돈을 잃어 먹었다. 소매치기를 당했다." 창고주인과 대서사 등 화교들은 이구동성으로 "무슨 이런 일이 있느냐"며 걱정 어린 시선을 나에게 보내면서도 뭔가 떨떠름한 표정이었다. 이날 계약은 결국 무산됐다. 나는 상황이 좀 진정된 후 창고주인에게 "분명히 약속을 지킬 터이니 계약을 한 삼일 정도만 연장해 달라"고 했다. 창고주인도 나의 이런 사정을 감안해 그렇게 해 주겠다고 했다.

나는 계약을 연장해 주겠다는 얘기를 들은 후 안정을 찾으려 애를 썼다. 하지만 잘 되질 않았다. 그 당시 돈 400만 원은 큰 금액이었다. 그 돈도 물론 아까웠지만, 내가 속수무책으로 당한 것에 대한 나 자신, 그리고 소매치기범들에 대한 분노가 컸다. 젊은데다 생각과 체력에서 누구보다도 빠릿빠릿하며 용맹성도 갖춘 내가 말로만 듣던 소매치기에게 이렇게 허술하게 당했다는 게 억울하고 화가 나 거의 미칠 지경이었다. 그러나 그렇게만 있을 수 없는 상황이었다. 하늘 끝까지라도 쫓아가 소매치기를 잡아 돈을 찾아야겠다는 집념을 다지고 또 다져서 실행에 바로 들어가야 한다는 생각이 나를 압박했다.

소매치기범을 잡기 위해 어떤 방식으로 할 것인가에 대한 생각이 막연했다. 도움이 필요했다. 해병대 안○○ 선배에게 전화를 했다. 안 선배는 당시 청와대 경호실에 있었다. 상황과 사정 얘기를 들은 안 선배는 나더러 전화를 끊고 지금 즉시 서울시경 '330수사대' 정 모 계장에게 가라면서 전화를 해 놓겠다고 했다. 나는 그때 서울시경 '330수사대'가 뭐 하는 곳인지도 모르고 있었다.

서울시경의 '330수사대'는 절도를 전문으로 진담 수시히는 일종의 기동수사대로, 1972년에 발족해 1975년까지 운용됐다. '330'이라는 명칭은 야간주거침입 절도범을 규정하고 있는 형법 제330조를 인용해 정한 것이다. '330수사대'는 1971년 약관 30세에 서울시경 국장이 된, 박정희 대통령이 총애하던 이건개 전 검사가 취임해 발족을 주도한 것으로, 민생대책의 일환인 절도죄를 근절키 위한 것이 그 주된 목적이었다. 한편으로 외부에 알려지기를 꺼려하는 고위층 절도사건을 전담해 권력층을 위한 별

1972년 3월 3일 서울시경 산하에 발족된 330 수사대 발대식

동수사대라는 비판이 가해지기도 했다.

나는 지 씨 영감님과 함께 서울시경으로 가면서 소매치기를 당한 정황을 떠올려 보았다. 소매치기는 단독이 아닌 일당들에게 당한 게 분명했다. 종로 5가 정류장에서 탄 장사치들 무리 속에 아마 끼어 있었을 것이다. 대충 그림이 그려진다. 내 엉덩이를 누군가 막대기로 찌르고 있다는 것을 느끼고 막대기를 갖고 탄 그 장본인을 뒤돌아보며 몸을 몇 차례 좀 기웃거리던 그 순간, 아마 내 주변에 섰던 또 한 명의 소매치기가 내 안주머니를 칼로 찢고 돈 봉투를 빼내 갔을 것이다. 그러면 소매치기한 놈들은 최소한 2인조 이상이었던 게 분명했다.

나는 서울시경에 도착했고, 정 모 계장을 만났다. 그에게 자초지종을 얘기했다. 그 계장은 내 얘기를 듣더니, 방에 있던 어떤 다른 직원을 불러 그에게 얘기하라고 했다. '330수사대'의 고참으로, 외근담당이었던 김 모 계장이라는 분이었다. 이분은 그 후 알았지만, 수사대 안에서는 상당한 실력자로 소문이 나 있는 노련한 수사관이었다. 김 계장은 내 얘기를 다 듣고 난 후 나에게 두꺼운 책을 두 권 갖고 왔다. 소매치기 전과범들이 수록돼 있는 책자였는데, 그들 중에 안면이 있는 자를 지목해 보라는 것이었다. 나는 그 말에 화가 났다. 서울역에서 김 씨를 찾는 것도 아니고, 그 많은 소매치기 전과범들 가운데 어떻게 기억에도 없는 자들을 찾는다는 게 말이 되느냐며 좀 거칠게 화를 냈다.

김 계장은 우리들을 데리고 당시 화신백화점에 있는 모 은행에 갔다. 내가 소매치기 당한 200만 원짜리 수표 발행 은행이었다. 거기서 수표 조회를 하니, 이미 아침 11시경에 여자 하나와 남자 둘이 와 현금으로 찾아갔다는 것이었다. 김 계장은 은행에서 나와 나더러 기다려 보라고 했다. 이런 사건은 어차피 시간이 많이 걸리니 기다리라는 것이다. 나는 김 계장의 그 말에 또 화를 냈다. 뭔가 하는 짓이 성의도 없이 그저 하는 시늉만 하고 있다는 느낌이 들어서다. 이후로 그 김 계장과는 참 많이 다툰다. 나로부터 물리적인 폭행도 당하는 등 아무튼 그렇게 해서 나와 인연이 맺어진 것인데, 알고 보니 경찰조직 내에서도 여러 가지로 참 복잡한 분이었다.

그날 집으로 돌아가는 길은 참으로 어지럽고 허탈했다. 아내에게 소매치기 당한 얘기까지 해야 하는 게 나로서는 정말이지 자존심 상하는 것이어서 마음이 무거웠다. 그래도 어쩔 것인가, 집에서 아내에게 그 얘길 했다. 아내는 내 얘길 듣더니, 우선 거울로 얼굴부터 보라고 했다.

하복부 종기는 그사이 밖으로 더 부어올라 걷기가 불편했고, 게다가 그런 어이없는 사건을 당했으니 내 몰골 또한 거의 만신창이가 된 모습이었다. 아내는 기왕 그렇게 된 것 어떻게 하겠냐, 시경에서 기다려 보라니까 기다리는 수밖에 뭐 다른 별수가 있겠냐며 오히려 나를 위로했다. 나는 그날밤 잠을 이루지 못하고 뜬눈으로 밤을 샜다.

그러는 사이 내가 사고자 했던 그 창고는 다른 사람 손에 넘어갔다. 나는 창고주인 화교가 사흘을 기다려 준다고 했기에 그 말을 믿고 있었다. 나는 그 창고를 어떻게든 손에 넣고 싶었다. 그래서 사흘 후 돈을 마련해 계약을 하려고 지 씨 영감님에게 연락을 했다. 그러나 창고주인은 나와의 약속을 깼다. 그 창고를 탐내던 사람들이 여럿 있었던 것이다.

그중 한 명에게 화교 창고주인은 가격을 더 올려 팔기로 하고 계약을 체결했던 것이다. 그게 참으로 아까웠지만, 내가 뭐랄 수 없으니 어쩔 수 없는 노릇이었다. 지금도 당시 그 창고를 산 사람이 기억이 날 정도다. 삼일빌딩 앞 '로젠켈러' 맥주집 주인이 그 창고를 손에 넣었던 것이다.

소매치기 사건은 우여곡절 끝에 결국 한 달 반 만에 마무리된다. 마무리라고 얘기하는 건 소매치기 당한 돈을 그나마 회수했다는 뜻에서 나로서는 그렇다는 것이지만, 그 사건의 뒤끝은 개운하지가 않았다. 소매치기범들은 잡히지 않고 돈만 돌려받는 희한한 사건이었던 것이다. 그 사건을 계기로 나는 그 당시 경찰이라는 조직과 범죄집단이 서로 어떤 먹이사슬을 형성한 채 서로 얽혀 있는지 그 유착관계를 어렴풋이 알게 되면서 우리나라 경찰 조직에 대한 불신감이 높아졌다. 따라서 일반 서민이 이런 경찰조직 하에서 살아가기가 퍽 어려울 것이라는 걸 절감했다.

나는 사건이 일어난 후 서울시경 '330수사대' 사무실에서 거의 매일 살다시피 했다. 수사대에서도 청와대 경호실에서 전화를 한 만큼 나를 함부로 대하지는 못했다. 또 내가 해병대 장교 출신에 월남전 상이군인이라는 것도 그들이 몰랐을 리가 없었을 것이다.

앞에서도 언급했듯이 돈도 돈이지만, 내가 그렇게 허술하게 당한 것에 대한 분노가 나를 그냥 내버려 두지를 않았고, 그 분노는 고스란히 '330수사대' 안에서 표출이 됐다. 이른바 해병대 기질이 유감없이 발휘된 것이다. 난동까지는 아니었지만, 아무튼 나는 수사대 사무실 사람들을 거칠게 대하면서 해결을 강력하게 촉구했다.

매일 나와서 그러니 수사대 내근 직원들도 죽을 지경이었다. 그들은 "내 돈 찾아내라"는 나를 달래기도, 얼르기도 했고, 때때로 달려들어 제압하려 하기도 했다. 하지만 나는 꺾이지 않았고 나 홀로 '투쟁'을 '330수사대'에서 계속했다. 내가 야단을 치고 난리를 피울 때마다 그들이 나에게 하는 말은 새로울 것 없이 거의 항상 이랬다. "좀 더 기다려 보라"는 것. "잡힐 듯 잡힐 듯하면서 안 잡히니 조금 더 기다려 보라"는 것이었다.

하지만 그들의 그런 말이 그저 나를 진정시키고 달래기 위한 것이라는 건 나도 잘 알고 있었다. 그들은 내가 지금은 방방 날뛰고 있지만, 그러다, 그러다 제풀에 지쳐 스스로 포기하게 되리라는 걸 많은 경험을 통해 알고 있는 것이었다. 그러니 내 속은 더 타들어 갈 수밖에 없는 처지가 돼 가고 있었고, 한편으로 뭔가 사생결단의 다른 대책을 강구하는 수밖에 없다는 생각이었다.

그러기를 거의 한 보름째 되는 날이었다. 점심을 먹으러 시경에서 나와 한국은행 앞을 걸어가고 있는데, 누군가가 바로 뒤에서 나에게 투박한 경상도 사투리로 이런 말을 했다.

"뒤를 쳐다보지 말고 앞으로만 걸어가소. 그리고 지금부터 내 말대로 하소."

그러면서 그 목소리의 주인공은 계속해서 내 뒤에서 나에게 이래저래 지시했다.

"왼쪽 골목으로 들어가소."

나는 시키는 그대로 왼편 골목으로 들어갔다.

"맨 처음 보이는 다방으로 들어가소."

나는 그 사람이 시키는 대로 다방엘 들어갔다. 잠시 후 그 목소리의 주인공이 나타났다. 그 사람은 마산 출신으로 '330수사대'에 있다고 했다. 나중에 알고 보니 나의 마산고 2년 선배였다. 그분은 다방에서 내 앞자리에 앉으면서도 주변을 살폈다. 신분이 노출되는 것을 극도로 꺼리는 듯했다.

그 사람은 내 사정을 충분히 잘 알고 있다면서 보기에 참 딱해서 얘기해주는 것이라면서 김 계장을 무슨 수를 동원해서라도 무조건적으로 압박하라고 했다. 김 계장이 사건을 해결할 수 있는 유일한 존재라고 했다. 이와 함께 그 선배는 시경국장, 그러니까 당시 시경국장도 누를 수 있으면 압박하라고 했다. "조져라"는 말까지 했다. 김 계장은 실무적인 측면에서, 시경국장은 김 계장을 다루는 측면에서 그러라고 했다. 그 선배는 그 말만 간략하게 하고는 사라졌다.

사라지면서 그 선배는 나에게 의미심장한 말을 남겼다.

"몸조심하소. 너무 많이 알고 설쳐대면 다치는 수가 있다. 위에서 네 문제를 놓고, 이러쿵저러쿵 하는 얘기들이 나오고 있다고 나는 듣고 있다."

나는 그 선배와 만나서 나눈 짤막한 대화가 흡사 간첩들 접선하는 것, 아니면 무슨 007 첩보작전의 한 장면으로 여겨졌다. 그러면서 "몸조심하라"는 그 선배 말이 유난히 머리를 맴돌았다. 민간인이 경찰을 상대로 몸조심을 어떻게 하라는 것인가?

마산고 선배로부터 그 말을 들은 뒤 나는 업무상 오후에 나오는 외근담당인 김 계장을 오로지 주 상대로 했다. 그 선배 말 외에 또 다른 경로로 들은 얘기도 있었다. 김 계장은 서울 시내뿐 아니라 전국적으로도 주요 소매치기범들의 계보를 다 파악하고 있는 유일한 존재였다. 안주머니를 칼로 찢는 '안창따기'라든가,

값비싼 목걸이를 낚아채는 '굴레따기' 등 각종 소매치기 수법에 누가 능통한지도 모두 다 알고 있다고 했다.

그러니 내가 동대문운동장 인근에서 '안창따기'를 당했으니, 그걸 누가 했는지도 알고 있었다는 얘기다. 심지어 안주머니 찢어진 상태라든가, 어느 버스 정류소 부근에서 일어난 것만으로도 범인이 누구인지 알고 있을 정도라는 것이었다.

나는 이 얘기를 '330수사대'에 있다가 경기도 모 경찰서로 전근한 또 다른 마산 출신 한 선배로부터 몰래 들었다. 그 선배는 그런 얘기와 함께 수사대와 소매치기 조직과의 유착관계에 대해서도 어느 정도 들려줬다. 놀라운 얘기였다. 얘기인즉슨 경찰은 소매치기 조직과의 유착관계를 통해 매년 봄이면 소매치기 조직을 대상으로 '구역'을 배분해 준다고 했다. 그리고 사건이 언제 어디서 일어나면, 소매치기 당한 금품의 규모나 소매치기 당한 상대의 인적 요소 등을 토대로 사건을 소매치기범들과 논의해 조정하기까지 한다고도 했다.

이러는 과정에서 금품이 회수되기도 하고 범인이 잡히는 척하기도 한다는 것이다. 더 놀라운 것은 그러는 과정을 통해 돈이 정기적으로 경찰로 넘어가기도 하고, 그 반대급부로 경찰에서는 소매치기범들을 일정 범위 내에서 '보호'까지 해 준다고 했다. 말하자면 그런 유착관계를 통해 먹이사슬이 형성돼 있다는 것이고, 그런 차원에서 김 계장이 '330수사대'를 포함해 시경을 먹여 살리고 있다는 말까지 털어놓았다.

그 선배는 그러면서 매일 수사대에 나가서 난리를 피우는 것도 한 방법이겠지만, 그보다는 김 계장을 어떻게 하든지 갖은 수법으로 압박하든지 회유하라는 것이었다. 나는 그 선배 말을 알아차렸다. 나는 매일 오후 김 계장을 다그쳤다. 하소연도 해 보고 공갈도 쳐보기도 했다. 어떤 때는 나에게 얻어맞기도, 걷어차이기까지도 했다. 사실상 폭행이었다.

김 계장은 그러나 내 배경을 어느 정도 알고 있었기에 맞대응을 하지도 못하고 당하는 처지일 수밖에 없었다. 내 사건은 고려대와 고대 역도부 '역우회' 선배로, 그 당시 차지철 경호실장 보좌관이었던 허 모 선배도 잘 알고 있었던 터라, 그 또한 나의 한 배경이기도 했다.

그러니 김 계장도 이러지도 저러지도 못하고 죽을 노릇이었을 것이다. 유착관계를 들먹일 수도 없었을 것이고, 먹이사슬의 한 고리적인 역할을 하는 처지로, 자기 마음대로 일을 할 수도 없었을 것이었기 때문이다. 그만큼 어려웠던 일이었으니, 주변에서 이런 예를 들며 나더러 포기하라는 말들을 했다. '330수사대'에서 소매치기 당한 후 돈을 찾게 해 준 케이스는 딱 한 건 있다. 김종필 총리 시절 모 대사 부인이 미화 일만 달러를 소매치기당한 것을 찾아주었다는 것이다. 그만큼 민간인이 소매치기 당한 돈을 회수하기란 하늘에 별따기 같은 것이니 그만 포기하라는 것이었다.

그러면 그럴수록 내가 당한 소매치기 사건과 그 배경을 까밝히고, 잃어버린 돈을 찾겠다는 내 의지는 더 강해져 갔다. 그러니 중간에서 죽어나는 건 '330수사대'와 특히 김 계장이었다. 나에게 연일 당하고 있던 김 계장의 내 압박에 대한 태도는 시종일관 녹음기처럼 거의 이랬다. "잡힐 듯하면서 또 도망치고 그러니 나도 죽을 노릇이오…" 나는 오죽했으면 돈을 다 안 찾아도 좋으니 반이라도 찾아 달라고까지 했다. 말 그대로 나도 제풀에 지쳐가기 시작했던 것이다. 나는 그런 짓을 한 달 가까이나 했다.

그러던 어느 날 놀라운 일이 일어난다. '330수사대'에 나와 있는데, 아내가 갑자기 집에서 전화를 해 온 것이다. 마산에서 편지가 왔는데, 그 안에 백만 원짜리 수표 한 장이 들어 있다는 것이었다. 내가 김 계장에게 반이라도 찾아 달라는 말을 한지 불과 며칠 안 된 때였다. 아마도 나의 그런 얘기를 놓고 수사대와 소매치기 조직 간에 어떤 논의가 있었던 것을 짐작하지 않을 수밖에 없는 일종의 반전같은 것이었다.

나는 이 사실을 경호실장 보좌관인 허 모 선배에게 알렸다. 마산시 추산동으로 되어 있는 편지의 발신인 주소는 추적 결과 허위였고, 우체국 조회를 해 보니 남자와 여자 두 사람이 와서 부친 것으로 확인됐다. 그날 '330수사대'는 그 때문에 시끄러웠다. 김 계장은 무슨 이유 때문인지 시경국장에게 호출을 당한 후 얼굴이 창백해진 채 풀이 죽어 왔다고 했다. 내부적으로 내 사건을 조율하고 조정하는 과정에서 무슨 사단이 생긴 게 분명해 보였다.

나는 '330수사대'와 서울시경의 이런 작태를 보고 화가 더욱 났다. 그래서 검찰총장 직할의 특수수사대에게까지 손을 썼다. 그리고 중앙정보부 수사대 인맥까지 동원했다. 두 곳에서 같은 날 동시에 김 계장에게 출두하라는 명령이 떨어졌다. 김 계장은 거의 사색이 되다시피 했지만, 이 사건을 해결하지 못하고서는 어떻게 해 볼 다른 방법이 없었다. 그래서 아마도 유착된 윗선과의 논의를 통해 두 손 들기로 한 모양이 아닌가 싶다. 그것은 김 계장이 검찰청과 중앙정보부로부터 동시 출두 명령 일시를 통보받은 그다음 날 일어났다.

부산에서 또 돈 백만 원짜리 수표가 들어 있는 편지가 온 것이다. 그 편지의 수신인을 보고 나는 잠깐의 의구심을 가졌다. 그리고는 회심의 미소를 지었다. '330수사대'와 소매치기 조직이 서로 내통하고 있는 것임을 확인한 것이어서 그랬다. 그것은 편지 봉투에 수신인으로 적은 내 이름 때문이었다.

'정주석'이 수신인으로 돼 있었다. 나에게 보냈으면 '징주식'으로 썼어야 했는데 틀리게 적은 것이다. '330수사대'에서는 처음부터 내 이름을 잘못 알고 있었다. 자꾸 '정주석'으로 알고 그렇게 불렀는데, 나는 그게 별 중요한 일이 아니라고 여겼었기에 그냥 그대로 내버려 두고 있던 상태였다.

그러니 돈 백만 원을 보낸 발신처에서 수신인으로 '정주석'이라고 적었다면, 그것은 분명 '330수사대'와 관련이 있는 것임을 그것으로 드러내고 있는 것이지 않은가. 돈을 편지로 부친 발신처는 분명 소매치기 조직이었을 것이다. '330수사대'가 소매치기 조직에 돈을 부치라며 '정주석'이라는 수신인을 알려 줬을 터이고, 그랬기에 '정주석'을 수신인으로 한 편지와 돈이 온 것이다. 소매치기 조직과 서로 내통하고 있는 유착관계라는 걸 스스로 드러내는 분명한 증거였던 것이다. 그리고 그 이튿날 대구에서 또 돈이 든 편지가 나에게 왔다. 나머지 돈이 수표로 들어 있었다.

이로써 소매치기 당했던 돈을 나는 전부 찾았다. 그 과정의 우여곡절이 어떠했든지 간에 나는 일단 돈은 회수한 것이다. 그럼, 이것으로 끝인가. 한 가지 문제가 나에겐 남아 있었다. '330수사대'와 소매치기 조직이 서로 내통하고 있는 유착관계임을 안 내가 과연 이 문제를 그냥 나 몰라라 하고 내버려 둘 것인가에 대한 것이었다. 말하자면 혈기방장한 나이로 사회정의의 관점에서 이 문제를 내 수준에서 어떻게 정리할 것인가에 대한 궁리와 고민이었다.

이 사실을 경찰조직의 부정부패 실상을 드러내는 하나의 증거로 삼아 세상에 알리느냐 하는 것도 중요한 것이었다. 그래서 한참을 고민하고 궁리했다. 그러다 그냥 내 수준에서 나만 알고 끝내자고 마음을 먹었다. 어떤 측면에서는 다소 비겁하고 졸렬한 것인 줄 나도 모르는 바는 아니었지만, 내 나름대로는 그 이유가 있었다.

내가 이 소매치기 사건을 접하고 부딪히고 어떤 형태로든 해결하는 과정과 수단이 정당한 것이었는가에 대한 회의가 여기에 개입될 수밖에 없었다. 나 또한 청와대 경호실 등 권력기관의 인맥에 기대 문제를 해결한 게 설사 어쩔 수 없는 불가피한 사정이었다 하더라도 그렇게 정당하지는 않은 것이라는 생각 때문이었다.

돈을 회수한 후 나는 '330수사대'와 특히 김 계장에게 그동안 내가 한 짓과 관련해 미안한 마음이 들었다. 그래서 대구에서 보내온 백수십만 원에 달하는 나머지 돈 전액을 김 계장에게 건넸다. 김 계장이 받을 리가 없었다. 한사코 거절했다. 그래서 20만 원을 꺼내 수사대 대원들 식사라도 한 끼 하라고 줬더니 그건 받았다.

김 계장과 헤어지려는데 그가 다시 이런 말을 남겼다. "민간인 돈 찾아주기는 정말이지 처음입니다…" 그리고 나는 검찰청과 정보부 지인들에게도 문제가 잘 해결됐다는 점을 알렸다. 나는 하루빨리 이 문제에서 벗어나고 싶었다. 한 달여 간 나를 괴롭혔던 하복부 종기도 그러는 사이 아물어가고 있었다.

그 언저리의 어느 날, 덕수궁 돌담 옆에 있던 검찰청 특수수사대에서 그간 나를 도와줬던 지인에게 인사를 한 후 내려오다 엘리베이터 앞에서 김 계장을 만났다. 그는 수사대 내 지인 방에 올라가려는 참이었고 몹시 굳은 표정이었다.

나는 내 소매치기 사건 때문에 김 계장이 출두하는 것으로 알고는 다시 올라갔다. 지인에게 내 사건 때문에 소환된 것이냐고 물었더니 아니라고 했다. 다른 수뢰사건에 엮였기에 소환 조치를 취하고 있는 중이라고 했다. 나는 내 일 때문에 그런 게 아니라니까 더이상 신경을 쓰지는 않았다. 하지만 김 계장 이분은 상당 기간 내 기억 속에 자리 잡았던 인물이다. 그때 내 나이보다 훨씬 위였으니, 아마 지금쯤 이 세상 사람은 아닐 것이다.

토목건설 사업에 뛰어들다

나는 먹고살 길을 찾아 마산에서 서울로 올라온 1969년부터 남미 콜롬비아로 나간 1976년, 그때까지의 7년 동안은 말하자면 나의 사업 기반을 마련하고 토대를 닦은 시기였다고 할 수 있다.

그러니까 '대교분식'을 필두로 '해운정', '서울분식' 등의 식당 사업을 필두로 부동산 투자 등 여러 사업을 벌였던 시기였다. 이 사업들은 하나를 하면서 그 사이에 또 다른 것을 하는 등 중첩되어 한 것이어서 시기적으로 어떤 사업을 먼저 했냐 하는 순위적인 측면을 구분하기에 애매하다는 점이 있다.

이를테면 식당을 하면서 부동산과 호텔부대 사업에도 투자를 했고, 그러면서 박람회 복권사업에 참여하고 또 건설사업 등도 벌였던 것이어서 그렇게 된 것이다. 그러니 되게 바빴다. 지방에 사업을 벌여 놓고 또 몸은 서울에 있어야 하는 경우가 허다했기에 서울과 지방을 수도 없이 번갈아 오르내렸다.

건설사업에 뛰어든 건 당시 어떤 계기가 있다. 1970년대 초반 제3차 경제개발 5개년 계획으로 전국적으로 중화학 및 기계공업 등과 관련한 건설이 본격 추진되는 흐름의 추세를 이용한 것이다. 물론 흐름을 탄 것이지만, 나 혼자 독단으로는 할 수 없는 것이었고 주변의 믿을 만한 지인의 사업 권유와 제의를 따른 것이다.

나의 건설사업의 시발은 트럭이었다. 나는 그때 당시 국내로서는 최신이고 최대인 첨단의 일본 이스즈(Isuzu) 10.5톤짜리 대형트럭 4대를 산 것이다. 한 대에 천만 원이 훨씬 넘는 고가의 트럭이었다. 이 대형트럭 4대를 나는 전부 현금으로 샀다. 나에겐 당시 그만큼 현금 동원력이 있었다는 얘기다. 나로서는 그것들을 나중에 팔아 치우더라도 본전을 충분히 건질 수 있다는 계산이 있었기에 그럴 수 있었다.

이 트럭들로 내가 처음 건설공사에 참여한 것은 전북 군산의 외항 공사였다. 서울역 앞에 있던 지입회사에 트럭들을 맡기고 외항 공사에 소요되는 건설자재 등의 수송을 담당하기로 했다. 그때 서울에서 군산으로, 내가 탄 선도 승용차 뒤를 따라오는, 헤드라이트를 켠 채 달리는 트럭 4대의 행렬은 그 길이도 그렇거니와 트럭들의 위용이 대단해서 거리의 사람들이 손을 흔들 정도였다. 나는 당시 그 전에 벌여 놓은 호텔 부대사업 뒷정리 때문에 서울에 남아야 하는 사정이 있었기에 군산에는 별도의 관리자를 두고 일을 맡겼다.

나는 건설공사 사업을, 당시 여러 가지 어려움 가운데서도 진

행시키고 있던 호텔 부대사
업을 하면서 시작했다. 호
텔 부대사업은 당시 나로서
는 난항을 겪고 있던 중이
었다. 호텔은 당시 여의도
에 한창 짓고 있던, 여의도

한창 사업 할때 기차역에서

첫 호텔인 K호텔이었는데, 그 호텔의 빠찡코와 나이트클럽 등
부대시설 사업을 내가 하기로 하고 뛰어들었던 것으로, 그 투자
액이 상당했다. 그런데 이 사업은 시작하기도 전에 그 준비과정
부터 쉽지가 않았다. 워낙 이권이 큰 사업이라 달려드는 손들이
많았기 때문이다. 그러면서 일이 이상하게 꼬여 갔다. 관광 및 호
텔과 관련한 정부 부처 모 실세 장관을 낀 업자들이 끼어들면서
원 선정자인 내 지위를 흔들려는 외부 입김이 많았던 것이다.

　배경으로 말하자면 나도 꿀릴 처지는 아니었지만, 복잡하고
추잡스러운 일에 개입하기가 싫어 솜 소극적으로 나갔더니, 어
느 시점에 나를 배제하는 분위기가 되고 있었다. 이에 내가 다시
적극적으로 나서니까 이번에는 다른 호텔로 바꿔 주는 사태에까
지 이르렀다. 장충동에 있는 A호텔을 리모델링을 하고 있었는데,
거기도 마찬가지였다. 한마디로 복마전같이 사업선정 예정자들
이 이런저런 연줄 아래 얽혀 있었다.

　결국 나는 이들과 타협을 통해 손을 빼기로 하고 투자금 등을
회수하는 절차 과정에서 건설공사 사업을 벌였던 것이다. 그 얼

마 후 나는 청산을 끝내고 호텔 부대사업에서 완전히 손을 뗐다.

군산 외항 공사 수송 일은 그리 어렵지도 않으면서 수익이 많이 나는 사업이어서 그런대로 순탄하게 진행되고 있었다. 이러던 중에 솔깃한 제의가 들어왔다. 군산비행장 인근에서 생기는 모래를 실어다 건설 현장에 내다 파는 일이었다. 그 일은 여러 가지로 나에게 좋았다. 우선 가격이 좋아 이익이 많이 생긴다는 것이었고, 또한 트럭이 상하지 않는다는 이점이 있었다. 그런데 그 일을 군산의 토착 건달들이 맡아서 하고 있었다.

그 일을 따내는 건 그리 어렵지 않았다. 경호실 H선배에게 얘기했더니 몇 다리를 건너뛸 수는 있었다. 그러나 건달들이 문제였다. 그들은 당연히 나에게 적대감을 가졌고 흉흉한 얘기들도 내 귀에 들어오고 있었다. 이런 조짐을 알고 있던 경찰에서 결국 나더러 건달 오야붕과 타협을 해 보라고 권했다. 그래서 오야붕을 만났고, 단둘이서 술을 한잔했다.

나는 오야붕에게 이렇게 말했다. "내가 여기서 모래장사를 천년만년 하지 않는다. 너희들 먹고사는 걸 절대로 건드리지는 않겠다는 말이다. 다만 군산 외항 공사가 곧 끝나니 그때까지만 하고 그 이후는 다시 너희들에게 넘겨주겠다"고 했다. 건달 오야붕도 내 제의에 오케이했다. 그래서 군산 외항 공사 끝날 때까지 모래 장사를 했다. 그 장사를 통해 돈을 많이 벌었다.

외항 공사가 끝났을 때 깨끗이 철수하기로 했다. 철수하는 날 오야붕이 술을 한잔 크게 샀다. 외항 공사가 끝나갈 즈음에 전남

여수의 본항 항만 공사가 있다는 걸 알고 거기에 트럭을 또 지입시키기로 결정이 된 후였다. 서울서 내려오던 것처럼 트럭 네 대가 군산서 여수로 행렬을 지어 내려갔다. 역시 그 위용이 대단했다. 군산 건달들이 에스코트를 하는 진풍경이 벌어지기도 했다.

여수 항만 공사는 S토건이 원청자였는데, 나는 거기서 S토건과 인연을 맺었다. S토건 측에서도 나의 대형트럭들이 항만공사장을 왔다갔다 하면서 일하는 능률적인 측면에 대만족을 표시했다. 공기를 앞당기는데 기여했다는 말도 들었다. 여수 항만 공사가 거의 끝나 가고 있을 때 이번에는 경남 거제에서 일감이 왔다.

조선공사를 인수했던 D조선해양이 거제서 부지조성 공사를 하고 있었는데, 거기에도 트럭들을 지입으로 넣어 공사에 참여한 것이다. 군산에서 여수로, 그리고 거제로 이어지는, 트럭 4대를 갖고서 한 나의 건설공사 사업 기간은 1년 남짓한 짧은 시간이었다. 그 기간 동안 그 트럭들은 나에게 적잖은 돈을 벌게 해줬다.

트럭 4대를 갖고서 건설공사에 수송 일을 해본 건 나로서는 첫 경험이고 많은 것을 배웠다. 그러면서 나는 깨달은 게 하나 있었다. 기왕지사 건설공사로 돈을 크게 벌려면, 수송 등의 부수적인 일을 할 게 아니라 아예 본격적으로 공사 자체를 따서 직접 하는 게 좋다는 걸 알게 된 것이다. 그때부터 그쪽으로 신경을 기울여 촉각을 곤두세워 정보를 얻으려고 노력했다.

그러는 과정에서 나에게 걸려든 게 당시 마산의 창원공단, 더 정확히는 창원국가산업단지의 적현단지를 매립, 조성하는 공사였다. 적현단지는 창원공

창원공단 적현단지 공사 중일 때

단 공업단지 중의 한 부분으로 당시 경제개발 5개년계획의 중화학공업 육성시책에 맞게 기계와 전자, 화학 등 다양한 산업이 집적된 첨단기계 산업단지로의 조성을 목표로 하고 있었다.

적현단지 건설공사는 당시 S토건과 M건설이 조인트로 맡고 있었으며, 단지를 구분화해서 하청을 주고 있었다. 나는 그러니까 이 하청공사에 뛰어든 것이다. 그리고 입찰 과정을 통해 어렵게 공사를 따냈다. 이 과정에서 물론 주변 지인들의 도움을 받았다. 단지의 전체 공사수주액은 모르겠고, 내가 배정받은 지역 공사의 수주액은 7억 원이었다.

지금 개념으로 보면 7억이 별것 아니지만 1970년대 중반 그만한 돈이면 아주 큰 돈이었다. 나는 꿈에 부풀었다. 뭔가 큰 기회가 나에게 온 것 같은 느낌이 들면서 반드시 이 일을 성공적으로 수행할 것이라는 의지를 다졌다. 돈도 물론 큰 것이지만, 이 공사 하나로 내가 건설업에서 두각을 나타낼지의 여부도 달려 있어서 그만큼 나는 의지와 각오를 다진 것이다.

나는 입찰을 통해 공사를 따는 것에 급급했던 나머지 자체적

마산수출자유지역 조감도   마산수출자유지역 갯벌매립공사

으로 불도저나 포클레인 등 중장비들은 보유하지 못하고 있던 상태였기 때문에 우선 이들 장비들을 대여하는 수밖에 없었다. 원청기업인 S토건에서는 은근히 자기들 장비들을 빌려 가기를 바라고 있었다. 그러나 여러 곳들과 비교해 보니 S토건 장비 대여가 비쌌다. 그래서 나름으로 여기저기 알아보다가 S주택 장비들을 대여하기로 했다.

마침 그 회사에 고등학교 동기가 있어서 교섭 과정에서 도움을 받기도 했다. 그런데 이게 S주택으로부터 미움을 사게 될 줄은 미처 몰랐다. 그게 결국 나중 공사대금 지급 능에서 곤란을 겪게 되는 한 요인이 될 줄은 그때는 미처 몰랐던 것이다. 그렇게 해서 적현단지 건설공사에 참여하게 된다.

그렇게 의욕적으로 시작한 적현단지 건설공사였지만, 시작부터 만만치 않았다. 사실 공대 출신도 아니면서, 또 단지 매립건설에 관해서도 잘 모르는 처지로 전문을 요하는 그런 공사를 맡게 된다는 것이 무리였다는 걸 깨닫게 되기까지 그리 오래 걸리시 있었다. 물론 기술적인 것이야 기술자들이 알아서 하는 것이지만, 그래도 공사를 맡고 있는 사업자로서는 전문적인 것은 아니더라도 기본적인 것은 알고 있어야 했기 때문에 난관이 많았고 그래서 이 분야에 관한 공부도 많이 했다. 그래도 워낙 공사가 난공사였다. 바다를 끼고 있으니 제방을 쌓아야 하는데, 뻘탕 투성이라서 그것부터가 어려웠다.

게다가 해안 매립지의 테두리를 짓는 구조물 설치의 호안공사나, 지반을 안정시키기 위해 매트를 설치하는 작업 등 하나하나가 어려운 작업들이었다. 특히 작업 특성상 이런 공사는 큰 장비가 들어가서 공사를 할 수 없는 상황이었다. 뻔히 보고도 작업을 할 수 없는 어쩔 수 없는 상황이라 마음고생이 이만저만한 게 아니었다.

게다가 공사는 어려운 가운데서도 진행되고 있는데, 원청기업인 S토건에서 중간 공사비를 정산해 주지 않는 것이었다. 추석 등 명절 때도 그랬다. 장비 대여료도 그렇고 기술자와 근로자를 쓰고 있는 내 입장에서 그들에게 주는 월급은 미룰 수가 없으니 밑구멍 빠진 독에 물붓기 식으로 돈은 빠져나가고 있었으니, 이러다가 급기야 그런 돈도 못 주고 하루아침에 나자빠질 것 같은 상황이었다.

물론 돈을 주지 않는 S토건에서도 할 말은 있었다. 호안공사나 매트 공사 등에서 아무런 진척이 없는데 어떻게 중간 공사비를 정산해 주느냐고 따지면 실상 나도 할 말이 없을 수밖에 없었다. 이런 상황에서 나는 부득이 어머니에게 3천만 원을 빌려서

급한 것을 해결한 일도 있었다. 그 무렵 이런저런 마음고생으로 나는 잠을 거의 이루지 못할 지경에 이르기도 했다. 그러면서도 나는 이런 난공사를 어떻게 하면 해결할 수 있을까 연일 노심초사하고 있었다.

그러던 중 호안이나 매트 공사를 어렵지 않게 할 수 있는 거의 유일한 장비로 '인타'라는, 미군 스리쿼터 같은 차량 장비가 있다는 걸 알았다. 그래서 '인타' 장비를 보유한 사람을 어렵게 찾아가서 사정을 하소연했다. 그 사람은 나의 딱한 사정을 충분히 이해하고는 있었다. 그러나 무슨 이유에서인지는 몰라도 자신이 갖고 있는 '인타' 장비는 제공할 수 없다는 처지를 이해해 달라고 했다. 뭔가 S토건과 어떤 묵계가 있는 것 같았다.

대신 그 사람은 비밀이라는 걸 전제로 호안이나 매트 공사 등을 전반적으로, 종합적으로 할 수 있는 큰 장비 차를 갖고 있는 전 모 사장이라는 분을 알려주었다. 그분을 찾아가 그 장비로 해결하라는 것이었다. 그분 거처를 어렵게 알아내 야밤에 찾아가 만났다. 장비값을 후하게 쳐주기로 하고 그 장비를 빌리는 데 성공했다. 그 장비를 갖고 야간에 작업을 했다. 하룻밤 만에 큰 진척이 있었다. 일주일쯤 지나니까 그 어렵던 공사를 깨끗하게 해치웠다.

그 장비 차는 호안과 매트 공사에 필요한 자재인 강재 셀(cell)이나 케이슨, 모래와 지오텍 등을 싣고 뻘탕을 자유롭게 다니면서 호안이나 매트를 설치하고 깔아주는 것이었다. 그래서 겨우 그 공사를 끝낼 수 있었던 것이다. 그 공사를 끝내고 나니 내가 맡은 단지는 반 이상의 공사 진척을 보이고 있었고, 난제를 해결했기 때문에 거의 완료 단계에 들어선 것이나 마찬가지였다.

서울로 올라와 S토건으로 들어가 상무를 만났다. 내 사정 얘기를 하고 공사비 지급 등 선처를 요청했다. 상무의 반응은 그리 바람직한 것은 아니었다. 그 즈음해서 이런 말이 내 귀에 들어왔다. S토건 쪽에서 내가 스스로 적현단지 공사를 포기하기를 바라고 있다는 얘기였다. 화가 치밀어 올랐다. 경호실 박○○ 선배를 만나 나의 그런 사정을 얘기했다. 형은 내 얘기를 듣더니 알았다고만 했다. 그 얼마 후 그 선배로부터 연락이 왔다. 날짜와 시간을 알려 주면서 S토건 조 회장에게 가보라는 것이었다. 그리고 나는 조 회장을 만났다.

조 회장을 만난 자리에서 나는 솔직하게 그간 하청업자로서의 고충을 토로하듯 얘기하고, 특히 공사자금 미불 등에 따른 어려운 사정을 하소연했다. 공사가 어떻게 진행되고 어떻게 돌아갔는지 사정을 잘 알고 있는 조 회장은, 그러나 인자로운 표정으로 천연덕스럽게 그동안 공사를 맡아 주어 고맙다고 했다. 조 회장을 만난 후 바로 공사비 일부가 들어왔다. 2억 원이었다. 그 돈으로 밀린 돈 다 갚아줬다. 어머니에게 꾼 3천만 원도 갚았다. 그리고 나는 적현단지 공사에서 손을 뗐다.

조 회장을 만난 데다, 그리고 내 배경을 어느 정도 알고 있는

S토건에서 앞으로 잘 봐줄 것이니 공사를 계속하라고 했다. 그러나 나는 안 하겠다고 했다. 그 얼마 후 전무가 만나자고 해서 만났더니 역시 공사를 계속해 주기를 바랐다. 그 자리에서도 나는 안 하겠다는 점을 분명히 했다. 그랬더니 2천만 원을 나에게 주었다. 어차피 다른 하청업자들을 포함해 그들끼리 내가 공사를 포기하는 걸 전제로 어떤 묵계 같은 것이 이뤄졌을 것이라 생각했고, 그래서 나는 그 돈 2천만 원은 내가 공사를 포기한 대가라로 생각하고 별 부담 없이 받았다.

그 후 알기로 원래 발주액이 7억 원인 적현단지 공사가 5억 몇천으로 발주액이 줄었다는 걸 알았다. 당시 정부에서 추진하던 시정쇄신 캠페인의 일환에 따라 그만큼 줄었다는 것인데, 그건 잘 모르겠고 하여튼 국가와 원청업자들이 담합을 해 눈먼 돈이 오간다는 말들이 난무했다. 덩달아 애매한 하청업자들만 고생을 하며 죽을 쑨다는 원성이 높았던 때였다.

적현단지 공사를 하면서 나름 몸 고생, 마음 고생을 많이 했지만, 좋은 경험을 쌓기도 했다. 그리고 크게 벌지는 못했어도 1억 원 정도는 벌었다. 그러면서 그 경험을 바탕으로 나는 건설사업을 좀 더 하기로 마음을 먹고 있었다. 그러던 차에 한일합섬에서 적현단지 근처에 공장부지를 조성하는데 참여하라는 제의가 들어왔다. 이번에는 하청이 아니라 원청이었다. 그러니 귀가 솔깃했다. 장비가 없으니 다시 S주택 고등학교 동기와 논의를 했다. 견적서를 올리라고 해서 그 친구의 힘을 빌어 작성해 올렸다.

그런데 너무 솔직하게, 그러니까 이익이 안 남도록 견적서를 적은 게 화근이 됐다. 김택수 당시 한일합섬 회장이 나를 불렀다. 만나 뵈었더니, 어떻게 손해를 보면서 공사를 할 수 있겠느냐고 반문하는 우스운 일까지 벌어졌다. 이 또한 중간 브로커의 농간이었다. S주택 그 동기가 사전에 브로커로부터 그런 식으로 견적서를 바란다는 한일합섬 내부의 얘기를 듣고 나는 그렇게 한 것인데, 그게 브로커의 농간이었던 것이다. 그래서 결국 한일합섬 일은 브로커들 쪽으로 넘어 갔다.

이렇게 적현단지 등 난생 처음 해 본 건설공사를 통해 나는 많은 것을 경험했고 배웠다. 이러는 과정에서 이 분야에서 이름이 높은 분들도 적잖게 만났다. 그중 한 분이 지금은 고인이 되신 현대건설 정주영 회장이다. 적현단지 공사를 그만두고 좀 쉬고 있던 어느 날 현대건설에서 연락이 왔다. 광화문 본사로 들어오라는 것이다. 주변에서 나를 도우려고 현대건설에서 공사를 따도록 힘을 써 주고 있었다.

정 회장을 회장실에서 만났다. 악수를 주고받았는데, 손이 정말 크구나 하는 느낌을 받았다. 정 회장은 대뜸 "어디 정 씨요?"라고 물었다. 내가 진주 정 가라고 했더니, 정 회장은 "나와는 다른 정 씨네요"라고 하길래, 나는 "그래도 한 조상 아닙니까. 밑으로 내려오면서 갈린 것이지요, 회장님"이라고 했더니 정 회장은 파안대소를 했다.

정 회장은 그 자리에 배석한, 노트에 면담 내용을 적고 있는 임원으로 보이는 직원에게 "빨리 공사 하나를 발주해 주라"고 지시하고는 약속이 있다며 자리를 떴다. 배석했던 임원이 나더러 "나하고 나가서 얘기하시지요" 했다. 그 임원 분하고 회장실을 나와 그분 방에서 얘기를 나누는 과정에 그 임원으로 짐작되는 분이 나의 마산고 선배라는 것, 그리고 이분이 공사를 담당하고 있는 공사부장이라는 걸 알았다.

17회 이존영 선배였다. 고등학교 다닐 때 미술을 가르켰던 이림 선생님의 아들 되시는 선배였다. 나는 속으로 일이 잘 풀리고 있다고 생각했다. 정 회장이 지시를 했고, 공사를 관장하는 공사부장이 고등학교 3회 선배였으니 말이다.

이 선배, 아니 이존명 공사부장은 나에게 보유 장비에 관해 물었다. 솔직하게 말했다. 장비는 S주택 것을 대여해 쓰고 있다고 했다. 그러면서 적현단지 매립공사 등의 실무경험에 관해 설명하면서 그 경험을 바탕으로 매립공사를 바란다는 견해를 표명했다. 그랬더니 이 선배는 솔직하게 말하겠다면서, 지금은 시기적으로 공사를 주기가 쉽지 않다고 했다. 그즈음에 국가 발주공사가 나오질 않는다는 것이다.

그러면서 매립공사는 어렵고 그 대신 고속도로 한 구간 건설공사를 제의했다. 당시 대구-광주 간의 고속도로가 건설 중이었던 시기였다. 지금 생각해 보면 찬물, 더운물 가릴 것 없이 고속도로 공사라도 받았어야 했다.

그러나 나는 그런 교섭에 미숙하기 짝이 없는 초짜였기에 그런 판단이 서질 않았고, 그저 내가 하고 싶은 말만 했다. 나로서는 고속도로 공사는 처음이어서 난색을 표한 것이다. 그래서 결론적으로 말하자면 현대건설에서 공사를 따지는 못했다. 물론 이존명 선배와 공사 참여를 두고 그 후에도 여러 차례 접촉이 있었다. 그 과정에서 당시 현대건설 부사장으로 있던 이명박 전 대통령도 간접적으로 개입했지만 결과는 그랬다.

이명박 전 대통령과 나는 고려대 동기로, 학교 다닐 적에 알고 지내던 사이였다. 이존명 선배는 이런 사실을 알고 이명박 부사장을 만나보라고 권유하기도 했던 것이다. 아무래도 이존명 선배는 내 문제와 관련해 이래저래 처지가 어려웠던 것 같다. 그래서 대신 나의 대학 동기인 이명박 당시 부사장에게 내 문제를 넘기려고 했던 것 같다.

내가 이존명 선배에게 좀 더 적극적으로 대하면서 이명박 동기를 만나는 등 좀 더 적극적으로 나섰더라면 현대건설 공사를 땄을 것이다. 그러나 나는 그때 또 다른 사업을 구상하고 있던 시기여서 그렇게 적극적으로 대처하지를 못했다. 콜롬비아로 진출해 사업을 하려는 계획을 갖고 이를 추진하고 있었기 때문이다.

산업박람회 복권 사업

앞서 말했던 바와 같이 1960년대 말부터 나는 '대교분식'을 필두로 한 식당 사업에서 성공을 거두면서 이런저런 사업에 뛰어들게 된다. 이들 가운데 재미를 본 것도 있고, 그렇지 않은 것들도 있다. 그중 하나가 박람회 복권사업에 상당한 자금을 갖고 투자를 한 것이다. 이 투자사업에서 생각대로 만약 성공을 거두었다면 나는 아마 큰돈을 벌 수 있었을 것이다. 하지만 그렇지 못했다.

어찌 보면 30대 초반 젊은 혈기에 귀가 얇아도 너무 얇있고 세상을 너무 업수이여긴 측면이 없잖아 있다. 그저 달콤한 말에 앞뒤 재보지도 않고 속된 말로 일확천금에 눈이 멀어 뛰어들었다가 투자금은 겨우 회수했지만, 다른 부수적인 사건 등으로 낭패를 봤기에 지금도 내 기억에 씁쓸한 자국으로 남아 있다. 지금 그때를 돌이켜 생각해 보면 참으로 무모했다는 생각이 드는데, 이 경험을 통해 사업에는 현실을 고려하지 않는 여러 형태의 허황된 꿈이 어느 틈으로라도 개입될 수 있다는 것을 알았다. 그것을 무엇보다 경계해야 한다는 교훈을 나는 그때 얻었고, 그 후 사업을 하면서 이를 되새겼다.

내가 박람회 복권사업에 관심을 가진 계기는 나의 둘째처형 남편, 그러니까 나와 손위 동서되는 분을 통해서다. 이 동서가 백 아무개라는 분을 나에게 소개하면서 박람회 복권사업에의 투자를 권유한 것이다. 나는 당시 백 아무개 이분과는 일면식도 없었다. 그런데 동서 말도 그랬지만, 내가 주변에서 알아본 바로 백 아무개는 그 업계, 특히 박람회와 관련해서는 아주 유명한 사람이어서 '박람회 귀신'으로 불리어지고 있던 분이었다.

그분이 그런 명성을 얻게 된 것은 1970년 일본 오사카에서 열린 세계박람회(엑스포)에서 한국관의 기획과 운영을 담당하며, 한국관을 성공으로 이끄는 데 큰 역할을 한 장본인이었기 때문이었다. 그는 오사카 엑스포 '한국관'을 통해 한국의 전통과 발전상을 조화롭게 보여주는 전시를 기획하여 많은 관람객들의 주목을 받았다. 그의 노력 덕분에 한국관은 큰 성공을 거두었으며, 이는 한국의 국제적인 위상을 높이는데 기여를 했다는 평가를 받고 있던, 그 당시로 유명 인사였다.

이런 분이 박람회를 통한 복권사업을 추진한다는 정보를 내 동서가 나에게 알려 주면서 투자를 권했기에 나는 귀가 솔깃해졌다. 박람회 복권사업은 속된 말로 '황금알을 낳는 거위' 같은 투자사업으로 알려져 있었다. 박람회 복권사업이 우리나라에서 제일 처음 시행된 것은 1962년이다. 그해 5·16 군사혁명 1주년

1962년 5·16군사혁명 1주년을 기념해 4월 20일부터 6월 5일까지 개최된 '산업박람회' 개막식에서 테이프를 커팅하고 있는 박정희 당시 국가재건최고회의 의장(가운데)

을 기념하여 한국산업진흥회가 주관한 산업박람회가 개최되었을 때 그 소요경비 충당을 위해 '산업복표'를 즉석 복권 형태로 발행한 것이 우리나라 박람회 복권의 효시다. 그 당시 이 '산업복표', 즉 복권은 상당한 인기를 얻어 엄청나게 팔려나갔다. 지난 1993년 김영삼 대통령 정부 시절에 개최된 '대전 엑스포' 때도 박람회 개최 자금 조달을 위해 1990년 '엑스포 복권'이 발행된 바 있다.

그러니까 1962년 우리나라 최초의 산업박람회를 개최하면서 부수적으로 발행했던 '산업복표' 복권을 그대로 따라서, 산업박람회를 다시 열어 복권을 발행하는 사업을 하겠다는 게 바로 그 백 아무개의 발상이었고, 그래서 박람회 개최를 추진하면서 투자자를 물색하고 있는 것이었다. 이게 만일 성공적으로 추진돼

박람회 출품목록 포스터

박람회를 관람하고 있는 시민들

박람회가 성황리에 개최된다면 전례에서 보듯 우리나라 산업발전에도 이바지한다는 측면이 다대한 것은 당연한 것이었기에 명분도 있었다. 이런 이유로 박람회 개최 추진 계획에 여론의 관심도 높아지고 있었다.

나는 별 망설임이 없어 투자를 결정했다. 망설이지 않았다는 건, 이 사업에 관계하고 있는 면면들이 또한 믿을 만했기 때문이다. 사업추진 준비사무실이 남대문 옆에 있었는데, 거기에는 당시 김종필 국무총리와 각별한 사이로, 집권 여당인 민주공화당에서 사무총장을 역임한 김 아무개 박사라는 분도 상근하고 있었고, 그밖에도 언론계 출신 인사들도 더러 섞여 있어서 신뢰감을 갖기에 충분했다. 김 박사는 당시 국산품 장려회 회장직도 맡고 있으면서 중앙청을 제집처럼 드나들고 있었다. 준비사무실에 그 당시로는 설치하기가 어려웠던 백색전화기가 7대나 설치되기도 했을 정도였으니 안팎으로 보기에 대단한 위용을 갖춘 준비사무실이었다.

나 말고도 사업 규모로 보아 다른 투자자들도 있었을 것이었지만, 나는 알 수가 없고 알 필요도 없었다. 나는 백 아무개의 말을 신뢰했고 그의 요청대로 투자금을 댔다. 처음에 5백을 시작으로 천만 원도 보내고 해서 2천몇백만 원의 투자금을 보냈다. 그 당시로 큰돈이었다. 그리고 나는 사업추진사무실에서 관리부장이라는 직책을 맡았다. 세무관리를 전담하라는 직책이었다. 준비사무실의 실질적인 총괄책임자는 백 아무개 그분이었다.

나보다 훨씬 나이가 많았던 그는 나를 "정 대위, 정 대위"라고 불렀다. 나를 군인으로 알았다기보다, 내 동서가 나를 소개할 적에 해병대 장교 출신이라는 점을 인식시킨 데 따라 그렇게 불렀던 것이다. 나는 그때 서울 해병대사령부에 있던 절친한 지인이 발급해 준 '보안증'을 소지하고 있었다. 그 '보안증'은 어렵고 난처한 지경에 있을 때 여러 가지로 도움이 되고 있었는데, 내가 식당 사업을 하면서 세무서와 세금 문제로 다툴 때 이 '보안증'으로 어려운 국면을 벗어나기도 했다. 백 아무개가 나를 관리부장으로 세무관리를 전담케 한 것은 아마 그런 이유 때문이기도 할 것이었다.

남대문 준비사무소는 바쁘고 소란스러웠다. 매일 많은 사람들이 드나들었다. 복권사업을 알아보고 투자를 문의하려는 사람들도 있었고 미리 박람회에 입점하기 위한 사업자들도 있었다.

입점을 하려는 예비 신청의 경우 박람회 추진 소식이 나면서부터 문의가 쇄도하기 시작했고, 이들은 경쟁 상의 로비 등을 위해 사무실을 분주하게 오갔다. 사람들이 들끓으니 보기에 뭔가 잘 될 것 같은 느낌을 주고 있었고, 그래서 나는 기대에 부풀어 있었다. 준비사무실로서는 복권사업 투자유치와 함께 박람회에 입점하려는 신청자를 선정하고 관리하는 것도 중요하지만, 그에 앞서 선행되어야 할 일이 있었다. 바로 정부 관련 부처로부터 박람회 개최 승인을 받는 일이었다. 당시 이 업무는 상공부가 관장을 하고 있었고, 이와 별도로 복권사업은 별도의 관련 정부 부처에서 맡고 있었다.

박람회 개최 승인과 관련해서 나는 투자를 하기 전부터 이미 '따 놓은 당상'이라는 식으로 얘기를 듣고 있었다. '박람회 귀신'으로 불리는 백 아무개 씨도 그렇고 무엇보다 총리실 배경을 갖고 있는 김 아무개 박사가 있기에 모두들 그렇게 알고 있었다. 나는 이분들과 함께 삼청동 총리공관에 인사도 한 번 다녀왔다. 그러나 의외의 복병과 장애가 있을 줄 그 어느 누구도 몰랐다. 바로 박람회 일의 실무를 맡고 있는 상공부 차관이 비틀고 나온 것이다. 상공부 장관도 거친 상태였기에 누구든 승인을 낙관했다. 그런데 바로 그 아래 실무총책인 차관이 거부하고 나선 것이다.

이름은 기억이 나질 않는데, 당시 그 차관은 거부 의사가 완강했다. 속된 말로 "목에 칼이 들어와도 안 된다"며 승인을 거부하고 있는 것이었다. 장관이 설득을 해도 소용이 없었다. 급기야 승인을 하려면 내 목을 치고 하라며 차관직까지를 걸고 반대하는 것이었다. 그 차관이 반대하는 이유는 박람회야 그렇다 치고, 복권사업이 엮이면서 야기되는 갖은 부정 때문이었다. 한마디로 '복마전' 같은 것으로 복권사업을 보고 있는 것이었다. 그 차관은 앞선 한 박람회에서 그것을 실무 과장으로 직접 목격했기 때문이었다. 그 여파로 상공부 주무 부서 7, 8명의 공무원이 목이 날라간 것을 경험했던 것이다. 그래서 직책이나 양심상으로도 도저히 허가를 내주지 못하겠다는 점을 분명히 하고 있는 것이었다.

준비사무소에서는 난리가 났다. 모든 걸 다 준비해 놓고 착착 진행되고 있는 상태에서 박람회 개최 승인이 나질 않으면 모든 게 도로아미타불이지 않은가. 연일 대책회의가 열렸으나 뾰족한 방법이 없었다. 무슨 수를 쓴들 그 실무차관이 반대하며 허가를 내주지 않으면 박람회 자제를 개최할 수가 없다.

그러니 어떤 방법을 동원해서라도 그 실무차관을 구워삶는 게 유일한 방법이었기에 그걸 어떻게 할 것인가로 갖가지 얘기들이 나왔지만 소용이 없었다. 이미 직을 걸고 배수의 진을 친 그 차관 앞에서는 어떤 씨알도 먹히지 않는다는 걸 다들 알고 있었다. 게다가 이 문제로 시끄러워지면서 정부 다른 부처에서도 박람회 복권사업을 부정적으로 보는 시각이 점증하고 있어 일을 더욱 어렵게 하는 한 요인으로 작용하고 있었다.

나 또한 답답하기 짝이 없으면서도 특히 막대한 돈을 투자해 놓은 상태였기에 내 심경은 바짝바짝 타들어 가고 있던 터였다. 그렇게 전전긍긍하면서 답답한 시간을 보내고 있던 중 어느 날 문득 이런 생각이 들었다. 내가 그 차관을 직접 만나 한번 설득을 해 보면 어떨까 하는 것이었다. 목마른 사람이 우물을 판다고, 나는 돈을 댄 사람이니 준비사무소에 있는 다른 사람들과 처지가 달랐다.

그래서 나의 이런 사정을 전제로 그 차관을 만나 개인적으로 접근해 보면 어떤 돌파구가 마련될 여지가 있지 않을까 생각한 것이다. 그래도 그 차관이 자기 입장만을 고집한다면 엄포나 우격다짐이라도 한번 해 봐야 직성이 풀릴 것 같은 생각도 없잖아 있던 차였다. 그래서 그 차관의 출신지와 고향이라든가 학력, 경력 등을 나름 알아본 후 일말의 어떤 연고라도 있으면 그것을 어떻게든 빌미로 삼자는 생각으로 그 차관에 관해 알아보면서 만날 준비를 했다. 그 얼마 후 어렵게 만나게 됐다. 이 과정에서 경호실 지인들의 도움을 받았다. 만남을 주선해 준 것이다.

차관은 몸매가 작으면서도 단아하고 눈이 초롱초롱하고 침착해 보이는 전형적인 관료 타입의 인상이었다. 차관 그분도 나에 관해 어느 정도 알아볼 것은 알아봤을 것이라는 건 쉽게 짐작할 수가 있었다. 그러나 만나는 자리에서의 표정이 언뜻 보기에 그리 자연스럽고 평상적인 것은 아니었다. 뭐랄까, 다분히 작위적이라는 느낌도 들었다는 얘기다. 내가 왜 만나자는 걸 이미 다 알고 있는 마당에, 자신이 견지하고 있는 입장을 어떻게 다시 한 번 강조할 것인가를 내심 다짐하고 있는 듯한 다부진 표정이었다.

나는 인사를 나눈 후 꼿꼿하게 단도직입적으로 용건을 말하고 선처를 당부하는 요지의 말을 했다. 나는 그러는 한편으로 내심 우격다짐으로까지 이어질 수 있을 것이라는 상황도 예상하고 있었다. 내 말을 그는 즉각적으로 이어받지는 않았다. 내가 한 얘기를 천천히 음미하는 듯한 표정으로 나를 유심히 쳐다보고 있었다. 내가 고개를 들었을 때 나와 눈이 마주쳤다. 그때 그 차관이 나에게 물었다.

"아무래도 나보다는 아래인 것 같은데, 실례지만 올해 몇입니까?"

나는 기다렸다는 듯이 말했다.

"서른 둘입니다. 서른 둘, 1943년생 양띠요."

"서른 둘이라, 역시 내가 생각했던 그 나이입니다. 아니 그보다도 더 아래입니다."

그러더니 차관은 부드러운 어투로 이렇게 말하고는 물었다.

"그렇다면 지금 하시는 일은 그 나이에 맞지 않는 일로 보이는데, 왜 이런 일을 하시는 겁니까?"

차관의 그 말에 나는 내가 잘 응대하지 않으면 자칫 말려 들어갈 것이라는 생각이 들었다. 그러다 문득 왜 이런 일을 하고 있냐는 그 질문이 마침 나에게 잘 물었다고 여겨졌다. 내 개인적인 처지를 설명할 빌미를 준 것으로 받아들였기 때문이다. 나는 이 박람회와 복권사업에 개입하게 된 배경을 얘기했다. 해병 소위로 월남전에 참전해 부상을 당한 상이군인으로서의 처지, 그러니까 먹고살아 가기 위해 어떤 일도 마다할 수 없는 형편 등에 관해 좀 길게 얘기를 했다. 내 얘기를 그는 잘 들어주는 것 같았다. 내 얘기를 다 듣고 난 후 그는 잠시 뜸을 들이는 듯하더니 말문을 열었다.

"정 선생에 관해 나도 좀 알아본 바가 있소이다. 월남전 참전도, 그리고 부상을 입은 것도 잘 알고 있습니다. 그래서 나는 이해가 안 된다는 것입니다. 대학도 명문 고려대학교를 다녔고, 그 용맹스런 해병대 장교에 월남전에서 무훈을 쌓은 분이 어째서 이런 사행성이 농후한 복마전 같은 일에 뛰어들었는지 나는 이해가 되질 않습니다. 내가 정 선생에 대해 해 줄 수 있는 말은 이렇습니다. 지금도 늦질 않았으니 이 일에서 손을 떼십시오. 그리고 다른 일을 찾아보세요. 이런 일은 정 선생 같은 분에게는 어울리지가 않습니다. 다른 일을 찾는데 내가 혹여 도움이 된다면 기꺼이 돕겠습니다."

아울러 그 차관은 복권사업을 전제로 한 박람회 개최를 허가해 줄 수 없는 이유를 조목조목 설명했다. 결론적으로 말하자면 박람회 개최 허가와 관련해 그 차관을 만나 설득을 하겠다는 내 생각은 완전 실패로 끝났다. 오히려 내가 설득을 당했다고 보는 게 맞을 것이다. 나는 차관의 나에 대한 그 충고에 한마디 반문도 하질 못했던 것이다. 나는 차관을 만나고 온 그날 밤 잠을 옳게 이루지 못했다. 그 차관의 말이 백번 맞았기 때문이다. 한편으로 지금 돌이켜 생각해 보면 그 당시 우리나라에 그토록 소신 있고 정의감이 충만한 고위 공무원이 있었다는 게 신기하게 여겨질 정도로 나는 그때 신선한 충격을 받기도 했다.

한창 꿈에 부풀어 있었던 준비사무소 분위기는 급속도로 냉랭해졌다. 덩달아 내 속도 까맣게 타들어 갈 수밖에 없었다. 연일 대책회의가 열렸지만, 절대적 전제인 정부 승인이 어려워진 마당에 그런 회의는 그저 형식적인 담론 수준의 논의로 이어지고만 있었다. 뭔가 특단의 대책이 없는 한 박람회와 복권사업은 더 이상의 추진이 어려워지고 있는 지경으로 내몰리고 있었던 것이다. 이런 상황에서 희망적인 아이디어가 하나 나왔다. 역시 '박람회 귀신'이라는 호칭에 어울리는 백 아무개의 발상이었다.

그것은 다름이 아니라 박람회를 전국적인 규모의 것이 아니라, 지방에서 개최하는 것으로 바꾸자는 것이었다. 즉 서울이 아니라 우리나라 두 번째 도시인 부산에서 국산품 장려를 위한 산업박람회 개최 쪽으로 방향을 튼 것이다. 박람회를 서울이 아닌 지방 도시에서 개최한다면, 중앙정부 차원의 승인은 없어도 됐다. 부산시의 허가를 득하면 되는 것이었기에 훨씬 수월했다. 준비사무실에서는 최종적으로 이 안을 밀어부치기로 하고 추진에 올인했다.

이를 위해 준비사무실을 서울시청 별관으로 옮기고 부산에 한 곳 더 설치했다. 그리고 준비사무실 외연도 확장했다. 박람회 추진위원회를 결성했다. 위원회 회장에 3·1운동 33인 중의 한 분인 이 모 옹을 영입함으로써 그 외양을 돋보이게 했다. 이 모 옹을 회장으로 영입한 후 나는 그분을 모시고 부산으로 몇 번 오갔으며, 김 박사 등과 함께 삼청동 총리 공관을 방문하기도 했다. 그분은 그때 손녀를 비서로 데리고 다녔었고, 손자가 내 고대 한 해 선배였던 게 기억에 남아 있다.

부산 산업박람회를 위한 작업에 적극적으로 착수했다. 부산 지역 신문에 광고도 내는 등 박람회 홍보에 들어가면서 이와 함께 투자자들을 물색하고 박람회 입점자들의 신청을 유도하는데 역량을 동원했다. 나는 여전히 관리부장으로 내 맡은 일에 전념했다. 이제 박람회가 본 궤도에 들어선 만큼 나더러 투자를 좀 더하라는 제의가 있었다. 그러나 나는 더 이상의 투자는 하질 않았다.

나의 박람회 복권사업 참여를 나무라며 만류했던 그 차관의 젊잖은 말이 일종의 제동 역할을 한 탓도 있었을 것이다. 그러니 어떤 측면에서 나는 내가 투자한 만큼의 돈만 회수하면 그것으로 족할 것이라는 생각을 그때 하고 있었던 것인지도 모르겠다. 아무튼 박람회 외양이 바뀌어 추진에 활력이 붙고 있었지만, 느낌이 그리 좋지 않았던 그 무엇이 내 마음에 일고 있었던 것은 부인할 수 없는 사실이었다.

이런 생각을 하면서 나는 한편으로 내 투자금을 어떻게든 조기에 회수하고자 하는 조급함이 들었다. 그때 준비사무실에는 돈이 들어오고 있었다. 부산박람회가 홍보 효과를 내면서 입점을 원하는 신청자들이 서울과 부산 사무실로 쇄도하고 있었기 때문이다. 그 돈들은 물론 박람회 개최를 위한 여러 준비작업 비용에 소요될 것이었다.

박람회 부지는 부산의 옛 조방 쪽으로 정해졌고, 개최는 보다 구체화됐기 때문에 사람들의 관심도 고조되고 있었다. 박람회 준비와 함께 복권사업도 진행해야 했기에, 그럴 경우 사람들은 더 끓게 될 것이었고 그에 따라 돈도 더 많이 들어오게 돼 있었다. 일이 이렇게 진행되면서 준비사무실에는 별사람들이 들끓었다. 그들 중에는 브로커나 사기꾼들도 많았다. 나는 이들을 가려내는 일도 맡고 있었다. 내가 젊은 나이에 완력도 있고 속된 말로 말빨도 셌기에 그런 일에 적격이었다. 그랬기에 이 과정에 시비도 그치지 않았고 여러모로 시끄러웠다.

나는 그런 한편으로 들어오는 돈들 가운데 내 투자 몫을 회수하는 일도 병행했다. 이 일에 대해 백 아무개 등 추진위 사람들의 시선이 곱지가 않았음은 물론이다. 그런 말들이 백 아무개를 중심으로 흘러나오고 있는 것도 나는 잘 알고 있었다. 하지만 솔직하게 말하자면 나는 대략 그 시점쯤부터 내 마음은 박람회와 복권사업에서 좀 멀어지고 있었었기에 별로 개의치 않았다. 내가 박람회 사업에 뛰어들면서 식당을 거의 혼자서 꾸려가고 있던 아내도 물론 내가 그런 사업에 더이상 개입되지 않기를 바라고 있던 터였다.

이러는 와중에 사고가 난다. 내가 개입된 폭력사건이었다. 사무실에서 사기꾼들과 시비를 벌이고 있던 중 폭력을 유도하는 그들의 술수에 내가 말린 것이다. 그들 사기꾼들에게 나는 걸림돌이었다. 그래서 그들은 어떻게 하든 내가 그 자리에서 없어지기를 바라고 있었기에 폭력사태를 유발해 나를 어떻게 하려고 벼르던 참이었다.

그런 분위기 속에서 내 앞에서 얼쩡대며 갖은 욕설로 나를 약을 올리던 한 사기꾼을 구타한 것이다. 발로 차 버리니 한구석에 처박혀 버렸는데, 그것으로 그쳤으면 그냥 간단하게 끝날 일이었다. 그러나 나는 분을 이기지 못하고 쓰러져 있는 그자에게 다가가 폭력을 계속 가한 것이다. 나에게 맞은 자는 그 자리에서 죽겠다며 고래고래 소리를 지르는 등 난리를 쳤다. 그러면서 그자는 속으로는 쾌재(?)를 불렀을지도 모르겠다. 그자는 며칠 후 당연히 기다렸다는 듯이 나를 고소했다.

고소장 내용은 엄청 부풀려져 있었다. 나는 그자의 얼굴을 때린 적이 결코 없다. 그런데 턱 부위를 가격당해 치아 4개가 부러져 나갔다는 내용도 포함되어 있었다. 과장된 고소장 내용을 접하고 나는 뭔가 이상하게 돌아가고 있음을 느꼈다. 그자가 나에게 얻어맞은 후 즉각적으로 진단서를 끊어 고소를 한 것, 그리고 고소 내용이 조작된 것이 뭔가 조직적으로 착착 움직이고 있다는 느낌을 받은 것이다. 그 진단서는 서울 외곽 광명시의 한 치과병원에서 끊어준 것이었다. 그 치과병원을 찾아갔다. 그리고 따졌다. 하지만 나이 지긋한 그 치과 노인 의사는 진단한 대로 끊어준 것이라고 강변하면서 내 항변을 일축했다.

나는 억울하면서도 잘못되면 내가 크게 다칠 수 있다는 우려가 들었다. 하지만 이상한 점은 준비사무실 관계자들이 나 몰라라 하고 있는 분위기에 분통이 솟아오르면서 한편으로 이상한 생각이 들었다. 이 사람들이 뭔가 짜고서 나를 골탕 먹이려는 것이라는 의구심이 든 것이다. 나는 궁극적으로 치과병원 의사로부터 허위진단서를 발급해 줬다는 자백을 받아내는 것만이 내가 궁지에서 벗어나는 것이라 생각하고 그 방향으로 해결책을 모색했다. 그래서 나름으로 머리를 짜서 강구해낸 게 결국 힘에는 힘으로 맞서는 방식이었고, 그것은 어떤 방법을 동원하든 그 치과의사를 굴복시키는 일이었다.

결론적으로 이 문제는 우여곡절 끝에 해결이 되기는 됐다. 그러나 그 과정에서 나는 상당한 고충을 겪었고 후유증도 심했다. 수갑으로 채인 채 구류도 당하는 등 서의 구속 일보 직전까지 가기도 했다. 나는 내가 동원할 수 있는 배경을 동원해 맞섰다. 영장이 청구되면서 판사실에서 심사를 받기도 했다. 내가 월남전에서 부상을 당할 때 월남과 우리 정부로부터 수여받은 훈장증서까지 동원했다. 이를 포함해 영향력 있는 지인들의 도움으로 나는 가까스로 구속을 면했고 풀려날 수 있었다.

어차피 이 일은 쉽게 해결될 사안이 아니었다. 이 사건은 박람회 준비사무실 관계자와 사기꾼, 그리고 치과의사 등이 공모

해 나를 궁지로 몰아넣기 위해 벌였던 일이 아닌가 하는 생각이 든다. 그 일을 당한 직후에도 그 생각이 들었지만 지금에 와서도 다시 돌이켜보면 이제는 확신까지 드는, 그들끼리 공모한 음험한 사건이었다.

그 사건의 막바지 과정과 해결되기까지의 전모를 미주알고주알 얘기하는 것도 창피한 노릇이니, 더이상 언급하지는 않겠다. 한 가지, 힘에는 힘으로 제압하겠다는 어리석은 생각으로 맞서면서 그 과정에서 만났던 어떤 사람들의 행태는 지금 생각해 봐도 우습기 짝이 없다. 나는 광명의 그 치과의사로부터 자백을 얻어내기 위해 다급한 나머지 정보공작 계통의 사람들을 동원했다. 두 사람이었는데, 그들을 명동의 한 극장식 주점에서 만났을 때 나는 깜짝 놀랐다. 그렇게 잘생긴 청년들을 그때까지 본 적이 없을 정도로 스마트한 미남들이었다.

그들은 자신들의 정체를 밝히지 않은 채 용건만 듣고는 곧바로 실행에 옮겼다. 광명의 그 치과병원을 찾아가 그 노인 의사를 만난 것이다. 그 후 곧바로 나에게 전화를 해서는 그 의사를 잘 다루었다, 자기 잘못을 인정하고 보상을 하겠다고 했으니 그 의사에게 가서 보상을 받으라 하고는 전화를 끊었다. 나는 그 의사가 자기 잘못을 인정한 줄로 알고 그다음 날 찾아갈 생각을 하고 있었다. 그런데, 그다음 날 늦은 오후쯤 안양경찰서 형사들이 내 사무실로 들이닥쳤다. 그 의사가 나를 공갈 협박과 폭행 혐의로 고발한 것이다.

후에 알아본즉 그 청년 둘은 치과의사에게 찾아가 물리적인 행위와 함께 아주 고압적인 공갈 협박을 했고, 그 의사는 자신의 잘못을 그런 분위기에 눌려 인정했던 것이다. 그래서 나는 그 혐의까지 추가돼 두 가지 형사사건에 휘말려 곤욕을 치렀던 것이다. 이 사건이 끝나고 그 청년들의 신원에 관해 들을 수 있었다. 그들은 당시 정보부에 소속된 자들로서, 당시 야당 정치지도자인 김대중 씨를 전담 마크하고 있던 공작원이었던 것이다. 그러니 자신들의 신분을 드러낼 수 없는 처지였고, 그래서 내가 사건에 연루되고 해결하는 과정에서 그 고충이 가중됐던 것이다.

이 박람회 복권사업 투자와 관련된 이런저런 복잡한 일은 나에게 심한 후유증을 남겼다. 투자금은 거의 회수하기는 했지만, 정신적인 고충이 엄청 컸다. 그 얼마 후 몸에 병까지 왔다. 온몸이 붓고 눈을 뜰 수 없고 볼 수가 없을 정도로 안압이 오르면서 극심한 두통이 와 한 며칠 드러누우면서 병원을 다니기도 했다. 생각하기에 홧병이 아니었던가 싶다.

나는 이런 추잡스런 사건을 겪은 후 박람회 일에서 완전히 손을 뗐다. 내가 손을 뗀 후 부산 산업박람회는 열렸다. 나는 손을 뗀 뒤에는 박람회에 일체 신경을 기울이지 않았기 때문에 그 박람회가 어떻게 개최되고, 복권사업이 어떻게 진행되고 어떤 결과를 낳았는지에 관해서는 알 수가 없었다. 궁금하지도 않았다.

아메리칸 드림, 콜롬비아 그리고 미국

나는 1976년 남미의 콜롬비아로 간다. 그때 나는 고생 끝에 적현단지 등 건설공사를 마무리지었지만, 건설사업에서 완전히 손을 뗀 건 아니고 정주영 회장을 만난 것을 계기로 현대건설을 통해 새로운 공사감을 찾고있던 중이었다. 그러던 중 갑작스럽게 해외 진출의 기회가 주어지는 바람에 별 숙고도 없이 콜롬비아로 나갔던 것이다. 한편으로 아내가 주체가 되어 잘 운영하던 식당 사업도 어느 정도 정리를 한 상태에서 처남 등 처가 식구들과 서울에서 주택사업 등을 구상 중이던 시기이기도 했다. 그러니까 나는 콜롬비아 입국을 계기로 한국과 해외를 오가며 동시에 사업을 하겠다는 야심찬 생각을 한 것이다.

나에게 콜롬비아는 정말 뜬금없는 곳이기도 했다. 평소 우리나라 반대편에 있는 남아메리카라는 곳을 호기심 삼아 동경을 하고는 있었지만, 그 가운데 특별하게 콜롬비아를 선호해 마음에 두고 있던 것은 아니었다. 정말이지 어느 날 갑자기 콜롬비아가 내 앞에 나타났고, 나는 거리낌없이 생면부지의 그 나라로 떠난 것이다. 콜롬비아는 정말 멀고도 먼 나라였다. 1970년대 중반이면 해외로 나가기가 어려웠던 시기로, 특히 남미에 있는 나라를 사업을 위해 나간다는 것은 결코 쉬운 일은 아니었다. 여권과 비자 받기도 그렇고 외화를 마련하는 것은 더 어려웠다. 그런데도 나는 그것을 감행했으니, 나의 그런 결행에 대해 나 스스로도 평가할 만한 것이었다. 하지만 결과적으로 보자면 콜롬비아는 나에게 희망을 주었지만 좌절도 안겼다. 그러면서 미국으로 가게 하는 회생의 길을 안겼던, 말하자면 '병 주고 약을 주었던' 나라였다.

내가 콜롬비아로 떠난 배경에는 좀 복합적인 요소가 있다. 모 언론사 사주인 어떤 지인이 나에게 콜롬비아에서 새우잡이를 해 보라는 제안을 했고, 그것이 나로 하여금 평소에 갖고 있던 해외 진출 사업 욕망과 관련해 마음을 끌리게 한 것이 그 첫 배경일 것이다. 그리고 내 사업을 여러 측면에서 도와주고 있던, 당시 청와대 경호실에 있던 해병대 A선배와 생각이 맞아 의기가 투합한 것이 또 하나의 배경이라 할 수 있다. 청와대 경호실에서 상당한 지위에 있었던 그 선배는 경호실 근무를 끝내면 해외로 나가 살 것이라는 희망 섞인 기대를 평소 나에게 곧잘 얘기하곤 했던 터였기에 마음이 합쳐질 수 있었던 것이다.

콜롬비아에서 새우잡이를 해 보라는, 그 당시 우리나라 형편상 다소 동떨어질 수도, 또한 엉뚱할 수도 있는 제안을, 나는 그러나 아주 긍정적으로 받아들였다. 물론 그 제안이 과장된 것일 수도 있다는 점을 내가 간과한 것은 아니었다. 하지만 그 제안은 여러 가지로 내가 받아들이기에 그리 어려운 조건의 것이 아니었다. 그 제안은 내가 창원의 적현단지 공사를 마무리하는 어려운 상황에서 나를 찾아온, 나하고는 그닥 가깝지 않은 어떤 언론인으로부터 받은 것이다. 그런 만큼 사업 제안을 면밀히 검토했어야 했다. 그러나 나는 결과적으로는 그것을 게을리한 측면이 있다.

사업 제안의 대강은 복잡한 것은 아니었다. 콜롬비아 현지에 '중미수산'이라는, 한국인 교포가 경영하는 수산업 회사가 있다. 새우잡이를 전문으로 하는 수산업 회사로, 외부 투자를 받아들이고 있는데, 나더러 거기에 투자지분을 갖고 참여를 해 보라는 것이었다. 콜롬비아 카리브 연해에서 새우가 많이 잡힌다는 것, 그리고 그 새우를 거의 전량 미국으로 수출해 막대한 이익을 남기고 있는 회사라고 했다. 새우는 전량 미국으로 수출하고 그 외 나머지 어종은 사료를 만들어 시장에서 팔고 있는, 한마디로 잘되고 있는 회사라고 했다. '중미수산'은 그러나 자본이 딸려 새우잡이배를 직접 소유하지는 않고 니카라과에서 배를 빌려 새우잡이를 하고 있다고 했다. 그러면서 나에 대한 투자조건으로 새우잡이배를 한국에서 마련해 갖고 참여하기를 바라고 있는 것이었는데, 대략 산출하기로 5천만 원 정도가 드는 것이었다.

나는 콜롬비아 보고타에 '중미수산'이 있다는 것과 새미

콜롬비아 현지인들과

(Sammy)라는 영어 이름을 쓰는, 해군 대령 출신의 한 씨 성의 한국교포가 사장이라는 것, 그리고 새우잡이 수산업을 하고 있다는 것과 기본적인 재무상태 등 알아볼 만한 것들은 몇 번이고 알아보고 확인했다. 그리고 그 후 다소 적극적으로 달려들었다. 우선 '숭미수산'에서 요구한 대로 국내에서 배를 구입하는 것이었다. 돌이켜 보면 그 방면에 아무런 지식이 없는 내가 막대한 돈이 드는, 더구나 먼 이국땅에서 그런 사업에 뛰어든다는 자체가 사실 얼마나 무모한 짓이었는지 모른다. 그러나 한 번 마음먹으면 마음먹은 대로 해야만 직성이 풀리는 내 성격이 그 일에 큰 주저함이 없이 발휘된 것은, 지금 생각해 보면 아무래도 외국이라는 미지에 대한 호기심과 바다에서 새우를 잡는 일의 특이성이나 신선함도 어느 정도 작용하지 않았을까 하는 생각이 든다.

새우잡이로 내가 성공을 거둔다면 아마도 톰 행크스가 나오는 '포레스트 검프(Forest Gump)'라는 영화에서 주인공 검프와 같았을 것이다. 검프가 월남전에서 인연을 맺었다가 전사한, 절친한 전우였던 버바(Bubba)의 생전의 꿈인 새우잡이배 선장을 그가 대신해 선장이 되어 새우잡이로 큰 성공을 거둠으로써 전우의 꿈을 풀어 준다는 얘기에 견줘, 나 또한 월남전 참전 용사였기에 뭔가 그 영화 스토리와 비슷해질 수도 있는 것이었다. 이 영화에서 검프는 월남전에서 함께 싸우다 두 다리를 잃은 댄 중위와 함께 새우잡이를 해 시쳇말로 대박을 거둠으로써 월남전 참전용사의 존재감을 높이기도 했다.

나는 새우잡이배를 구하기 위해 알아보던 중 부산 수협에 마침 팔려고 내놓은 배가 있다는 걸 알고 부산으로 내려갔다. 부산 수협의 배를 관리하고 있는 분이 마침 나의 마산고와 고려대 한 해 선배였다. 그래서 나를 여러 가지로 잘 대해 주면서 배에 관해 아무것도 모르는 나에게 이런저런 조언도 많이 해 주었다. 나는 그 선배를 믿고 배를 계약하기로 했다. 480톤급 두 척인 '태양 1호'와 '태양 2호'였다. 두 배는 영도 선착장에 있었고, 나는 이 배들을 둘러보았다. 나는 일단 기천만 원에 달하는 계약금을 걸고 콜롬비아에 한 번 다녀와서 잔금을 주고 배를 인수하겠다고 했다. 배를 계약하고 나의 꿈은 점차 더 부풀어 갔다. 이제 배도 계약했으니, 마음은 이미 내 배를 타고 푸른 카리브 바다에서 펄떡 뛰는 새우를 잡고 있는 듯했다.

내가 콜롬비아 보고타에 도착한 것은 1976년 8월 어느 날인데, 정확한 날짜는 오래 돼 기억이 잘 나질 않는다. 그때 남미로 가는 한국 항공사는 없었다. 나는 그때 아마 미국의 노스웨스트(Northwest)를 이용했었을 것이다. 지금도 그렇지만, 외국항공사라 하더라도 한국에서 남미로 바로 가는 직항 노선은 없다. 비행시간이 너무 길어 미국 LA를 기착지로 삼아 가야 했다. 나는 미국 LA에서 며칠을 머물렀다. 할 일이 있었기 때문이다. 한국에서 콜롬비아로 나가는 일은 복잡했다. 그러니 준비할 게 한두어 가지가 아니었다. 여권 발급받기도 어려울 때라, 여권 신청을 하고 받는 데도 적잖은 시간이 걸렸다. 그리고 또 하나의 문제는 달러를 마련하는 일이었다.

이 문제는 여권 발급보다 더 어려웠다. 해외사업이나 취업을 신고하고 등록하는 등 정식 절차를 거쳐서 달러를 확보하는 것은 과정과 절차도 까다롭거니와 무엇보다 시간이 많이 걸렸다. 그래서 나는 경호실 A선배의 도움을 받았다. 편법을 쓴 것이다. A선배는 미국에서 활동하는 교포 무기중개상을 소개시켜 주었고, 나는 그 사람을 통해 달러를 마련할 수 있었다. 5만 달러라는, 그때 당시로는 거금이었다. 그에 상당하는 원화를 한국에서 그 사람 측에게 주고 미국에서 달러를 건네받는 것이었다. 미국 LA에서 잠시 머문 것은 그 때문이었다. 미국에서 달러를 건네받은 나는 그 돈을 미국 은행에 예치했다. 그 달러를 미 은행에 예치하면서 나는 리무진이라는 긴 세단차를 생전 처음으로 타 보

보고타에서

았다. 미 은행에서 나를 VIP 취급을 해 준 것이다. 5만 달러는 그렇게 큰 돈이었다.

그렇게 해서 콜롬비아에 도착한 나는 보고타 주재 한국대사관의 도움을 받았다. 그때 보고타에 있는 한국인은 대사관 직원을 포함해 스무 명도 채 되지 않았으니, 정말이지 호랑이 담배 피던 시절이었다. 그러니 교민의 희소가치 측면에서 대사관에서도 그런 기본적인 도움을 주고 있을 때였다. 대사관 주선으로 보고타에 숙소를 정하고 며칠을 현지 적응하는데 보냈다. 현지 음식이 입에 도무지 맞질 않아 식생활이 어려웠지만, 나는 내 입에 맞추려고 노력을 했다. 혼자서 보고타 거리도 걸어보고 현지인들과 바디랭귀지나 짤막한 영어를 통해 접촉도 해 보고 하면서 몸과 마음을 콜롬비아에 맞추려고 애를 썼다. 그렇게 얼마를 보낸 후 나는 본격적으로 '중미수산'과의 일에 착수했다. '중미수산'의 새미 사장을 비롯해 직원들도 만났다. 한국인 직원으로 정씨 성을 가진 부사장이 있었고, 그 외는 모두 콜롬비아 사람들이었다.

그런데 그들과 함께 어울려 그들의 사무실로 처음 가본 후, 아마도 내 기대가 너무 컸던 탓이었는지 뭔가 좀 이상한 생각이 들었다. 사장과 부사장이야 그렇다 하더라도 현지 사무실 직원들의 언행들이 뭔가 어설프고 가볍게 보였다. 물론 그런 행태가 콜롬비아 사람들 특유의 것으로, 내가 그들의 말을 하나도 못 알아듣는 상황에서 내가 좀 민감하게 여겨 그럴 수도 있는 것이었지만, 어쨌든 나의 첫 인상으로는 그렇게 썩 좋지는 않았다. 게다가 사무실 또한 생각했던 것보다 달랐다. 이 또한 내가 너무 기대를 했기 때문으로 인한 반사적인 느낌일 수도 있을 것이다. 하지만 아무리 그렇다 하더라도 사무실은 너무 작고 초라했다. 여기가 새우잡이로 돈을 잘 번다는 수산회사일까 하는 의구심이 들 정도였다. 그러면서 속으로 이건 아닌데, 이건 아닌데… 하는 조바심 섞인 불안감이 서서히 일고 있었다.

나의 '중미수산'에 대한 이런 불안감이 현실로 드러날 때까지는 그리 오래 걸리지 않았다. '중미수산'이라는 콜롬비아 현지 회사는 간판에 불과한 것이었다. 물론 니카라과 배를 용선해 새우잡이를 하고 있는 회사이기는 했다. 하지만 그 규모는 한국에서 내가 듣던 것에 비해서는 비교가 되지 않을 정도로 소규모였다. 그리고 새우잡이 외에 다른 일들도 하고 있었지만, 신통치 않은 것들이었다. 새미 한 사장도 좀 이상하고 엉뚱한 사람이었다. 내가 보고타에서 새미 사장을 만난 후 얼마 지나지 않아 그의 실체를 어느 정도 파악할 수가 있었다. 그는 새우잡이보다 엉뚱하게도 침을 놓는 침구에 오히려 더 열중하는 모습이었다. 그는 한국에서 익힌 침구기술로, 어떤 불치에 가까운 병에 걸린 콜롬비아 여인을 침구로 낫게 해 보고타에서는 이미 유명인이었고, 보고타 대학에서는 침구학과까지 개설해 새미 한으로 하여금 학생들을 가르치게 할 것이라는 얘기까지 나돌고 있었다. 내가 한국에서 콜롬비아로 들어올 적에 나더러 침구재료를 부탁했던 것이 납득이 되질 않았는데, 그로써 이해가 되는 것이었다. 그러니 나는 어떤 측면에서는 속은 것이었다. 그렇다고 물론 사기는 아니었다. 새우잡이를 하고 있는 것은 사실이었기 때문이다. 다만 그 규모라든가 전망과 관련하여 과장을 보태 나를 속인 것은 분명해 보였다.

그러면 이들이 왜 나를 속여 머나먼 콜롬비아로까지 불러들였을까 하는 것인데, 여러 측면에서 내가 돈과 배경, 그리고 여러 가지로 쓸모도 좀 있을 것 같고 하니 그래서 그러지 않았나 싶다. 한마디 더 보태자면, 어쨌든 그 당시로 콜롬비아는 그 어떤 것으로든 돈을 벌 수 있는 '기회의 땅'이었다. 그러니 일단 콜롬비아로 와서 다른 사업을 할 수 있는 여지가 많다는 것으로 그들은 나를 속인 것을 상쇄시키려는 의도도 엿보였다. 일단 어떻게든 콜롬비아로 왔으니, 그 후는 당신이 알아서 하라는 식으로 나를 응대하려는 것 같았다. 현지 대사관에서도 나에 관해 잘못 알고 있었다. 내가 '중미수산'의 새우잡이 사업을 하려는 건 알고 있었지만, 그것은 콜롬비아에 오기 위한 명분으로, 그보다는 내

콜롬비아 여행 중 모습

가 콜롬비아에서 어떤 다른 신규 투자를 하러 온 것으로 알고 있었던 것이다.

 나로서는 심경이 복잡해질 수밖에 없었다. '중미수산'에서 새우잡이를 안 하고 있는 것은 아니니, 그들과 함께 내 나름으로 그 일을 하면 될 것이었지만, 문제는 배 두 척 등 내가 투자한 금액에 비해 그 소득이 기대에 영 미치지 않을 것이라는 전망이었기 때문이다. 그러니 나는 새우잡이를 하느냐 마느냐의 기로에 놓여 있었다. 새우잡이를 하려면, 한국에서 계약한 배 두 척을 콜롬비아로 끌고 와 무리를 해서라도 일을 해야 했고, 그렇지 않고 새우잡이를 포기하자면 배가 필요가 없어지면서 배 계약금 기천만 원을 날릴 지경에 처해 있었던 것이다.

 '중미수산'의 새미 사장을 만나 따지기도 하고 싸우기도 했지만, 뾰족한 방법이 없었다. 새우잡이 사업을 하느냐 마느냐를 결정하는 것이 우선적인 관건이었다. 신통찮은 새우잡이를 하자고

막대한 돈을 들여 배 두 척을 콜롬비아로 갖고 오는 것도 문제였고, 배 두 척에 대한 계약을 포기하는 것도 또한 큰 문제였다. 그러다 결국 나는 새우잡이를 포기하는 쪽으로 가닥을 잡았다. 그것은 바로 계약금을 날리는 얘기였다. 새우잡이가 신통치 않은 상태에서 배 두 척을 갖고 오면 어떻게 될까. 아마도 '중미수산'의 새미 사장은 그것을 노리고 나에게 접근했을 가능성이 높다. 콜롬비아에 관해 아무것도 모르는 나를 상대로 그 배들을 갖고 장난을 칠 수 있기 때문이다. 나는 며칠간을 고민하다 새우잡이를 포기하고 대신 콜롬비아에서 다른 사업을 모색하자는 결론에 도달한다. 배 계약금을 날리더라도 할 수 없는 처지의 결정이었다. 그렇다고 완전한 포기는 아니었다. 그래도 어떻게 한국에 나가면 배 계약금과 관련해서도 어떻게 뭔가 방법이 있을 것이라는 기대까지를 접었던 건 아니라는 얘기다. 이런 문제 등과 관련해 나는 다시 한국으로 나가야 할 필요성이 있었다.

내가 당시 콜롬비아로 오면서 받은 비자는 투자를 위한 비자가 아닌, 일반 비자였다. 일반 비자는 그 당시 3개월 체류규정이 있었다. 말하자면 콜롬비아로 다시 오자면, 3개월 내에 한국으로 나갈 수 없는 것이었다. 한국으로 일시 나가려 했을 때 대사관에서 이 규정을 적용해 못 나간다고 했다. 당시 콜롬비아 주재 O대사는 내가 콜롬비아로 온 것에 어떤 기대를 갖고 있었던 것 같다. 그는 4성 장군 군 출신이었다. O대사는 주재국 대사로 콜롬비아에서 교민이 뭔가 큰 투자를 하면 콜롬비아 정부에 자신의 체면을 세울 수도 있을 것이라 생각을 하고 있었던 터였는데,

아내와 함께

내가 그렇지 않은 것에 대해 불만이 많았던 것 같다. 그 무렵 콜롬비아로 오는 한국인들이 거기서 할 수 있는 사업으로는 소규모의 식당 정도가 거의 전부였다. 큰 사업을 하기에는 리스크가 따랐다. 현지 범죄조직과 담합을 하지 않고서는 큰 사업을 할 수 없는 곳이 콜롬비아였다.

아무튼 대사관에서는 그러니 재입국을 조건으로 한 나의 한국방문을 허가하지 않으려 했던 것 같다. 가려면 영영 귀국해 버리든지, 다시 콜롬비아로 오려면 규모 있는 투자 여건을 마련해 오라는 것이었다. 배도 해약해야 하고, 비자 문제와 영주권 신청 등을 포함해 콜롬비아에서의 향후 계획 마련 등의 대책을 위해 한국으로 빨리 나가야 하는데 그러질 못하니 나로서는 답답하고 미칠 지경이었다. 그래서 대사관 측에 호소도 해 보고 다투기도 했다. 그때 문득 한 '메모'가 생각이 났다. 나에게는 콜롬비아

로 올 적에 당시 박정희 대통령의 서 모 특보가 어려울 적에 이용하라며 써 준 메모가 있었던 것이다. 나의 고려대 후배 아버지가 국방부 장관을 역임한 서 모 특보였었기에 그 후배가 혹시 모를 어려운 일을 나를 위해 마련해 준 것이었다. 그 메모를 갖고 대사관 무관에게 도움을 요청해 겨우 한국으로 나올 수 있었다. 그렇지만 거의 3개월이 흐른 시점이었다.

나는 새우잡이 사업을 포기한 후 콜롬비아 보고타에 3개월 정도 머무르는 동안 그냥 있었던 건 아니다. 새우잡이 사업을 포기한 이상 콜롬비아에서 살아남고 또 향후를 위해서는 뭔가를 하기는 해야 했고, 그러면 뭘하면 좋을 것인가로 연구하고 조사하고 탐색도 했다. 이런 과정에서 내 나름으로 알게 된 것은 콜롬비아에 참깨가 많이 재배되면서 엄청 싼 값에 팔리고 있다는 것이었고, 또 하나 광활한 평원을 바탕으로 한 목축산업의 발달에 따라 소나 말 등의 잡뼈를 포함한 부산물로 만든 사료 또한 엄청나게 싸다는 것을 알았다. 그래서 참깨의 주산지인, 마그달레나 강을 끼고 있는 히라도(Giradot)도 몇 번 가 보고 했다.

참깨와 동물사료를 싼값에 구할 수가 있으니, 나는 참깨를 가공한 기름과 동물사료를 한국으로 갖고 가 팔면 장사가 되겠다는 생각을 한 것이다. 콜롬비아 히라도 참깨를 짠 기름은 면실유 맛과 비슷하면서 고소했다. 콜롬비아에는 볶는다는 개념이 없이 그냥 그 기름을 식용유로 삼아 그냥 먹고 있었다. 나는 그 기름에 볶음 과정을 추가하면 우리나라 참기름 맛에 가까워질 수 있다는 생각을 하고, 히라도 참깨기름 짠 것 한 말을 챙겼다. 그리고 동물사료 샘플 등도 함께 한국에 갖고 가기로 하고 준비했다. 아울러 히라도 참깨기름을 한국에서 볶아 내어 역으로 콜롬비아에서 팔면 되겠다는 생각도 했다. 이러한 여러 구상 등을 바탕으로 한국에서 해야 할 일들을 준비하고 한국으로 나간 것이다.

한국에 들어와서는 매우 바빴다. 가장 먼저 나는 부산에서 계약한 '태양 1, 2호' 배 두 척을 해약해야 했다. 거래 개념으로 보자면 나는 계약금을 날릴 처지였었기에 마음속으로 준비는 하고 있었다. 다만 내 처지를 어떻게 잘 설명해 어느 정도의 선처를 바라고만 있을 뿐이었다. 부산으로 가서 계약 당사자인 선배를 만났다. 그리고 내가 콜롬비아로 가서 새우잡이를 불가피하게 접을 수밖에 없었던 그간의 어려운 사정과 형편에 관해 솔직하게 털어놓았다. 내 얘기를 묵묵히 듣고 있던 선배로부터 놀랍고도 고마울 수밖에 없는 뜻밖의 얘기를 들었다. 계약금을 날리지 않고 해약을 할 수 있는 방법을 찾아보겠다는 것이었다. 그 선배는 그리고 그렇게 해 주었다. 해약을 하면서 계약금 전액을 돌려받게 된 것이다. 참으로 고마운 선배였다. 나는 그 고마움에 보답하고자 여러 경로와 방법을 통해 나름으로 시도를 했지만, 선배는 일체 받지를 않았다. 나는 지금도 그 선배를 잊지 못하고 있을 정도로 고마운 분이었다.

무겁고 부담스러웠던 배 해약을 그렇게 정리한 나는 가뿐한 마음으로 참깨를 기름으로 짜는 참기름 기계와 사료가공 기계를

콜롬비아에서 아내와 딸 희정이

알아보았다. 마침 온양온천 쪽에서 사료공장을 하던 분과 연락이 이어져 덩치가 큰 사료기계를 비교적 합리적인 가격에 구입할 수가 있었고, 참기름 짜는 기계도 여러 군데서 알아본 후 쉽게 구할 수가 있었다. 이제 그 기계들을 선편으로 콜롬비아로 가져가면 되는 것이었다. 그리고 콜롬비아에서 사업을 하기위한 추가자금을 달러로 환전해 갖고 나가는 일도 역시 무기중개상을 통해야 했다. 경호실 A선배도 몇 번 만났다. A선배는 내가 콜롬비아에서 3개월간 체류하면서 겪고 알았던 여러 가지 일들에 관심을 갖고 있었다. 선배는 그때쯤 아마 내가 콜롬비아에서 자리를 잡게 되면 콜롬비아에서 나와 도모할 어떤 일을 생각하고 있었던 것 같다. 그 계획을 내가 들었던 건 그 후 내가 두 번째로 한국에 나왔을 때였는데, 그 일은 다름이 아니라 콜롬비아에서 이민사업을 해 보자는 것이었다.

어느 정도 준비를 갖추고 나는 다시 콜롬비아로 돌아왔다. 그 사이 보고타 주재 한국대사는 O씨에서 J씨로 바뀌어 있었다. 역시 군 출신이었다. '중미산업' 새미 한 사장은 새우잡이를 거의 접은 상태에서 침구술을 보고타대학에서 가르치는 등 보고타에서 더 유명인사가 돼 있었다. 어떤 측면에서 새미 한 사장이나 정 아무개 부사장 등은 나를 콜롬비아로 오게 해 나를 속인 사람들이었다. 그렇지만 나는 그 사람들을 그렇게 원수처럼 매정하게 대할 수만은 없었다. 이역만리 타국에서 동포라는 관계는 그런 것이었다. 그러니 보고타에서 서로들 가까운 곳에서 살면서 서로 만나게 되면 아는 체는 하고 지냈다. 나는 보고타에서 참깨와 사료사업을 하기로 하고 공장부지 등을 알아보고 있었다. 한국에서 한참 걸려 들여온 사료기계와 참깨기름 짜는 기계를 일단 항구도시 바랑키아(Barranquilla)의 창고에 보관했다. 선편으로 기계들이 실려 왔기에 공장을 짓기 전까지는 그럴 수밖에 없었다.

참깨기름과 사료 사업을 준비하는 가운데 나는 점차 콜롬비아 생활이 익숙해지면서 이런저런 돈이 될 만한 일들이 나에게 다가왔다. 쉽게 돈을 벌 수 있는 그런 일들은 당연히 불법적인 것들이었다. 그중 하나가 바로 밀수였다. 콜롬비아 최대의 항구도시인 바랑키아 인근의, 베네수엘라 국경 근처인 마이까우(Maicao)는 특히 밀수로 유명한 도시였다. 여기서 중국으로부터는 각종 의류, 그리고 일본으로부터는 전자제품, 미국으로부터는 담배 등의 밀수가 성행했다. 밀수는 거의 현지 거주의 일본인들이 했는데, 그로써 떼돈을 번 일본인들이 많았다. 나에게 이런 밀수에 손을 대보라는 제의가 많았다. 쉽게 돈을 벌 수 있는데다, 발각이 돼도 또한 돈으로 쉽게 해결될 수 있었기에 어느 정도의 밑천만 있으면 할 수 있는 일이었다. 그러나 나는 그런 제의를 단호하게 거절했다. 머나먼 타국에까지 와서 불법적이고 나쁜 일에 손을 댄다는 게 나로서는 받아들일 수 없는 양심의, 그리고 자존심의 문제였기 때문이다.

에머랄드 얘기도 해야겠다. 콜롬비아는 에머랄드 주산지여서 그 보석을 쉽고 싸게 구할 수가 있었다. 그 에머랄드를 한국으로 갖고 나오면 서너배 이익을 남길 수 있었다. 일본사람들은 에머랄드를 밀수해 일본에서 팔아 엄청난 부자가 된 경우도 허다했다. 언젠가 한국으로 나오면서 나는 32캐럿짜리 에머랄드를 갖고 나온 적이 있다. 아내에게 주려고 한 것이었는데, 어쩌다 종로거리의 업자들이 그 소식을 듣고 나에게 접근했다. 결국 나는 32캐럿짜리 그 에머랄드를 업자에게 팔았다. 한국에서의 시세를 잘 몰랐었기에 업자들의 말만 믿고 넘겼는데, 나중에 알고 보니 아주 헐값이었다. 그런 헐값이었는데도 콜롬비아 왕복 비행기값이 빠질 정도였다. 한국의 업자들이 나더러 돈을 벌 좋은 기회라면 밀수를 종용하기도 했지만, 나는 거들떠보지도 않았다.

합법적으로 할 수 있는 사업 중에 호텔도 있었다. 나는 바랑키아를 오고가면서 정말 마음에 드는 지역에 신축된 호텔을 보고 호텔사업을 할까 하는 생각을 한 적이 있었다. 돈도 그렇게

딸 희정이와 함께

많이 들지않는 사업이었다. 그러나 생각으로만 그랬고 실행에 옮기지는 않았다. 이 밖에도 이민사업이 있었다. 일본인들이 당시 그것으로 콜롬비아에 일본인들의 영향력을 증대시키는 국가적인 사업으로 추진하고 있는 프로젝트이기도 했는데, 이민사업의 이점을 나는 그때 알아차렸던 것이다. 이민사업과 관련해서는 청와대 경호실의 A선배도 많은 관심을 갖고 있었었기에 그후 한국으로 나가 이 문제를 놓고 심도 있는 논의를 하기도 했다.

내가 콜롬비아에서 마음을 먹고 하기로 한 것은 참깨와 사료사업 두 가지다. 참깨와 사료를 콜롬비아에서 값싼 노동력으로 가공·제조한 것을 한국과 콜롬비아 두 나라에서 팔면 돈을 벌 수 있을 것으로 확신하고 있었다. 이를 위해 기계들도 콜롬비아로 이미 들여왔고, 자본도 마련돼 있었다. 부지를 마련해 공장을 짓고 생산에 들어가면 될 일이었으니 만반의 준비를 갖추고 있었다 할 것이었다. 물론 그 전에 한국에서의 판로를 알아보는 등 세부적인 업무도 있었지만, 그 문제 또한 한국의 주관부처인 농수산부에도 타진해 놓은 상태였기에 그리 신경을 기울일 일은 아니었다. 그러는 사이 나는 콜롬비아 영주권을 획득했으며 임의로 한국을 갔다왔다 할 수가 있었고 몇 번을 들락거렸다.

언젠가 한국에서 콜롬비아로 올 적에는 나의 고등학교 동기인 홍석교 군과 동행했다. 그 친구도 콜롬비아에 관심을 두고 있었기에 함께 온 것이다. 그 즈음에 한국으로 나가서는 당시 농수산부의 장 아무개 장관도 A선배의 주선으로 만났다. 콜롬비아 참깨기름과 동물사료의 국내 반입 문제 등을 논의하기 위한 면담이었는데, 장관으로부터 긍정적인 반응을 얻을 수 있었다. 모든 게 순조롭게 돌아가는 듯했다. 이때가 1979년이었는데, 나는 경호실 A선배와도 당연히 여러 번 만났다.

선배는 내 일에 깊은 관심을 기울이면서 이민사업에 관한 자신의 견해와 계획을 구체적으로 얘기했다. 50가구 수준으로 하자는 견해를 얘기했다. 일차적으로 그렇게 하고 향후 성과와 추이를 봐 가면서 더 늘여 나가자고 했다. 그러면서 나더러 이민자들이 정착할 지역과 그들이 이민자로서 어떤 일들을 처음 할 수 있을 것인가, 그리고 콜롬비아 정부와의 협의 등에 관해서도 알아보고 추진해 보라고 했다. 선배와 나는 공동투자 형식으로, 구체적인 것은 아니었지만 대략적인 투자규모까지 거론했다. 내가 2, 3억, 선배가 4억 정도를 대기로 했다.

선배는 그때 이미 콜롬비아 행을 마음으로 굳혔던 것 같다. 선배를 만난 것이 그해 10월 하순의 어느 날이었다. 선배는 그때 나에게 이런 말도 했다. 나는 10월 말 아니면 11월 초에 콜롬비아로 들어갈 준비를 하고 있던 중이었다. 선배는 나더러 내가 콜롬비아로 들어가기 전 어떤 사람을 지명해 줄 것이라면서 그 사람과 함께 콜롬비아로 가라고 했다. 갑작스런 얘기였다. 시일이 촉박했었기에 나는 선배의 그 말에 좀 더 구체적으로 물었어야 했다. 그러나 나는 그저 그런 줄로만 알고 그냥 알겠다고만 했다. 시키는 대로 하면 될 것이라는 생각에서다. 선배가 지명해 같이 가라고 한 '그 사람'이 누구인 줄 몰랐던 것이고, 그냥 만나 보면 알게 될 것이라고 생각했던 것이다. 그 사람은 그러니까 선배를 대신해 내가 콜롬비아에서 벌이는 사업에 어떤 형태로든 함께 하겠구나하는 느낌은 받았다. 어쩌면 선배를 대신해 콜롬비아에 투자를 할 사람일 수도 있는 것이었다. 아무튼 선배는 나에게 그런 말을 했고, 그리고 둘은 헤어섰다. 결국 그게 선배와 나의 마지막이었다.

　　그해, 그러니까 1979년의 늦은 가을날인 10월 26일 박정희 대통령 시해사건이 발생했다. 그날 저녁 대통령이 죽었고, 경호를 맡고 있던 A선배도 사망했다. 이제 그 이름을 밝혀도 되겠다. 선배는 10·26 당시 궁정동 안가에서 피격, 사망한 안재송 경호부 처장이었던 것이다. 그는 내가 해병학교 교육을 받을 때 중대장으로 나의 해병 대선배였다. 선배는 그러니까 박 대통령이 시

희정이와 교민 자녀들

해를 당한 그날 삽교천 행사 불과 며칠 전에 나에게 그 얘기를 했던 것이다. 나는 박 대통령 시해 당했다는 것, 그리고 안재송 선배도 함께 참변을 당했다는 소식을 그 다음날인 27일 새벽 박○○ 선배로부터 들었다. 청천벽력 같은 소식이었다.

안재송 선배가 그렇게 허무하게 죽음을 당하면서 나의 콜롬비아에서의 사업을 포함한 모든 일도 흐트러지기 시작했다. 그것은 당연히 그럴 수밖에 없었다. 사실 내가 콜롬비아로 간 것에는 물론 나의 독단적인 계획도 있었지만, 포괄적으로는 안 선배와의 논의가 그 바탕이었다. '중미수산'을 통한 새우잡이 사업도 당연히 안 선배와 논의를 거친 것이고, 그 후 참깨기름과 사료사업, 그리고 이민사업도 그랬다. 그러니까 안 선배는 내가 콜롬비아에서 벌이고자 하는 사업을 도우는 후견인이자 한편으로는 사업파트너였던 것이다. 나와 이런 관계의 안 선배가 갑작스럽게 그런 참변을 당했으니, 콜롬비아에서의 내 사업 계획 또한 난관에 봉착할 수밖에 없는 지경이 된 것이다.

그런 경황 중에도 나는 그 며칠 후 콜롬비아 비행기를 타야 했으니 시간적으로 참 얄궂었다. 나는 그전에 이번 콜롬비아 행에 아내와 동행하기로 계획을 세웠었다. 아내에게 콜롬비아를 구경시켜 주고 싶었던 것이다. 그리고 그때 세살배기 아기였던 딸 희정이도 혼자 떼놓을 수가 없어 엄마와 함께 콜롬비아로 데려가기로 했다. 그렇게 아내와 어린 딸과 함께 비행기를 타고 콜롬비아로 가는 나는 심정은 복잡할 수밖에 없었다. 안 선배를 생각하면 허탈하기가 그지없기도 했다. 콜롬비아에 도착해서 앞으로 어떻게 해야 할까가 고민으로 다가왔다. 사업을 위해 벌여놓은 여러 일들을 어떻게 처리해 나갈까 하는 문제도 심사숙고해야 했다. 결국 양단이었다. 콜롬비아에서 계속 사업을 벌일 것인가, 아니면 사업을 접을 것인가 그 둘 중에 어떤 것을 택하느냐의 문제였다. 상황이 이렇다 해서 그냥 이대로 사업을 포기하고 주저앉을 수는 없다는 생각이 들었다가는 또 나 혼자 산적한 당면 문제를 어떻게 해결할 수 있을까 하는 자신감의 결여에서 오는 고민 사이를 오갔다.

콜롬비아에서 사업을 하느냐, 마느냐 그 양단 중의 하나를 결정하는데 그리 오랜 시간이 걸리지 않았다. 몇 개월 만에 도착한

콜롬비아 지인들과

콜롬비아 상황도 많이 변해 있었다. 우선 참깨값이 폭등하고 있는 것이었다. 마그달레나 강이 이례적으로 크게 범람하면서 참깨 수확량이 급감한 게 그 원인이었다. 나는 한국에 체류하고 있을 적에 콜롬비아 참깨기름 사업을 위해 히라도 참깨를 대규모로 미리 확보해 저장해 놓아야겠다는 것을 계획하고 있던 차였는데, 참깨값이 폭등하면 그 계획에 차질이 생길 수밖에 없는 것이었다. 땅값도 많이 올라 있었다. 이 또한 공장부지 확보를 어렵게 하는 한 요인이었다.

또 하나, 참깨기름과 동물사료를 한국으로 반입하는 문제에도 차질이 예상되고 있었다. 이 문제를 당시 장 아무개 농림부 장관과 만나 긍정적인 반응을 얻어내는 데에는 안 선배의 역할이 컸다. 그런데 안 선배가 그런 참변을 당했으니, 아무래도 상황이 달라질 수밖에 없을 것이었고, 실제로 그런 정황이 내가 보고타에 도착한 이후 감지되고 있었던 것이다.

　나는 콜롬비아에서 철수하자는 결정을 내렸다. 그러면 그 후 어떻게 할 것인가에 대한 대안도 정해 놓고 있었다. 미국으로 가는 것이었다. 어차피 한국을 떠나 콜롬비아로 올 때 가졌던 계획 중의 하나도 그것이었다. 콜롬비아에서 일이 잘 안 풀리면 미국으로 가겠다는 것, 어쩌면 그게 원안이었었는지도 모른다. 미국을 가기 위해, 미국으로 가기가 한국보다 훨씬 용이한 콜롬비아를 발판으로 삼는다는 것이었기에 그렇게 하면 된다는 생각을 한 것이다. 다만 콜롬비아에서 어느 정도 돈을 좀 벌어서 가느냐 하는 측면에서는 다소 어긋났다는 아쉬움은 있지만, 그렇다고 콜롬비아에서 3년 여 체류하는 동안 내 돈이 그리 축이 난 것은 아니었기 때문에 체류하면서 얻게 된 경험 등 그것으로 상쇄될 것이었다. 그리고 그간 콜롬비아와 한국을 오가면서 미국 은행에 유치해 놓은 상당한 액수의 달러도 있었기에 미국에서의 향후 계획에 대한 자심감도 있었다.

　나는 콜롬비아 철수를 결정한 이상 즉각적으로 체류생활을 접는 정리에 들어갔다. 별로 시간이 많이 걸리지는 않았다. 가장 큰 일은 바랑키야 창고에 보관해 놓은 기름짜는 기계와 사료제조 기계 및 장비를 정리하는 것이었다. 보관해 놓은지 2년 정도가 됐길래 보관료가 많이 나올 걸로 예상은 하고 있었다. 그 기계장비들은 이제 더이상 쓸모가 없었기에 팔려고 내놓았는데, 하루 만에 팔렸다. 값을 후하게 받았다. 콜롬비아가 기계 산업이 발달하지 않았기 때문이다. 본전을 제하고 게다가 보관료까지를 지급하고도 돈이 남았다.

그리고 미국으로 왔다. 그게 1980년 초쯤이었을 것이다. 나는 그때 이미 콜롬비아 영주권을 획득한 상태였기 때문에 불법적이지 않게 항공편으로 미국으로 쉽게 넘어올 수 있었다. 그리고 그동안 미국 LA를 많이 경유하고 체류하면서 거기서 알게 된 사람, 즉 지인들도 더러 있어서 미국생활에 별 생소함이나 거리낌 같은 것은 없었다. 당시 LA를 오고가면서 친하게 지내는 지인들 중에 탁구선수 출신의 김진기라는 나의 마산고 한 해 선배가 있었다. 나는 LA에 도착해 호텔에서 얼마간 지내다가 그 선배 집으로 들어갔다. 그 선배는 내가 미국에 도착한 초기에 나에게 많은 도움을 주었다.

나는 LA에 거주하면서 우선적으로 영주권 따는 일에 몰두했고, 얼마 지나지 않아 주변 지인들의 도움으로 획득할 수 있었다. 나는 영주권을 딸 때까지 사업적인 측면으로 미국에서 뭘 할 것인가를 구체적으로 생각하고 있을 여유는 없었고, 차차 구상을 하는 가운데 그래도 일단 그곳에서 생활할 수 있을 정도의 일은 마련하고자 했다. 그러다 새, 물고기 등의 애완동물을 전문적으로 하는 '팻샵(pet shop)'에 투자를 했다. 그 샵은 김진기 선배가 하고 있었는데, 내가 그것을 인수하면서 선배를 직원으로 두고 운영했다.

이와 함께 주류를 파는 '리커 스토어(liquor store)'에도 투자를 했다. 나는 그때 은행이자 수입이 꽤 많았다. LA 한 은행에 당시 내가 예치해 놓은 돈의 규모가 컸다. 그 당시 한국에서 처남과 함께하고 있던 주택사업이 마침 전국적인 다가구주택 붐으로 호황을 맞아 많은 돈을 벌고 있었다. 콜롬비아에 있을 때 그렇게 번 돈이 나의 콜롬비아 사업자금으로 미국 은행에 예치된 게 이자와 함께 그렇게 큰 액수로 불어난 것인데, 아무튼 그 예치금에서 나오는 달러 이자로 나는 미국에서 풍족한 생활을 할 수가 있었다. LA 6번가에 번듯한 집을 내가 손수 지은 것도 그때다. 앞날을 대비하고자 했던 것이다. 그렇게 1980년부터 시작된 나의 미국생활은 미국과 한국을 오가면서 지금에까지 수십 년 동안 이어져 오고 있다.

주택사업과 두 빌딩 이야기

지금껏 팔십 나이를 살아오면서 재산적인 측면에서 일궈낸 것으로 나를 대표하고 상징하는 건 단적으로 말하자면 '서울캐피탈'과 '영도캐피탈' 두 개의 빌딩이다. 딴에는 짐짓 고결하고 의식이 있는 것처럼 살아왔지만, 나도 여느 가진 자들처럼 결국 부동산을 내 재산의 으뜸으로 내세우는 속물일 수밖에 없는 것이다. 하지만 아무리 그렇더라도 할 말은 있다.

나는 앞에서 언급했지만, 젊었을 때 인생의 목표를 바꿀 수밖에 없는 불가피한 선택의 기로에 섰던 사람이다. 나는 월남전에서 총상을 입었던 상이군인이다. 그런 몸으로 세상으로 다시 나왔을 적에 나는 인생의 항로를 바꿀 수밖에 없었다. 정상적인 사회생활이 어렵다는 것을 알면서 나는 돈을 버는 쪽으로 항로를 바꿨던 것이다.

그래서 그 한 방향으로만 매진을 하면서, 세상을 그런대로 그나마 잘 살아가기 위해서는 오로지 어떻게든 돈을 많이 벌어야 한다는 생각으로 살아온 것이다. 그러다보니 돈이 될 만한 그 어떤 것도 가리지 않았다. 그 귀착점은 결국 부동산 쪽이었다는 얘기다.

이 두 개의 빌딩 중 하나는 서울 사대문 안 도심인 필동에 있고, 다른 하나는 역시 서울의 한강변 요지인 옥수동에 위치해 있어 값이 많이 나간다. 이 두 빌딩을 세우고 소유하기까지 당연하지만 고생을 많이 했다.

이 빌딩들 전에도 나는 물론 서울의 종로나 을지로 등에 갖고 있던 주택과 건물을 덩치를 키워 파는 등 다른 부동산 쪽의 사업도 활발히 벌였다. 그러니까 이 빌딩들은 기존에 내가 갖고 있던 조그만 것들을 하나하나씩 모으고, 키우고, 엮고, 보태고 해서 결국 큰 덩어리가 되어 내 손에 쥔 것이니, 결국 부동산 사업에 있어 내 노력의 결정체라고 할 수 있을 것이다.

나는 1976년 콜롬비아로 떠나기 그 이전부터 부동산 쪽 사업에 손을 대고 있었다. 70년대 초반 종로에서 '대교분식' 등 식당을 할 적에도 부동산에 관심을 갖고 세운상가 인근의 주택 등을 사고팔고 한 것은 이미 언급한 바 있다. 그러면서 부동산에 더 적극적으로 달려든 것은 콜롬비아로 떠나기로 한 그 무렵이다.

내가 그때 관심을 가진 것은 그 무렵 붐을 타고 서울지역에서 꿈틀거리기 시작한 다가구, 혹은 다세대주택이다. 당시 이런 유형의 주택 건설은 아파트 등 주택가격이 계속 상승하는 가운데서 주택 공급을 늘이기 위한 정부의 시책사업 가운데 하나로, 임대주택 공급 확대를 통해 주택난 해소를 위한 것이었다. 이는 도심 속 자투리땅의 활용을 극대화하면서 주택난의 새로운 해결책이라는 것이고, 또한 주택건설업자들로는 임대수익을 창출할 수 있는 방법이라는 측면에서 인기가 있었고 주목을 받았다.

이런 점을 간파한 나는 주택건설 쪽에 경험이 많고, 단종면허가 있는 처남과 함께 '해동주택'이라는 회사를 설립해 다세대가구 주택건설 사업에 나선 것이다. 이 사업으로 나는 큰돈을 벌게 된다. 다세대가구 주택사업은 입지 선정이 제일 중요했으니 그런 안목이 있어야 했다.

그리고 임야를 택지로 전환하는 허가를 따내는 것 역시 이 사업의 성패를 가늠하는 중요한 과정이자 절차였다. 안목이 좋고 운때가 맞았는지 일이 잘 풀려갔다. 로비도 중요한 업무 중의 하나였다. 나는 여러 방면의 지인들을 동원, 활용해 로비를 적극적으로 벌였다.

이러는 과정에서 경호실 A선배의 도움도 많이 받았다. 주택을 짓는 건설도 중요했지만, 분양 또한 그에 못지않게 중요했다. 분양이 잘 되기 위해서는 정해진 대출 외에 값싼 이자의 추가 대출이 아주 중요한 것이었다. 나는 주요 은행 등 금융 쪽 인맥을 샅샅이 파악해 파고들어 온몸으로 부닥치면서 은행들과 섭외했다.

그때 은행들 고위층 가운데 안 만난 사람들이 거의 없을 정도다. 우리가 지은 다가구주택은 술술 분양됐다. 금호동으로 시작해 은평구 등으로 다세대주택을 지어나갔고, 우리가 짓는 다가

구주택들은 분양 공고 족족 팔려나갔다. 많은 돈이 들어왔다.

콜롬비아에 체류하고 있을 때도 한국에서 주택건설 사업은 계속되고 있었다. 내가 콜롬비아에서 어려운 가운데서도 씀씀이에 구애받지 않고 좀 여유 있게 대처하고 있었던 것은, 한국에서 이처럼 사업이 잘 되고 있었던 배경이 자리하고 있었던 것이다.

아무튼 이때 많은 돈을 벌었다. 처남 몫을 떼어 주고도 나는 큰 이익을 남기고 있었다. 이렇게 버는 돈 외에 식당 사업 등으로 모아놓은 돈도 점점 불어나고 있었다. 나는 그때 종로에서 사법서사를 하고 있던 박 아무개라는 사람을 알게 된다. 소유권과 등기이전 등 내가 하던 다세대가구 주택 분양 일을 맡기면서 알게 된 사이다.

나는 이 사람이 사법서사 일만 하고 있는 줄로 알았는데, 그게 아니었다. 위탁받은 돈을 불려주는 사채업자로 종로에서는 소문난 사람이었고 돈을 맡긴 전주만 수십 명에 이르고 있었다. 일을 몇 번 맡기면서 나는 내 나름으로 그가 믿고 신뢰할 만한 사람이라는 것을 알게 됐고, 그 후로 내 일을 몰아주면서 그와 친해졌다.

그러다 내 돈도 그에게 맡겼다. 그는 내 신뢰에 보답하듯 내 돈을 잘 불려주었다. 지금 생각하면 그게 속칭 돈놀이로 별로 떳떳하고 내세울 만한 일은 못되었지만, 나로서는 물 들어올 때 배 저어라는 식으로 찬 물, 뜨거운 물을 가리지 않고 돈을 모으고 있던 시기라 별 거리낌 없이 그랬다.

이런 돈놀이를 하면서도 나는 그 사람더러 돈을 빌려가는 사람들에게 가능한 한 너무 매몰차게 하지 말라는 요청을 많이 했다. 그러다보니 그 사람이 내 돈을 불리는 과정에서 웃지 못할 일도 생겼다. 나의 중학교 한 해 선배로 한때 나와 친하게 지냈던, 마산의 주먹건달인 최 아무개가 내 돈을 꽤 크게 쓰고 있었던 것이다. 무려 7억이었다. 그 선배가 결국 이자에 허덕이다가 어떻게 내가 전주라는 걸 알고는 나를 찾아왔던 것인데, 그 일로 그 선배를 십수 년 만에 만났던 것이다.

그 선배와 나는 함께 마산중학교를 다닐 때, 이제는 더이상 기억하고 싶지 않은 묘한 악연으로 엮인 사이였다. 앞에 글에서 썼듯이, 그 선배와 나는 마산중학에 다닐 때 어울려 다니며 화투 놀음을 하다 발각돼 중징계를 당했다. 그 선배는 학교에서 퇴학을 당했고, 결국 그렇게 됨으로써 그 후 인생을 험난하게 살다 갔다. 나는 그 일로 무기정학을 받았다는 것은 앞의 글에서 이미 언급한 바가 있다.

이렇게 악착같이 번 돈을 바탕으로 내가 혼신을 다해 지은 게 바로 '서울캐피탈'과 '영도캐피탈' 두 빌딩이다. 나는 미국과 한국을 오가면서 한 5년을 보내다가, 1985, 6년경부터 서울 쪽 사업에 집중하게 된다. 미국 은행에 예치해 두었던 돈을 조금씩 조금씩 나눠 한국으로 갖고 온 것도 이 시기다. 주택건설 사업을 하는 한편으로 나는 부동산 투자 일에 전념을 한다.

두 빌딩 가운데 먼저 지은 게 '서울캐피탈'이다. 이 빌딩은

1989년부터 짓기 시작했다. 나는 그전 부동산투자 사업을 할 때부터 서울 사대문 안에 있는 빌딩을 사든지, 짓든지 하는 욕망을 갖고 있었다.

그 무렵 필동에 팔려고 내놓은 땅 300평이 있다는 걸 여러 경로를 통해 알게 됐다. 서울 사대문 안에 그런 땅이 있다는 건 드문 일이었다. 이 땅은 A시멘트 사장 땅으로 은행에 저당 잡힌 것으로, 몇 차례 경매에도 내놓았으나 유찰이 되고 있던 땅이었다. 땅을 둘러보았다. 입지로 보자면 그만한 규모의 땅도 없었다.

3자를 통해 흥정을 붙여 보았다. 내가 생각하기로 싸게 살 수 있는 땅값이 흥정 끝에 전해졌다. 평당 시세로 1천만 원짜리를 6, 7백만 원이면 살 수 있는 금액이었다. 서울의 땅값 시세로 보더라도 쌌다. 그래서 계약을 했다. 그 땅에 빌딩을 짓기로 하고 1989년부터 공사에 들어가게 되었다.

빌딩 건축공사를 하면서 나는 왜 그 땅이 시세보다 쌌는지 그 이유를 알게 됐다. 그 땅 지하 /미터 시점에 그곳을 지나는 지하철 3호선의 환풍구가 있었던 것이다. 그러니 그 땅이 경매에서도 유찰되고 값이 시세보다 떨어져 있었던 것이다. 나는 그걸 모르고 그 땅을 샀고, 공사를 하면서 알았던 것이지만, 이미 계약이 끝나고 공사가 시작된 판에 어쩔 수가 없는 노릇이었다.

흥정을 맡았던 사람을 통해 땅주인에게 항의를 했지만, 별 효과도 없었다. 기백만 원 정도를 환불해 준 정도였다. 그러니 나는 하자가 있는 땅에 빌딩을 지은 것이다. 그 빌딩에 대한 내 계획

필동 서울캐피탈 빌딩

도 헝클어졌다. 나는 이와 관련해 서울지하철공사에 소송을 내 소정의 보상금을 받기로 하는 일부 승소판결을 받아냈다. 그러나 액수가 불만족스러워 아직도 소송은 진행 중이다.

나는 지하 3층을 지어 목욕탕과 이발관 등을 입점시킬 계획이었는데, 지하철 환풍구 때문에 지하 1층 이상은 지을 수 없게 된 것이다. 그래서 결국 이 빌딩은 지하 1층밖에 없다. 결국 지하 1층, 지상 6층으로 지었다. 공사는 그리 오래 걸리지 않아 1990년 6월에 준공됐다.

이렇게 문제가 많게 지어진 '서울캐피탈'이지만, 이 빌딩은 나에게 그동안 효자 노릇을 톡톡히 했다. 나는 이 건물을 지을 적에 각 층마다 오피스용의 방을 나눠 만들어 임대를 할 요량이었다. 임대사업을 목적으로 한 것이었다. 준공 당시 이 빌딩은 6

층을 통틀어 20개의 방이 있었다. 그걸 차츰 차츰 늘여 나가 50개의 방으로 만들었다. 임대가 잘될 수밖에 없었다. 빌딩 위치가 좋았기 때문이다.

매달 들어오는 임대료 수입이 짭짤했다. 지금도 예전만 못하지만 여전히 그러하다. 나로서는 환풍구로 인해 일말의 낭패를 당한 가운데서도 그나마 전화위복이었던 것이다.

옥수동 '영도캐피탈' 빌딩은 1990년대 중반에 짓기 시작해 1996년에 완공을 보았다. 완공된 그해 어머니가 별세했는데, 어머니는 그 빌딩 짓는 것을 아시고 계셨으니 빌딩을 보고 가신 것이나 마찬가지다. 어머니는 서울캐피탈이 준공되는 것을 보고 그렇게 기뻐할 수가 없었으니, 영도캐피탈을 보고서도 그랬을 것이다.

옥수동 이 빌딩은 내가 그 때까지 20년 이상 살던 옥수동 집을 중심으로 불하받은 집 앞과 옆 땅, 그리고 그 주변부지 200평을 추가로 사서 마련한 곳에 신축한 것으로, 지하 1층 지상 8층의 9층짜리 빌딩이다. 8층에 살림집이 있어 지금 나는 아내와 거기서 살고 있는데, 바로 바라다 보이는 한강 뷰가 무척 좋다. 서울캐피탈과 마찬가지로 임대를 주고 있다.

이 건물을 지을 때도 고생이 많았다. 층수 제한이 있었기 때문인데, 원래 내가 살던 집으로 건물을 올릴 때 5층밖에 허가가 나지 않는 것을 불하받은 땅을 보태서 지상 8층으로 올린 것이다. 이 과정에서 구청을 많이 들락거렸고, 다투기도 했다. 어쨌든

옥수동 영도캐피탈 빌딩

영도캐피탈을 완공해 그 집에서 아직 살고 있는 것으로 나는 옥수동과의 인연을 이어가고 있다. 1969년 서울로 올라와 금호동에서 살다 옥수동으로 온 게 1980년경이니 사십 년 이상을 이 집에 살고 있는 셈이다.

서울과 영도, 이 두 개의 빌딩을 관리하고 임대 업무를 맡기 위해 별도로 차린 것이 KTIG(Korea Today Investment Group) 법인이다. 이 회사의 회장은 아직 내가 맡고 있지만, 실질적으로 모든 일은 큰아들 문기가 맡아서 하고 있다.

나는 이 두 빌딩에 대한 분배상속을 오래전에 끝냈다. 영도캐피탈은 공평하게 나눠 자식 3명의 몫으로, 그리고 서울캐피탈은 아내와 나의 몫으로 해 놓았다. 나는 이 두 빌딩 외에도 성남과 인천, 안산, 대전 등지에 소유하거나 지분을 가진 건물들이 여러 채 있었다. 그러나 이 건물들은 모두 정리하고 지금 내 소유로 된 것은 없다.

내가 가진 부동산 중에는 충청북도 제천과 진천에 십만여 평의 산지 땅도 있다. 제천 땅은 오래전에 구입한 것인데, 지금은 소송 중에 있는 골치 아픈 땅이다. 이 땅에 불법적으로 폐기물을 묻어 놓은 어떤 회사와 거의 10여 년 동안 소송을 진행하고 있기 때문인데, 상당히 복잡한 소송이라 언제 마무리될지 모르겠다. 이 과정에 팔 뻔한 적도 있었는데, 그때 좀 손해를 보더라도 팔았어야 했다. 한화에서 화약창고 부지 확보 차원에서 입맛을 들였는데, 가격 면에서 서로 맞지가 않아 거래가 성사되지 않았던 것이다.

이 땅을 포함해 내가 가진 재산으로는 이제 서울과 영도캐피탈 두 빌딩 밖에 없다. 자식들에 대한 재산도 다 분배해 놓은 상태이니, 나로서는 아내와 반반으로 나눈 서울캐피탈 건물과 제천·진천 땅이 전부인 셈이다.

나는 살아오면서 정말이지 악착같이 돈을 벌고 모았다. 개처럼 벌었다고 해도 과언은 아닐 것이다. 그러니 이제 이 재산을 정승처럼 쓰기 위한 방도를 내 나름으로 궁리 중에 있다. 평생을 나와 고락을 함께한 아내와 더불어 말이다.

해병으로 맺은 인연들

나는 내가 살아온 삶을 뒤돌아보다 가끔씩 서정주 시인의 싯귀 한 구절을 떠올린다. 외우질 않아 정확한 글은 기억이 잘 나질 않지만, 시의 그 부분은 요컨대 자기 '인생의 팔할은 바람이었다'는 구절이다. 살아온 인생의 도정을 수치로 계량화해 깔끔하게 측정하고 있다는 것이 인생을 재단하는 방식으로 간단 명료하면서도 참신하다는 느낌을 받았다. 그런 한편으로 이런 생각이 들었다.

지나온 내 인생을 이 구절에 대비시켰을 때 나는 어떻게 내 인생을 얘기할 수 있을까 하는 것이다. 이런 내 생각의 한가운데에 응당 있어야 할 것처럼 자리 잡고 있는 게 있다. 바로 '해병'이다. 내 청춘의 가장 강렬했던 한 시기를 불태우게 했던 바로 그 해병을, 내 인생의 가장 으뜸가는 키워드로 나는 일말의 주저없이 큰 자부심으로 말할 수 있는 것이다. 시인에게는 바람이 인생의 그것이었다면, 나에게는 해병이 그것이었고 시방 지금도 그렇다.

승파회_임관 30주년

해병 소위로 임관해 월남전에서 부상을 입고 중위로 퇴역하기까지 복무한 기간은 그리 길지는 않았다. 하지만 그 기간의 길고 짧음은 그리 중요한 요소는 아니다. '해병정신'이라는 게 있다. 해병으로서 심신에 스며들고 각인된 것을 말한다. 그것이 이른바 '해병대 기질'이라는 말로 치환돼 상투적으로 운위되는데 따른 부정적 인식도 상존하고 있음을 나는 잘 안다.

하지만 내가 겪고 느끼고 실천하고 있는 해병정신은 그런 게 아니다. 누구나 올바른 해병이라면 그럴 것이지만, 나에게 해병정신은 말하자면 시공간을 초월하는 것이다. 그것은 해병 군복을 입고 복무하던 현역시절이나 군복을 벗은 지금이나 매한가지로 늘 일상 속에서 해병으로서의 초심을 견지케 하는 정신적, 생활적 지표로서 자리 잡고 있는 것이다.

나는 그런 해병정신을 통해서 호기와 패기의 정신을 함양했고, 특히 강한 인내심과 의지를 키웠다. 그런 한편으로 어떤 경우에 처하든 하고자 하는 일을 적극적으로 하는 강한 동기부여의 의지를 다졌다. 이쯤에서 나는 앞에 소개한 시 구절을 다시 원용하고픈 생각이 든다. 그렇다면 지나온 내 인생에서 해병이 차지하는 비율은 몇 할이나 될까.

해병정신을 얘기하지만 한편으로 일반적인 관점에서 자칫 큰 담론으로 흐르는 걸 나는 경계한다. 해병 출신으로서 심신에 익숙해진 것이니, 일상생활에서도 생활지표가 됐다는 소박한 얘기로 받아들여 줬으면 하는 바람이다. 어쨌든 해병과 예비역 해병으로 평생을 살아오면서 내 주변에 해병 출신들이 많이 엮여 있는 것은 어쩌면 당연한 귀결인지도 모르겠다. 그렇다고 오로지 해병 출신들만 내 주변에 있다는 건 결코 아니다. 나는 앞에서 적었듯이 학사출신 해병사관간부후보생(해간)으로 해병학교 과정을 마치고 해병 소위에 임관된 후 경기도 김포 화성에서 소대장을 했다. 그리고 월남전에 참전해 소대장으로 싸우다가 부상을 입은 후 제대를 한 예비역 해병중위다. 기간으로 보자면 3년 남짓이다.

이 기간 동안 나는 많은 해병 전우들과 고락을 함께했다. 그걸 이른바 인맥으로 친다면 나에게는 해병 인맥이 되는 셈이다. 이렇게 해병으로 인연을 맺은 해병 인맥이 80을 넘긴 나의 인생에 중요한 한 인맥으로 자리 잡고 있는 것을 든든하게 여기고 있다. 이 장에서는 해병으로 맺어진 인연들을 다루고자 하는데 그것에 구색을 맞춰 치장하다 보니 서두가 좀 길어졌다.

나의 해병 인맥은 나를 교육시키고 가르쳤던 선배와 해간(해병간부후보생) 동기들이 그 주류를 이루고 있다. 이들 가운데 몇몇은 이미 별세한 분들도 있다. 가장 먼저 꼽고 싶은 분은 고 안재송 선배다. 이름을 보고 알 만해 하는 분들도 있을 것이다. 맞다. 그분이다. 10·26 박정희 대통령 시해사건 때 현장에서 변고를 당한 전 청와대경호실 경호부처장 안재송 그분이다. 역사의 소용돌이 속에서 중대한 현장에 있었던 분과 해병대에서, 그리고 사회에 나와서까지 인연을 맺게 된 게 지금의 나로서도 여간 예사롭지 않은 일이었다는 생각을 하게 한다.

안재송 선배는 1964년 말부터 내가 해간으로서 진해 해병학교에서 교육을 받고 있을 때 내가 소속된 중대의 중대장이었다. 그리고 그분은 해간 24기로, 나보다 10기 대선배이기도 했다. 대선배이면서 중대장이기도 했으니, 교육생 처지의 나로서는 감히 올려다보지 못할 분이었다. 해병학교에서 그런 사이로 시작돼 선배가 세상을 뜨기 전까지, 나와 길다면 긴 인연을 맺게된 것이 한편으로 생각하면 좀 기이하고 운명적이었다는 생각마저 들게한다.

중대장과 교육훈련생으로 만나면서 개인적이고 사적인 친분이 형성돼 봤자 얼마나 되겠는가. 그러니까 안 선배와의 끈끈한 관계는 대체적으로 사회에 나와서 맺어진 것이다. 물론 그전에 교육훈련을 받을 적에 안 선배가 나를 어떻게 보고 나를 어떻게 여겼을까가 그 후 관계 설정의 중요한 한 잣대가 되었을 것이다. 내 입으로 말하기는 쑥쓰럽지만, 아마도 안 선배는 해병학교 교육훈련 시절 여러 측면에서 나의 사람됨됨이와 관련해 좀 잘 보지 않았을까 하는 생각은 든다.

안재송 선배는 권총 잘 쏘기로 타의 추종을 불허하는 특등사수였다. 선배가 예편과 함께 청와대 경호실로 간 것도 그의 사격 실력 때문이다. 이런 일화가 있다. 1965년 1월 당시 박정희 대통령이 박종규 경호실장에게 갑자기 "한국에서 총을 제일 잘 쏘는 사람이 누구야?"라고 물었다. 박 대통령의 느닷없는 질문에 박 실장의 대답 또한 지체가 없었다. "해병장교 안재송이 제일입니다." 박 대통령은 그 직후 안재송을 불러 독일제 '골더' 45구경 사격용 권총을 하사하고 청와대 경호실 사격교관으로 발탁하였다. 그 권총은 한 해 전 박 대통령이 독일 국빈 방문시 하인리히 리프케 독일대통령으로부터 선물받은 것이었다. 그 얼마 후 안재송은 대통령 수행경호원으로 한걸음 더 박 대통령 호위에 다가선다.

내가 군에서 예편 후 안재송 선배를 만난 건 마산에서 서울로 올라온 1969년 무렵이다. 그때 내 소식을 어렴풋이 듣고 있던 선배가 나를 불러서 청와대로 가서 선배를 만났다. 청와대 경호실에는 해병대 출신들이 많았다. 그만큼 박 대통령의 해병대에 대한 신뢰가 컸다는 얘기다. 나는 안 선배의 안내로 당시 정인형 경호처장(해간 16기)에게도 인사를 드렸다. 그리고 해간 33기로 나보다 한 기 선배이자 고려대 또한 한 해 위인 박상범 수행경호원도 만났다. 박상범 선배는 그 후 김영삼 정부 때 경호실장과 보훈처장을 역임했다.

이들 해병 선배들은 그러니까 거의 적수공권으로 사회초년병이던 그 시절의 나에게 큰 도움이 됐다. 뭘 몰라 어려운 일이 있고 난관에 봉착할 때마다 선배들은 물심양면으로 조언과 격려를 아끼지 않았고 여러 방면에서 도움을 아끼지 않았다. 내가 그나마 세상물정을 알고 나름으로 이런저런 비즈니스에 뛰어들게 된 것도 모두 이들 선배들 덕분이다. 이들 가운데 안재송 선배의 노고가 특히 컸다. 안 선배가 만일 그때 대통령 시해사건에서 변고를 당하지 않았더라면 지금쯤 아마도 나와 어떤 형태로든 어떤 분야에서 함께 일을 하고 있지 않았을까 하는 생각을 한다.

선배는 내가 해외진출을 도모하고 있던 1970년대 중반, 나의 콜롬비아 행에 많은 도움을 줬다. 비록 추진과정에서 10·26으로 인해 좌절된 것들이지만, 내가 콜롬비아에서 추진하던 여러 사업 아이템들 또한 안재송 선배와 함께하기로 한 약조를 바탕으로 한 것들이었다. 예컨대 콜롬비아 이민사업도 그중의 하나이다. 안 선배는 생전에 국내에 있는 것을 갑갑해 하면서 가능한 한 해외로 나가는 것을 희망했다. 나도 선배와 생각이 같았다. 그래서 콜롬비아 등 중남미와 미국에서 사업을 하기로 하고 이

걸 추진하는 과정에서 나는 해외 현지를 오가며 실무를 담당하던 중이었다. 그러다 10·26이 터졌고, 그것으로써 안 선배와 나의 꿈은 좌절된 것이다.

지나간 여담이지만, 청와대에서 대통령을 경호하고 보살피는 일이라는 게 얼마나 스트레스풀(stressful)한 것인가는 그 당시 정인형 경호처장과 안재송 부처장을 보면 알 수 있었다. 간혹 술자리에서 이 두 분은 하루빨리 청와대를 떠나고 싶은 심정을 숨기지 않고 털어놓기도 했다. 그런데 박 대통령이 이 두 분을 놓아주지를 않았다. 정인형 처장의 경우 청와대를 벗어나 국회의원이 되고 싶다는 희망을 피력하기도 했다. 안재송 선배의 경우 진급에 대한 불만도 가끔씩 털어놓았다. 정인형 처장이 그 자리에만 10년째 있으니, 안 선배로부터 그런 불만이 나올 만도 한 것이었다. 그러다가 결국 10·26을 맞게 된 것이다.

사람에게는 자신에게 닥칠 어떤 운명을 직감하는 예지능력이 저마다 어떤 형태로든 갖고 있다는 걸 나는 안재송 선배의 경우를 통해 믿고 있다. 10·26이 일어나기 얼마 전, 내가 콜롬비아에서 일시 귀국해 선배를 만나 가벼운 술자리를 가진 적이 있다. 그날 그 자리에서 안 선배는 나에게 뜬금없이 이런 말을 했다.
"내가 죽거든 내 무덤에 소주 한 잔 부어다오…"

나는 선배의 이런 말을 그냥 한 귀로 듣고 한 귀로 흘려버렸다. 10·26에 이은 그 미증유의 혼란 상태 그 한 귀퉁이에 그날 참변을 당한 안 선배 등 경호원 4명에 대한 처우문제도 있었다.

원래 국립묘지에 안장하는 것으로 하려다, 대통령을 지키지 못했다는 이유로 그 결정이 취소됐다. 안 선배는 자식이 없었던 관계로 경기도의 한 공원묘원에 모셔졌다. 그 소식을 들은 그날 밤에 갑자기 선배가 나에게 한 그 말이 떠올랐다. 그래서 나는 그 뒤 공원묘원을 찾아 말씀대로 소주 한 잔을 올렸다.

해병학교 시절, 나의 구대장들이었던 이강직, 안병훈, 지순화 선배도 나에게 가르침과 함께 보살핌을 준, 빼놓을 수 없는 분들이고 사회에 나와서도 인연이 이어졌으니 나의 소중한 해병대 인맥이라 할 것이다. 해병학교에서의 구대장은 교육생들의 훈련은 물론이고 신상을 관리하고 챙기며 전담하는, 학교로 치면 담임선생님과 같은 직책으로 위관급 현역장교들이 맡았다.

한 구대는 30-40명의 교육생으로 구성돼 있었는데, 구대장은 고된 훈련 속에서 신경이 날카로워질 대로 날카로워진 교육훈련병들의 일거수일투족까지 체크하고 보살펴야 했기에 구대장으로서의 위세보다 오히려 고충이 더 많은 직책이었다. 이들 구대장들 중 두 분(이강직, 지순화)은 이미 고인이 되셨으니, 그분들과의 인연은 이제 추억으로 남았다.

이강직 구대장은 당시 해군사관학교 출신의 중위로 우리 구대장을 맡았다. 이분은 이름 그대로 강직한 성격에 원리원칙과 바른 말 잘하는 대쪽같은 성격으로 보기에도 전형적인 군인의 상이었다. 이런 성격은 군에서는 지휘자로서 리더십 발휘에 강한 점이 있다. 그러나 융통성 측면에서는 상관들과 알력이 많았던 것으로 기억되는 분이다. 우리들은 이분의 군인됨과 리더십을 높이 평가하면서 분명 별을 달 장군이 될 것으로 믿어 의심치 않았다. 하지만 결국 별을 달지는 못하고 중령으로 예편한, 어떤 의미에서는 불행한 군인이었다. 앞에서 언급한 대로 때때로 융통성이 필요할 때 그걸 적재적소에 발휘하지 못해 불이익을 당했을 것이라서 우리들은 안타깝고 애석해 했다.

이런 성품의 이강직 구대장을 생각하면 어떤 한 사건이 떠오른다. 이분이 예편 후 못된 사람들로부터 아주 곤란한 일을 당했을 때 우리들이 일사불란하게 적극 나서서 이분을 구렁텅이에서 구해낸 일이다. 이 선배의 이런 경우를 보며 사회물정 모르고 사회에 나선 군 출신들이 저런 식으로 당하는구나 하는 교훈을 남긴 사건인데, 그 전말은 이렇다.

이 선배는 예편 전 마지막 임지로 제주도해역사령관을 맡아 제주에서 근무를 했다. 그 후 예편을 하고 제주도의 모 대형 관광여행사 사장직을 제의 받아 그 자리에 앉았다. 지금은 어떨런지 모르겠으나, 1980년대 당시 제주도 관광여행사의 가장 큰 이권사업은 사진 관련 일이었다. 그것을 잘 아는 지역의 못된 토착업자들이 이를 그냥 놔둘 리가 없었다.

제주의 경찰과 검찰 등의 권력을 끼고는 관광회사의 사진 관련 일을 그들에게 넘기라고 요구했고, 이강직 선배는 당연히 거부하며 맞섰다. 그러자 업자들은 세무서를 동원해 세무사찰을 받게 하는 등 선배를 궁지로 내몰았다. 그럼에도 불구하고 이 선배는 계속 원칙을 고수하며 강하게 맞서다 결국 검찰 수사를 받기에 이르렀고 임시방편으로 자리를 피한다는 게 지명수배까지 당하게 돼 도망자 신세까지에 이르게 된다.

이 사실을 내가 알게 됐다. 말도 안 되는 사실에 나는 참을 수가 없었고, 내가 동원할 수 있는 여러 요로에 진정을 했다. 이때 나의 해병인맥이 동원됐다. 당시 김 아무개 법무부 검찰국장이 해병대 해간 출신으로, 해병학교 시절 이강직 선배로부터 교육을 받았던 사실을 알고 그 국장을 찾아가 사정을 얘기했다. 그런 한편으로 당시 조선일보 편집국장이던 안병훈 선배(해간 30기)를 찾아가 사정을 얘기했다. 이러는 과정에 조선일보에서 나의 마산고 동기를 만난다. 당시 조선일보 사회부장이던 임 백이었다.

조선일보에서 제주도 권력층의 이런 비리를 기사로 다루려 했다. 그리고 법무부에서는 김 검찰국장이 직접 나서 검찰로 하여금 수사에 착수하려는 움직임을 보이면서 국면이 전환됐다. 이런 조치들이 취해지기 전에 제주의 비리 관련자들이 스스로 그들의 잘못을 인정하고 납작 엎드린 것이다. 이강직 선배는 자신에 대한 제주 검찰의 수배가 해제되고 문제가 해결된 후 나를 찾아와 울먹이면서 고맙다고 했다. 이강직 선배는 문제가 해결되면서 다시 현직으로 복직을 했고 그 후 2년 간 사장직을 유지했다.

안병훈 구대장은 해간 30기로, 나보다 4기 선배다. 안 선배는 현역 중위 계급으로 구대장 직을 담당했다. 그만큼 통솔력을 포함한 리더십이 뛰어났다는 얘기다. 안 선배는 해병학교 후보생 시절의 구대장이었다. 해병간부후보생들이 해병학교에 입교하면 두 단계의 교육훈련 과정을 거친다. 일차로 후보생 교육을 받는다. 그 교육을 수료하면 소위로 임관한다. 그다음이 기초반 교육이다. 해병 소위로서 실전에 대비한 본격적인 훈련은 기초반 과정에서 이뤄진다. 후보생 교육보다 훈련의 강도가 높다. 그러니 같은 구대장이라 하더라도 후보반과 기초반이 아무래도 관계 면에서 좀 차이가 날 수밖에 없는 것은 훈련의 강도 때문이다. 안병훈 구대장은 그런 측면에서 엄격한 가운데서도 다정다감한 면이 다른 어느 구대장들보다 많았던 것 같다.

안 선배는 해병대에 입대하면서부터 가는 곳마다 구설(?)에 오르곤 했다. 이유는 서울대 법대 출신이기 때문이다. 지금은 모르겠지만, 그 당시 서울법대를 나와 해병에 지원 입대하는 경우는 드물었다. 기억하기로 내가 해병학교에서 훈련을 받던 그 시기, 교육생 중에 한 명이 서울법대 출신이었다. 그러나 그는 훈련을 견디지 못하고 교육훈련 중에 퇴교를 당했다. 그래서였을 것이다. 해간 출신으로 중위 계급장을 달고 우리 구대장을 맡은 안 선배는 여러 가지 면에서 남달라 보였고 우리들의 귀감이 되었다. 나는 안 선배의 지시를 잘 따랐고 몸도 정신도 빠릿빠릿했기에 안 선배와 가까워질 수 있었다. 그런 인연은 사회로 나와서까지 이어지고 있다.

안병훈 선배는 알 만한 사람은 다들 아는 중견 언론인이다.

조선일보 기자로 들어가 편집국장을 거쳐 대표이사까지 역임했으니, 우리나라 언론인으로서는 올라갈 만큼 다 올라간 품격 있는 분이다. 이런 안 선배를 지근거리에서 언제든 뵐 수 있었던 건 나로서는 영광이었다. 안 선배는 해병학교 구대장 시절처럼 나를 포함한 해병학교 후배들을 잘 챙겨 주었다. 어렵고 답답한 일이 있을 때면 언제나 귀를 열어 얘기를 들어주고 함께 해결방안을 모색하는 성의를 보였다. 앞에서 언급한 이강직 구대장의 불미스런 사건 때도 적극적으로 나서서 도움을 주었다. 내가 이런저런 사업을 하는 과정에서도 안 선배의 도움을 많이 받았다.

안 선배는 언론인은 은퇴가 없다는 걸 몸으로 나타내려는 듯 현재도 출판을 통한 언론활동을 하고 있는 현역이다. 몇 해 전에 안 선배는 회고록을 냈다. 그 책에는 해병학교 시절을 회상하면서 나를 비롯한 후배들의 이름들을 일일이 열거하며 얘기하고 있는 대목이 있다. 그걸 읽으면서 나는 안 선배의 후배 사랑이 남다르다는 걸 알 수 있었다.

안병훈 선배에 이은 지순화 구대장(해간 29기)은 해병대에서 나와는 좀 독특한 일로 맺어진 인연이다. 굳이 표현을 찾는다면, 전화위복의 요소가 다분한 그런 관계 속에 엮인 사이였다. 말하자면 별로 좋지 않은 일로 만나 그게 해프닝성으로 풀리면서 더 친숙한 관계로 발전된 게 지순화 선배와 나의 사이였다.

지 선배를 처음 만난 것은 1964년 12월, 내가 해병학교 입교를 전후해 최종 관문으로 신체검사 확인을 받는 과정에서였다.

내 시력에 문제가 제기된 것이다. 나는 신체검사에서 이미 양쪽 눈 1.0으로 합격판정을 받았기에 시력은 전혀 염려하지 않고 있었다. 그런데 당시 구대장이었던 지순화 중위가 이의를 제기하고 나선 것이다. 지 중위는 어떤 근거에서였는지는 모르겠으나 내 시력 측정에 부정이 개입됐다면서 부정합격이라고 주장한 것이다. 그러면서 그는 나의 양쪽 눈 시력이 0.5, 0.6이라고 주장했다.

이 문제를 풀 방법은 간단했다. 시력을 다시 검사하면 될 일이었다. 그런데도 그런 조치를 취할 기미는 보이지 않는 상황에서 지 중위는 거의 무조건적으로 내 시력의 부정판정을 문제삼아 부정합격만을 주장하는 것이었다. 나로서는 미치고 팔짝 뛸 노릇이었다. 만일 지 중위의 부정판정 주장이 받아들여지면 나는 즉시 퇴교당할 처지에 놓이게 되었으니 그럴 수밖에 없었다. 이는 시력 문제 외에 어떤 감정적인 문제가 개입되지 않고서는 있을 수 없는 일이었기에 문제는 더 복잡하게 얽이는 듯했다. 내가 지 중위를 만나든가 아니면 학교 당국에 하소연하는 수밖에 없었다. 그러나 지 중위는 나를 만나주지도 않고 피하는 것처럼 보였다.

이 문제가 해결된 것은 전혀 생각지도 못했던 어떤 계기에 의해서였다. 나는 이 문제를 마산에 계신 형님과 상의를 했다. 그러면서 지 중위에 관해 내가 알아본 바를 형에게 얘기를 했다. 지 중위가 어디가 고향이고 어느 학교 출신이고 등등을… 듣고 있던 형은 "한번 알아보마"고 했다. 그리고 한 이틀 정도가 지났을까, 지 중위를 지나가는 길에 만났다. 지 중위는 가던 길을 멈추고 나를 부르더니 전과는 영 딴판인 부드러운 표정으로 내 형에 관해 물었다. 나는 묻는 말에 예, 아니오 식으로 대답을 했다. 지 중위가 이런 말을 했다. "진작 그렇다고 얘기할 것이지…" 그 한마디 말로 문제는 풀렸다. 나는 그렇게 해서 나는 무사히 해병학교에 입교했고, 지 중위는 우리 구대장으로 왔다.

지 중위와의 그런 일이 그런 식으로 해결은 됐지만, 나는 도대체 어떻게 된 영문인지 알 수가 없었다. 지 중위는 우리 구대장을 맡으면서, 내가 그런 쪽으로 생각해서 그런지는 모르지만, 아무튼 나에게 잘해 주는 것 같았다. 시간이 얼마 흐른 후 나는 형으로부터 이런 얘기를 들었다. 신마산에 주먹이 센 한 친구가 있는데, 알고 보니 그 친구가 지 중위와 아주 친한 친구 사이였다는 것.

그래서 형이 신마산 그 친구에게 내 사정 얘기를 했다는 것이고 그것으로 일이 일사천리로 잘 풀린 것 같다고 했다. 형으로부터 그렇게 얘기를 들었어도 나는 그 전말을 도무지 이해할 수가 없었다. 세월이 많이 흐른 지금까지도 나는 그 이유를 모른다. 그러면서도 지순화 선배와는 사회에 나와서도 친하고 좋은 관계를 유지했다. 언젠가 내가 작심을 하고 예전의 그 일에 관해 한번 물었더니 그냥 씨익 웃고 넘겼다. 지 선배는 돌아가시기 전까지 니의 필동 사무실에 자주 들리곤 했다.

해병으로 엮인 이런 인연들은 이 외에도 많다. 안재송 선배를 얘기할 적에 잠깐 언급했지만, 청와대 경호실에 계셨던 박상범 형 또한 나의 소중한 해병 인맥 중의 한 분이다. 상범 형은 해간 33기로 나의 한 기 선배다. 게다가 고려대도 1년 선배다. 상범 형은 고려대 법학과를 나왔다. 학교 다닐 적에 친분은 없었다. 해병에 들어와 해병으로 만나면서 친분관계를 쌓은 것이다. 1년 위 선배지만, 나는 상범 형으로 부른다. 나로서는 그렇게 부르는 게 편하고 형 또한 그렇게 불러주기를 좋아한다.

주지하다시피 박상범 선배는 청와대 경호실의 산증인이다. 박정희 대통령 때 경호실에 들어가 대통령을 네 분이나 경호했고, 김영삼 대통령 때 경호실 수장, 그러니까 경호실장 자리를 맡은 것이다. 그리고 대통령 근접경호원으로서 10·26 대통령 시해사건 등 위중한 역사적 현장에서도 살아 남아 '살아 있는 불사신'으로 불리는 역사의 증인이기도 하다. 상범 형과는 30대 초반부터 많이 어울렸다.

30대 젊은 시절, 박 선배와 함께 술도 같이 많이 마셨고 많은 얘기도 나눴다. 이런저런 사업을 하면서 나는 형으로부터 도움도 많이 받았고, 나 또한 형 일이라면 물불을 가리지 않고 나섰다. 상범 형과는 그러니까 거의 형제처럼 지낸 것이나 마찬가지다. 오죽 많이 만났으면, 언젠가 둘이서 "죽기 전까지 이제는 만나지 맙시다"라는 농까지 주고받을 정도였다.

강대인 전 방송위원장도 해간 33기, 그러니까 박상범 선배와 동기로 자주 만나던 사이였다. 방송기자 출신이었던 강 선배와도 한때 자주 어울렸고, 어렵고 힘들 때 서로 도움을 주고 받았다. 강 선배는 우리 가족과도 뗄래야 뗄 수 없는 인연이 있다. 내 큰 아들 문기와 작은 아들 문수의 결혼식 주례를 강 선배가 섰기 때문이다. 강 선배는 또 큰아들 문기가 취업으로 잠시 어려울 때 곁에 두고 쓴 적도 있을 정도로 아량이 넓은 분이었다. 강 선배 덕분으로 나는 언론계의 좋은 분들도 많이 만났다. 지인으로 잘 지내고 있는 이재훈 전 중앙일보 사장도 강 선배의 소개로 만난 분이다.

나의 해간 34기 동기들은 요즘에도 자주 만난다. 총무를 맡고 있는 마산공고 출신 강성원 동기의 노력과 활동 덕분이다. 해간 34기 동기들 중에 마산고 19회, 그러니까 나의 한 해 선배들도 더러 있다. 고등학교 한 해 선배들이지만, 해병으로서는 그에 우선하는 게 해간 기수이니 그 기준으로 동기들처럼 지낸다. 그중 박수학, 김칠진 동기는 자주 만나는 편이다. 김철진 동기는 고등학교 시절에 기계체조를 잘했었기에 만날 적마다 내가 그 얘기를 하면 좋아한다. 박수학 동기는 건강했는데, 근자에 중병을 앓고 있다. 월남전 참전에 따른 고엽제 후유증인데, 가끔씩 병원에 들러보기도 한다.

이 글을 끝내고자 하는 시점에 또 한 분의 해병 선배가 떠올랐다. 이분이 떠오른 것은 얼마 전 30년 이상 소식이 끊겼다가 극적으로 연락이 이어졌기 때문이다. 오세찬 선배가 그분인데,

나보다 5년 위 그러니까 해간 29기로 대위 출신이다. 이 선배와 나는 월남전에 함께 참전했다. 서로 중대는 달랐지만, 이 선배가 당시 추라이 우리 해병부대에서는 워낙 유명했었기에 나는 진즉부터 이 선배를 알고 있었다.

이 선배가 유명해진 건 그의 전력 때문인데, 선배는 자신이 옛 종로바닥을 누비던 김두한의 부하였다고 했다. 그러면서 당시 종로바닥에서 통용되던 별호를 밝혔는데, '종로쌍칼'이라고 했다. 선배는 '종로쌍칼'이라는 이름에 걸맞게 행동이 우람했다. 완력과 말빨도 세고 처세도 좋고 임기응변에도 강해 누구든 맞상대할 사람이 없을 정도였다. 사실인지 확인할 길은 없으나, 오 선배가 '종로쌍칼'로 잘 나갈 때는 김지미 등 당대 일류 여배우들과 함께 친하게 지냈다고 했다.

오 선배가 나와 인연을 맺은 건 중대 간 임무 교대 때문이었다. 내가 속한 7중대 소대장들이 수색작전 과정에서의 격렬한 전투로 대부분 부상을 입게 되자, 여단 방어를 맡고 있던 6중대와 임무가 교체되면서 만나게 된 것이다. 그 6중대장이 오세찬 선배였다. 그래서 임무가 교대됐는데, 어느 날 수색 과정에서 전투가 벌어져 오세찬 중대장이 총상을 입었다. 그 부상 시기가 나와 비슷한 것 또한 하나의 인연이었다. 그런 한편으로 7중대 소대장인 나로서는 오 선배에게 마음의 빚 같은 게 있었다. 임무교대가 없었더라면 부상을 입지 않았을 것이라는 점 때문이다.

아무튼 나와 오 선배는 귀국을 하게 됐고, 한국으로 와서도 친분관계를 유지했다. 그런데 오 선배 이분은 귀국한 이후에도 대단했다. 병원에서 퇴원을 한 후 얼마 안 있어 경찰에 들어간 것이다. 그것도 기동경찰에 들어가 서울 중부서 경비과장 등으로 승승장구했다. 오 선배는 그러다가 결국은 경찰서장까지 됐다. 청량리경찰서장이 된 것이다. 그러다 옷을 벗은 게 1991년 당시 정원식 총리가 외대에서 학생들로부터 밀가루세례를 받은 사건과 관련해 관할서장으로 책임을 지고 옷을 벗은 것이다.

경찰에서 퇴역한 후 오 선배와는 연락을 유지했다. 몇 번인가 나의 필동 사무실로 와 사업문제 등을 논의하면서 자주 만났다. 그러다 언제부터인가 소식이 두절돼 궁금하기 짝이 없었던 차에 얼마전 극적으로 연락이 됐던 것이다.

오세찬 선배를 통해 또 한 사람의 해병 얘기를 하지 않을 수 없다. 켈리필드(Kellyfield)라는 미 해병인데, 오 선배를 통해 그의 얘기를 들을 수 있었던 것이다. 켈리필드는 말하자면 나의 생명의 은인이나 마찬가지다. 내가 월남에서 총상을 당하던 순간 내 곁에서 나를 돌봐준 이가 바로 켈리필드이다. 켈리필드는 항공기와 함포사격 연락을 맡고 있는 미 해병 앵글리코(ANGLICO; Air-Naval Liaison Company, 항공함포연락중대) 소속병으로 내가 지휘하던 소대에 파견된 배속병이었다. 전투 중에 부상자가 생길 경우 미 구조헬기를 부르는 업무를 맡고 있었다. 우리는 그 미 해병을 그냥 앵글리코라고 불렀는데, 앵글리코가 얼마나 신속하게 구조헬기를 부르느냐 여부에 생사가 갈릴 정도로, 그 미 해병의 조치가 중요했다. 나는 항상 소대장인 내 곁에 붙어다니는 켈리필드와 친해졌다. 그러니 내가 총상을 입고 쓰러지자마자 켈리필드는 혼신의 힘을 다해 구조헬기를 최대한 빨리 불렀고, 그 덕에 나는 즉시 구조돼 병원에서 응급처치를 받은 탓에 살아날 수 있었던 것이다.

그 앵글리코 켈리필드를 오세찬 선배 또한 기억하고 있었는데, 선배가 경찰에 있을 당시 미국에 갔을 때 켈리필드를 만났다고 했다. 켈리필드 또한 미국으로 귀환한 후 경찰에 투신해 오 선배가 미국에 갔을 때 뉴욕주 올버니(Albany)시 경찰서장을 하고 있더라는 얘기였다. 이 얘기는 오 선배와 내가 자주 만나던 1990년대 들었던 것이다. 나는 오 선배와 연락이 닿자 그 켈리필드가 어떻게 지내고 있을까 궁금해졌다. 그러다 내 사무실에 자주 들리는 고등학교 한 후배와 이런저런 월남전에 관한 얘기 끝에 앵글리코 얘기가 나오면서 내가 켈리필드 얘기를 했다. 그랬더니 후배가 한번 찾아보겠다고 했다.

그리고 며칠 후 후배를 만났더니 올버니 경찰국 홈페이지에서 켈리필드를 검색하는 등 찾고 있는데, 아마도 찾을 수 있겠다는 얘기를 들었다. 나는 그래서 켈리필드와 연락이 닿기를 기다리고 있다. 만일 그렇게 연락과 만남이 이뤄진다면 한미 해병이 월남에서 손을 맞잡고 싸웠던 혈맹의 연장선에서 어떤 상징적인 사건이 되지 않을까 싶다.

가족 이야기

아내 황경섭

지금까지 함께 살아온 나에 관해서 아내인 황경섭(黃敬燮)의 평가는 좀 인색하다. 좋고 나쁘다는 가부의 여부를 떠나 아내 표현을 말 그대로 하자면 "맨날 천날 일하러 다닌다고 아침부터 밤까지 쏘다닌"게 나다. 아내의 이 표현을 직설적으로 보자면 나는 아내를 포함한 내 가족들에게 가정을 등한시하면서 가장으로서의 역할을 잘 못했다고 할 수 있을 것이다.

하지만 아내의 그린 표현을 한편으로 좋은 의미로 보지면, 가족들 먹여 살리기 위해 열심히 살았다는 말로 들을 여지도 많지 않은가. 그런 점에서 나는 아내가 비록 표현은 저러하지만, 속마음으로는 나의 삶에 대한 집념과 열정을 그런대로 알아주고 있는 것이라고, 나 좋은 대로의 생각에 은근히 기대기도 한다.

사실 나는 지금껏 해외를 포함해 사방팔방으로 이런저런 사업에 손을 댔다. 이런 과정에서 안정적인 삶을 바라는 아내의 속을 무던히도 썩였을 것이다. 짓궂은 어느 후배가 이 점을 콕 집

아내와 프랑스에서

어 아내에게 물었고, 아내의 그에 대한 대답을 나에게 들려줬는데 옮겨보면 이렇다.

"나는 자식들과 (남편을) 지켜보는 안사람 입장에서 안정적인 걸 원한다. 그러나 남자로서 뭐라도 한몫 큰 거나 그럴듯한 거 하나 하려고 그러니까 그런 것이겠지. 그런 측면에서 보면 속을 썩였다고 할 수 있지만, 그밖에 다른 것으로는 그렇지 않았어요. 절대로요."

아내의 이 대답 또한 나는 당연히 나에게 유리한 식으로 받아들인다. 그러니 아내가 남편으로서, 가장으로서 지나온 나의 삶을 그런대로 나쁘게 평가하고 있지는 않구나 하는 것에 나는 안도했다. 내가 속으로 적잖게 우려하면서도 스스로 안도한다는 이런 글을 적으면서 솔직히 얼굴이 후끈거린다. 그러나 어쨌든 이는 순전히 내 관점으로 보고 생각하는 것이니 읽는 분들의 오해가 없기를 바란다.

아내 황경섭과 1969년에 만나 결혼한 지 올해로 꼭 55년이 됐다. 풋풋한 청춘의 나이로 만나 어언 반세기를 넘겼다는 게 사실 실감이 잘 되질 않는다. 그러나 아이들이 자라서 이제는 다들 중년의 나이로 커 저마다 자신들의 생활을 꾸려 가고 있는 현실에 우리 두 내외를 대입시켜 보면 세월이 그만큼 흘렀다는 걸 새삼스레 느끼게 된다. 그동안 살아오면서 아내에 관해 타방에 드러내 놓고 얘기해 본 적은 없다. 이번에 어줍잖은 내 인생을 책으로 엮는 기회에 아내에 관한 얘기를 행간 행간에서 빼놓을 수가 없게 됐다.

내 인생에 있어 아내의 존재는 그만큼 큰 것이었고 지금도 여전히 그렇기 때문이다. 그러니 나의 괴팍스러움을 좀 아는 주변들은 내 성격을 감안한다면 아내에 대한 내 글에 약간의 생경감을 가질 수도 있을 것이다. 물론 나는 언젠가는 아내에 관한 얘기를 어떤 형태로든 해야겠다는 생각을 하고 있었고 그 기회를 저울질하고 있었다.

그러다 그 시점을 이번 기회로 잡았던 것인지도 모르겠다. 내가 아내 얘기를 누구에게든 그동안 잘 하지 않았다는 것이 혹여 아내로 하여금 만에 하나 자신을 무시하는 처사로 곡해할 수도

아내와 나(2024년 12월)

있는 것이니, 아내가 이 글을 읽고 나를 이해해 줬으면 하는 마음이다. 아내에 대한 얘기는 '결혼' 부분의 앞글과 겹치는 대목도 있을 것이다.

아내는 황경섭은 나보다 1년 아래인 1944년생으로 올해 우리 나이로 81세다. 아내는 나처럼 마산에서 컸지만, 마산에서 태어난 것은 아니다. 아내가 태어나 자란 곳은 이북, 그러니까 황해도 서흥이 고향이다. 부모님들이 6·25 전란을 피해 피난을 와 자리 잡은 곳이 마산이다.

아내 아버지, 그러니까 내 장인어른은 당시로는 인텔리였던 약사이셨고, 집안은 서흥에서 부자로 소문이 자자했다고 한다. 아내가 간혹 기억을 꺼내 들려주는 얘기로 할아버지가 운영하던 과수원이 하도 넓고 커 한번 둘러보려면 자전거를 타고 돌아다녔다고 한다. 장인은 6·25전쟁 전 남한에서 보사부에서 운영하던 태릉고아원 원장으로 근무했으며, 전쟁 때 마산으로 피난 와 가포의 국립요양원에 근무 중 타계했는데, 아내의 아버지뿐 아니라 작은아버지, 그러니까 삼촌이 산부인과 의사를 하는 등 집안에는 의사와 약사들이 많았다고 한다.

아내는 9남매 중 여섯째다. 위로 언니 셋과 오빠 둘, 그리고 아래로 여동생과 남동생들이 있다. 오빠 둘 중, 큰처남은 마산고등학교 1회, 둘째 처남은 18회로 둘 모두 나의 마산고 선배분들이다. 아내는 마산에서 월영국민학교와 마산여중을 졸업하고 마산여고를 들어갔으나, 중간에 부산 동래여고로 전학해 그 학교를 졸업했다.

아내는 공부를 썩 잘했지만, 대학을 가질 않았다. 위로 세 명인 언니들의 틈새에서 그럴 만한 여유도 없었고, 또한 당시 여성들의 대학진학이 전쟁 후라는 측면에서 시기적으로나 사회적으로 그리 일반적이지 않았다. 대신 아내는 취업을 택해 당시 들어가기가 쉽지 않았던 은행과 조폐공사 두 곳에 동시 합격을 했지만, 조폐공사에 들어갔다. 아내 언니들도 다들 머리가 좋았다. 큰언니는 우리나라 여성 계리사 1호로 명성이 높았다.

아내와는 아내가 조폐공사에 다닐 적에 중매로 만나 결혼했다. 아내로서는 좋은 직장에 다니는, 말하자면 콧대 높은 아가씨였던 것인데, 월남전에 참전해 부상당한 상이군인인 나의 처지와 견줘 보면 꿀릴 게 없는, 오히려 나보다 나은 처지였다. 그러니 이 결혼이 당시의 이런저런 객관적인 정황을 바탕으로 어떤 과정을 거쳐 어떻게 이뤄졌는가는 쉽게 알 수 있는 것이다.

말하자면 프로포즈 뭐 이런 건 나는 모르겠고, 아무튼 내가 적극적으로 나서서 혼인을 종용했던 것인데, 시쳇말로 적극적인 구애 공세였던 것이다. 짓궂은 후배가 전한 아내 말로는 내가 "자꾸 하자고, 보채고, 얼르니까" 아내가 나에게 넘어갔다는 것이다. 어떻든 세월이 지나 이제 생각해 보니 내 생애에 있어 최고로 잘한 것은 황경섭을 내 아내로 잡았다는 것이다. 누가 지금도 묻는다면 나는 주저 없이 그렇게 대답할 것이다.

결혼을 하면서 아내의 고생은 시작됐다. 서울에 올라와 분식을 주종으로 하는 식당도 아내가 했다. 그 당시도 나는 아내 말처럼 "맨날 천날 일(사업)하러 다닌다고 아침부터 저녁까지 쏘다녔다." 변한 것은 '일'이 '사업'으로 언뜻 보기에 격상된 것이었을 뿐이다. 아내는 새벽부터 밤늦게까지 식당 일에 매달리는 고생에 시달렸다. 다행히 장사가 잘돼 그 고생을 고생으로 느끼지 못했을 뿐이었다.

특히 아내는 당시 큰애 문기를 임신한 상태에서 험한 일을 마다하지 않았다. 애를 낳고도 식당 일 때문에 애를 볼 수가 없어 부산 장모님이 아이를 부산으로 데려가 보살폈는데, 그때 아내의 심정이 오죽했을까 싶다. 결국 금호동에 좀 넓은 집을 마련한 것은 보고 싶은 아이를 그나마 곁에서 보며 일을 하려는 모정의 발로였을 것이다. 아내의 식당은 잘됐고, 그것으로 많은 돈을 벌었다. 그렇게 아내의 식당 일로 번 돈은 차후 내가 하는 사업의 종잣돈이 됐다.

아내는 정말이지 식당 사업을 비롯해 어떻게 하든지 가정경제를 일으키고 아이들을 올바르게 키우고 나를 보살피기 위해 많은 고생을 했다. 결혼 반세기를 넘어섰고 이제 어느 정도 먹고 살 만한 처지가 되니 새삼 아내에게 미안한 마음이 든다. 돌이켜 보면 아내는 지금껏 험한 일을 마다하지 않고 내 곁에서 살아왔다. 이런 과정에서 나는 아내를 사회적으로 돋보이게 하는 변변한 일 하나 마련해 주지 못했다. 사회적인 활동을 할 겨를이 아내에게 없었던 것이다.

딱 하나 있다. 1980년대 초 큰아이가 옥수동 집 근처 광희중학교 다닐 적에 나는 그 학교 육성회장을 맡았던 적이 있다. 사업을 하느라 바쁜 와중에도 그 일을 맡은 건, 교장 선생님의 간곡한 부탁 때문이었고, 나 또한 그 일이 나름으로 보람된 일이라 여겼기 때문이다. 육성회장 2년을 하면서 아내도 나의 이 일을

광희중학교 육성회장을 맡았을 당시 해외 출장으로 자리를 비우면 나를 대리해서 아내가 그 역할을 맡았다.

많이 도왔다. 특히 내가 해외 출장 등 한국에 없을 때는 아내가 나 대신 입학과 졸업식 등 학교 주요행사에 참석했다. 그때 나는 아내가 그런 일을 참으로 성의있게 잘하면서 보람을 느끼는 걸 알게 되면서 아내에 대한 미안한 마음이 더 들었다.

결혼한 지 반세기를 훨씬 넘어섰으니 이제 아내와 나는 서로에게 익숙한 존재로서의 경지는 넘어섰다고 본다. 흔히들 말하는 이른바 '반려'로서의 의미다. 그러나 때때로 그 가치적 측면에서 그렇게 고정적이지는 않고 이제는 그게 변하고 있는 것임을 나는 느낀다. 평생 반려라는 개념에서 이제는 내가 아내에게 전적으로 기대는 의지의 개념이 되고 있다는 점에서다. 의지하고 의존한다는 것, 그 말 그대로 나는 지금 아내에게 기대어 산다. 한마디로 말하자면, 아내는 지금 나의 수족이나 마찬가지다.

몸이 늙고 병들면 거동이 불편해지는 건 주지의 사실이다. 나는 그동안 건강하게 살아왔다. 그러다 재작년 미국에서 큰 사고를 당해 몸이 많이 망가졌다. 그러니 몸이 불편할 수밖에 없다. 그 불편함을 그나마 좀 덜 수 있는 것은 순전히 아내 때문이다. 아내는 나와 비슷하게 늙어가는 몸으로 내 약을 타기 위해 먼 병원 길을 마다하지 않고 다닌다. 은행 일이나, 소소한 건물 일도 아내가 거의 맡아서 하고 있다. 아내는 그리고 항시 내 곁에 있다. 그리고 까다롭기 짝이 없는 내 심기를 이래저래 보살피느라 고생이 많다.

이러니 나는 아내에게 의지해 살아가고 있다고 말하는 것이다. 그래서인지 요새는 내가 생각해도 내가 참 싱겁다는 생각을 한다. 아내 자랑을 수시로 여기저기 많이 하고 있다는 점에서다. 내가 형편이 그러니 좀 간사해지고 있다는 생각도 든다. 그래도 할 수 없다. 내 형편과 처지에 견줘 그렇다고 여긴다면 그도 그럴 것이다. 그러나 앞에서 얘기한 것처럼 이제는 정말이지 아내를 고마워하고, 자랑스러워하고, 아낄 줄 아는 표현이 내 입과 행동에서 스스럼없이 나온다.

누가 뭐래도 좋다. 나는 다만 이게 진심에서 우러나는 것이라는 걸 증명이라도 했으면 좋겠는데, 그걸 할 수 없으니 답답할 뿐이다. 이런 내 생각을 그 짓궂은 후배에게 얘기했더니, 그 후배가 그러면 그걸 한마디로 얘기해 달라고 했다. 그래서 내가 한 말은 "나는 진짜로 결혼을 잘했다 생각한다"였다. 후배가 그 말은 너무 일반적이라고 하기에 한 말 더 덧붙였다. "나는 마누라 없으면 못 산다, 참말로 그렇다."

후배는 역시 짓궂기 짝이 없었다. 그런 말 대신 사랑이라는 말이 들어가는 표현은 할 수 없느냐고 했다. 나는 무뚝뚝한 경상도 남자, 그중에서도 특히 그 정도가 심하기로 정평이 나 있는 마산 사람이라 그런 말을 여태껏 한 번도 해 본 적이 없다. 그래서 단박에 후배의 요청을 거절했다. 후배가 가고 난 후 혼자 앉아 아내 생각을 하고 있는데, 나도 모르게 이런 말이 내 입에서 나오고 있었다.

"황경섭 마누라야 사랑한다, 참말로!"

보기에 내가 너무 일방적으로 아내를 위하고 감싸고 있는 것처럼 들릴 수도 있다는 걸 나도 잘 안다. 그러나 아내도 나만큼 그런지는 모르겠지만, 나를 진심으로 믿고 위하고 있다는 걸 나는 잘 안다. 다만 아내도 나처럼 표현력이 그리 공개적이고 적극적이지 않으니 그저 마음속으로만 그러고 있다는 것 또한 잘 안다. 요즘은 주변으로부터 아내와 나, 우리 부부더러 '잉꼬부부'라는 말을 적잖게 듣고 있다.

낯이 좀 간질거리는 말이겠지만, 아무래도 어디를 가든 둘이 항상 붙어 다니면서, 둘 사이에 오가는 언행들을 정겹다고 느끼고 있으니 그렇게들 말하는 것으로, 그러니까 나 좋을 대로 아전인수 격으로 받아들이고 있다.

아들과 딸들

아내와 나는 슬하에 아들 둘과 딸 하나, 2남 1녀를 자식으로 두고 있다. 내 부모님들은 그 시절 부모들이 다들 그러하듯 내가 많은 자식들을 가지기를 바랐다. 아내 형제는 9남매, 우리 집은 7남매이니 그런 기대감을 가질 만도 했을 것이다. 아버지는 형님을 포함한 우리 형제들이 커 가며 적령기에 접어들 무렵, 어쩌다 약주 한잔이 들어가면 이런 말씀을 많이 하셨다. "신붓감으로는 엉덩이가 커야 한다, 그래야 아-(아이)를 많이 낫제, 암만…"

아버지는 결혼 이듬해인 1970년 아내가 떡두꺼비같은 첫아들을 낳자 크게 기뻐하셨다. 나의 2남 1녀 자식들이 아버지의 자식들 많기를 바라는 그런 기대감을 충족시켰는지는 모르겠다. 그러나 생전에 그에 관해 딱히 불만을 드러내지는 않고 며느리인 아내와 손주들을 좋아하고 아꼈다. 숫적으로 성에 차지는 않으셨을지 모르지만, 다산(多産)이라는 개념과 시절의 변화도 감안하면서 그런대로 만족하셨다고 나는 믿고 있다.

큰아들 문기는 1970년생이니 올해 쉰네 살이다. 문기는 우리 부부의 첫아들이라는 점에서 장남이 갖는 그 의미가 다대한 것이지만, 일반적인 관점의 그런 의미 외에 우리 부부에게 특별하게 큰 기쁨을 안긴 아들이었다. 그 이유는 적잖은 고민과 전전긍긍하던 차에 얻어진 자식이라는 점에서이다. 고민과 전전긍긍할 수밖에 없는 이유는 다름아닌 내 몸 상태 때문이었다. 주지하다시피 나는 월남전에서 부상을 당한 처지로 아무래도 부상 후유증 등으로 몸이 정상적일 수는 없었다. 물론 귀국 후 얼마간의 병원 생활 후에 제대한 나는 건강에 특별한 이상은 없었다.

하지만 후유증 때문에 마음을 편히 할 처지는 아니었다. 특히 나의 총상 부위가 방광 쪽이라는 게 더욱 그랬다. 그쪽은 생식기능에 영향을 미치는 부위였기로, 이는 바로 아이를 만들 수 있느냐의 여부와 관련되는 것이었기에 그럴 수밖에 없었다. 그래서 아내는 병원에도 가 보고 그랬다. 병원에서 그와 관련해 별달리 특별한 진단은 나오질 않았다. 당시의 의학 기술이 지금처럼 발달되지 못한 상태라는 점을 감안한다면 딱 정해진 결과가 나오지 않는다는 점이 우리 부부를 걱정 속에 빠뜨린다는 건 당연할

두 아이와 함께(1970년대 초)

것이었다. 그러니 어떤 측면에서는 그야말로 하늘에 맡기는 수밖에 없었던, 답답하면서도 암울한 지경이었던 것이다.

그런 상황에서 아내가 임신을 하고 문기를 정상적으로 순산한 것은 그야말로 하늘이 도운 것이라고 나는 지금도 믿고 있다. 나는 지금도 문기가 태어난 날을 생생하게 기억한다. 말할 수 없는 초조함 속에서 아들 순산 소식을 듣고 나는 나도 모르게 두손을 모아 그 대상이 누군지도 모르게 한참 기도를 드렸다. 특별한 종교가 없던 나로서는 머릿속에 예수님, 부처님이 왔다갔다 했다. 이 소식을 마산 본가 아버지에게 전해 드렸을 때 아버지 또한 크게 기뻐한 것은 두말할 나위도 없다.

문기는 그런 쪽에서 보자면 걱정과 기쁨이 오고가는 격정 속에서 태어난 아이다. 그런 한편으로 문기가 태어날 당시 우리 부부의 생활 상황이 어렵기는 매한가지였다. 그때 나는 친구에게 큰 돈을 떼인 후 어려운 상황에서 이런저런 사업을 구상하면서 급기야 월남에 돈벌러 가는 문제를 저울질하고 있었고, 이를 극구 말리는 아내는 결국 서울에서 식당업에 나서 밤낮없이 식당 사업에 매달려 있던 참이었다.

그런 처지에서 갓난아기인 문기는 아내의 보살핌도 잘 받질 못했다. 숙식을 식당에서 하면서 식당 일로 아이를 돌볼 수가 없던 아내는 아이를 부산 친정으로 보내 친정어머니에게 맡긴 것이다. 아이를 낳자마자 품에 안아본 것도 잠시, 아이와 떨어져 지낼 수밖에 없었던 아내의 심정이 오죽했을까. 그 안타까운 심정에 아내는 바쁜 식당 일에도 아이가 보고 싶어 서울과 부산을 수시로 오가야 했지만 그것으로 충족될 일은 아니었다. 그래서 금호동에 집을 마련해 문기를 서울로 데려온 것이다. 아내는 그때 산후조리를 잘 할 수가 없었고, 그 후유증으로 지금껏 무릎 관절염으로 고생하고 있다.

문기는 반듯하게 컸다. 말도 잘 듣고 공부도 잘했다. 문기는 고려대 생물학과를 나왔으니 나의 고려대 후배이기도 하다. 문기는 미국 유학까지 했다. 워싱턴주립대학(WSU)에서 MBA도 했다. 나는 문기가 공부한 이런 전공들을 살려 교수나 학자가 되기를 바랐다. 그러나 문기는 내 뜻에 반해, 졸업과 함께 취업을 해

증권회사엘 다녔다. S증권 등을 다녔으나 적성에 맞지 않아 몇 차례 회사를 바꿔 다니다 그만 뒀다. 그리고 다른 쪽의 일을 찾아다니는 듯하더니 엉뚱한 일을 하고 다녀 내가 놀랐다. 무슨 생각에서인지는 모르겠지만, 정치 쪽에 발을 들여놓을 생각을 하는 것 같았기 때문이다.

그러고 다니는 걸 지켜볼 수만은 없어 이리저리 나도 도움이 될 만한 방향으로 거들었지만 잘 되질 않았다. 문기는 그러는 과정에서 2002년 방송위원회 비서실에 근무를 하기도 했고, 그해 말 제 16대 대통령선거 당시 이회창 후보 선거캠프에서 일을 하기도 했다. 그러나 이회창이 대선에서 실패하는 바람에 문기도 더이상 그쪽 일은 그만두고 미련 없이 털고 나왔다. 그 후 의류와 음료수 사업을 했다. 그러나 재미는 보질 못했다. 지금은 내 일을 거들고 있다. 내가 출근해 운영하는 필동 서울캐피털 빌딩 관리를 맡아 하고 있는 것이다. 그게 한 6, 7년 됐는데, 나로서는 아들 문기를 내 곁에 두기 위해 그랬다고 할 수 있다.

내가 큰아들 문기를 생각하면 가슴이 미어지는 게 있다. 몇 년 전 큰 사고를 당한 것 때문이다. 빌딩 보수작업에 나섰다가 높은 층에서 떨어져 크게 다친 것이다. 이 사고로 얼굴과 치아를 포함해 몸 성한 곳이 없을 정도로 많이 다쳤다. 지금도 병원 치료를 계속 중인데, 그나마 이제는 많이 나아진 것에 나는 안도는 하지만 마음이 아프다. 아들이 하고픈 대로 놔두지 않고 괜히 불러 건물 관리를 하다 그런 사고를 당했다는 생각 때문이다. 문기에게는 두 아들이 있다. 나의 손자인 문기의 큰아들 윤성이는 지금 미국의 텍사스 오스틴대학교 치의학과에 재학 중이고, 둘째 인성이는 현재 고등학교에 다니고 있다.

둘째 문수는 문기와 두 살 터울로 1972년에 태어났다. 아무래도 아들을 선호하는 생각이 높은 우리 정서상 아들이 연이어 태어났을 때 아버지는 크게 반겼고 나도 기분이 좋았다. 문수는 태어나 얼마되지 않아 내가 한참 미국에서 왕성하게 활동하고 있을 때 미국으로 불러들였다. 그리고 어릴 때부터 거기서 학교를 다녔다. 나는 당시 여러 가지 사업을 하면서 미국에 뿌리를 내릴 생각을 하고 있었기에 문수로 하여금 미국 현지에서 내 사업을 도울 수 있도록 키우자는 생각을 한 탓이다. 문수도 시애틀의 WSU에서 경영학 석사(MBA)를 했다.

그 과정을 마치고 문수는 회계학을 다시 전공해 사회 진출을 앞두고 있었다. 그러나 운명의 장난이랄까, 정말 생각하기도 끔찍한 청천벽력같은 일이 문수에게 생겼다. 근 교통사고를 당해 몸을 심하게 다친 것이다. 척추를 특히 심하게 다친 문수의 완치를 위해 나는 정말이지 할 수 있는 나의 온 역량을 쏟아부었다. 그러나 상태는 호전되지 않아 정상적인 사회활동을 거의 못하는 지경에까지 이르렀고, 지금도 재활을 위해 갖은 노력을 하고 있지만, 여의치 않아 내 마음을 안타깝고 슬프게 하고 있다.

문수는 잠시 몸이 호전됐을 때 미주중앙일보에 기자로 근무하기도 했다. 그러나 몸 상태도 그렇고 해서 그리 오래할 수는 없었다. 지금은 하는 일 없이 아이들 공부를 뒷바라지하고 있다. 나는 문수가 어떻게든 완전 회복되기를 학수고대하고 있다. 다행히 이제는 다닐 정도로 몸의 운신은 가능해졌다. 올해 7월에는 며느리와 함께 한국에 와 얼마간을 머물기도 했다. 문수도 아들만 둘이다. 그러니 장남 문기 아들을 합쳐 나는 손자만 네 명이다.

문수 큰아들 윤영이는 의과대학에 진학하려고 공부를 열심히 하고 있는데, 얘는 배우지도 않았는데 어디서 그런 능력이 있는지 플롯을 잘 불어 학교와 살고 있는 LA 어바인에서 소문이 날 정도로 유명해졌다. 카네기 홀에까지 설 정도로 플롯에 천부적인 소질을 보여 매스컴도 많이 탔다. 둘째 우영이는 지금 고등학교 2학년으로, 학교 미식축구 선수로 활약 중이다. 학교에서 장래가 촉망된다는 얘기를 듣고 있을 정도로 미식축구에 천부적인 소질을 보이고 있다.

셋째 희정이는 위로 오빠 둘을 둔 고명딸이다. 내가 콜롬비아 진출을 전후해 한창 꿈과 희망에 부풀어 있을 1976년에 태어났기에 지금도 가끔 희정이를 보면 그때가 돌이켜질 정도로 예쁘고 귀여운 딸이다. 둘째 문수와 마찬가지로 미국에서 활동 중인 희정이는 3살 갓난아이 때 콜롬비아를 아내 등에 업혀 다녀왔을 정도로 일찍부터 해외 맛을 본 아이인데, 아마 그래서 지금도 해외를 쏘다니고 있는 '해외체질'의 커리어 우먼이 된 것 같다.

희정이는 어릴 적부터 음악적인 소질이 풍부했다. 그래서 서

큰아들 문수 결혼 직후 며느리와 함께한 가족사진(1998년 8월)

울예고를 다녔고 피아노를 전공했다. 서울예고 졸업과 함께 미국으로 유학을 떠나 오빠들과 같은 WSU 음대에서 공부했다. WSU에서 피아노를 전공할 때 출중한 피아노 실력으로 각광을 받았다. 혹여 희정이가 피아노로 유명한 다른 대학으로 갈까 봐 교수들이 돈을 모아 장학금을 줄 정도로 피아노를 잘 쳤다. 그러면 당연히 피아노 쪽으로 진출했어야 하는 게 상식이다.

그런데 희정이는 그렇지 않았다. 주변의 상식적인 전망과는 다른 길을 가고 있는 것이다. 희정이는 WSU 음대 재학 중 더 이상 음악을 공부하질 않을 뿐더러 음악계로 나가질 않고 건축학에 빠져들었다. 그리고는 다시 캘리포니아 버클리 대학에 편입,

그러니까 UC Berkeley로 진학해 건축학을 공부한 것이다. 어떤 계기로 건축학을 공부한 것인지 아버지인 나에게도 얘기를 하질 않았으니 그 속마음은 알 수가 없다.

희정이는 UC버클리에서 건축학을 전공한 후 미국의 건축계로 진출, 지금은 샌프란시스코의 대형 건축회사를 18년째 다니고 있다. 올해 48세가 된 희정이는 결혼을 하지 않고 혼자 산다. 나는 아내와 함께 그동안 수도 없이 결혼을 종용했지만, 희정이는 하지 않겠다는 고집을 고수하고 있기에 지금은 두 손을 든 상태다. 나는 그런 희정이가 안타깝고 한편으로 슬프기도 하지만, 제 생각이 그렇고 제 팔자가 그렇다면 할 수 없는 것이라고 여기고 있다.

무엇이 예쁘고 귀여운 우리 희정이로 하여금 그런 지경으로 이끌었는지 알 수가 없다. 말도 안 되지만, 혹여 세 살 때 가 본 콜롬비아가 어떤 영향을 미쳤을까 하는 생각에 가끔 희정이에게 3살 때 콜롬비아 간 걸 기억하느냐고 물어보기도 한다. 그때마다 희정이는 아무런 기억도 없다면서 왜 아버지는 그걸 자꾸 물어보느냐고 반문을 한다.

나의 형제자매들

내 부모님인 아버지 정영상과 어머니 정복순은 슬하에 5남 2녀, 7남매를 두셨다. 흔히들 하는 상투적인 말이 아니라, 지금 내가 그 당시 부모님보다 많은 나이로 2남 1녀 자식들을 키우고 뒤돌아보니, 그때 부모님들이 적지 않은 자식들을 키우느라 정말 노심초사하셨을 것이라는 상념들이 근자에 많이 생긴다.

돌이켜보면 부모님은 서로 보완적인 자세로 우리들 자식들을 키웠던 것 같다. 두 분 모두 자식 키우기에 정성을 다했지만, 아버지가 근엄하다면 어머니는 다정다감했고, 아버지가 자식들 뒷바라지 씀씀이에 인색했다면 어머니는 풍성했던 게 그렇다. 두 분 모두 이 세상에 안 계시다는 걸 새삼 느낄 때가 가끔 있다. 그때마다 정말이지 그립고 보고 싶은 부모님이다. 어머니는 80세로 돌아가셨지만, 아버지는 62세 그리 많지 않은 나이에 세상을 버리셨다.

어머니는 1996년, 그러니까 내가 어느 정도 사업에서 성공을 거두고 있던 시기에 돌아가셨기에 내가 잘되는 걸 보시고 간 것이라는 생각을 한다. 하지만 아버지는 내가 한참 사업으로 천지도 모르고 이리저리 뛰돌아 다닐 때에 생을 마감하시면서 내가 임종을 옳게 지키지도 못했다. 내 잘되는 길 학수고대하셨던 아버지는 결국 그런 나를 못 보시고 세상을 뜨셨는데, 나는 그게 항상 많이 아쉽다.

이 글을 쓰면서 부모님 슬하 우리 형제자매들을 새삼 한번 챙겨 보았다. 나는 위로 두 분 누님과 한 분의 형님, 그리고 아래로 세 명의 남동생이 있으니 장식 형과 동생인 광식, 경식, 만식이 그들이다. 90 나이를 전후한 누님들 두 분은 아직 생존해 계신다 다섯 형제들 가운데 형님과 아래 큰동생은 세상을 떴다. 장식 형은 나보다 세 살 위로 마산고 17회 선배이기도 하다. 장식 형은 마산서 장남으로 부모님을 모시고 계시면서 고향을 지켰다.

형은 마산의 원불교에 오래 간여하시면서 그 분야에서 많은 일을 했다. 지금도 마산의 원불교 관련 기록에 형의 행적이 많이 언급되고 있을 정도다. 장식 형은 내가 어려운 일에 봉착할 때마다 도움을 줬다. 내가 해병대 해병학교에 간부후보생으로 입교할 적에, 어떤 기간 장교의 착오로 생긴 이해 못할 난관도 형이 마산을 뒤지다시피 하여 해결해 준 적도 있다. 형은 2022년 병으로 돌아가셨다.

내 아래로 쭐쭐이 경식, 광식, 만식이가 내 동생들이다. 이들 동생 이름들을 내 입으로 오랜만에 가만히 한번 되뇌여 보니 새삼 그리움이 앞선다. 형으로 그동안 무심했던 것도 나의 불찰인 것처럼 느껴진다. 이들 동생들 가운데서도 한 명은 세상을 떴다. 바로 아래 경식이가 그렇다. 경식이 동생은 나의 해병대 후배다.

내가 김포부대 소대장으로 있으면서 월남전 파병에 차출되었을 때, 동생 경식이도 월남전에 차출됐다는 소식을 들었다. 그 소식에 나는 군 요로에 진정을 했다. 나는 월남전 파병에는 나 하나로만 족하다는 생각을 했다. 그러니 동생 하나는 살리기 위해 월남전 차출에서 빼 달라는 진정이었다. 아마 그때 '라이언 일병 구하기' 영화 내용과 같은 어떤 혜택이 동생에게 주어졌는지 모르겠으나, 아무튼 경식이는 파월 차출에서 빠져 월남전에 참전하지는 않았다.

그 아래 광식이는 지금 마산에 살고 있어 가끔씩 연락을 주고받기도 한다. 가슴을 아프게 하는 건 막내 만식이다. 이 동생은 무슨 이유에서인지 연락이 끊긴 상태다. 누님과 형수 등 온 가족을 통해 찾아보려고 수소문해 봐도 잘 안 되고 있다. 머리도 좋고 자기 앞가림은 충분히 하는 동생이기에 어딘가에서 잘 살리라 생각은 하지만, 하나 마음에 걸리는 건 이 동생의 성격이다. 어릴 때부터 이 동생은 성격이 뭐랄까, 은둔형이었다. 말도 별로 하지 않고, 혼자서만 있으려는 외톨이적인 기질을 갖고 있었기에 아마 지금도 연락을 자기 스스로 차단하고 있지 않나 하는 생각이 드는 것이다.

이와 관련해 이 동생과는 어처구니없는 에피소드가 있다. 내가 해병학교를 마치고 소위로 김포에서 소대장을 하고 있던 시기였다. 그때 어떤 경로를 통해 동생 만식이가 해병대에 일반병으로 입대했다는 소식을 들었다. 나는 만식이가 좀 편하게 해병 생활을 할 수 있도록 노력을 했다. 그런 과정에 좋은 보직으로 갈 수 있는 기회를 만들었다. 그런데 정작 만식이가 이를 거부한다는 것이었다. 그러면서 더욱 어이가 없었던 것은 군 관계자들에게 친형인 나를 형이라 말하지 않는다는 것이었다.

친형이 아니고 사촌형이라고 우기면서 내가 주선해 마련한 그 보직을 끝내 마다했던 것이다. 만식이는 7남매 중 막내이고 특히 부모님께서 생각을 많이 하셨기에 내가 적잖게 신경을 써 주었다. 사회에 나와서도 이 동생은 나의 도움을 탐탁치 않게 여졌다. 오로지 자신의 힘으로 살아가려는 태도를 고수했던 것인데, 그게 지금도 이어지고 있는 것으로 나는 생각하고 있다. 안타까우면서도 한편으로 헛웃음을 짓게 하는 것이다.

이 부분 글을 쓰다 보니 한 가지 사실을 새삼 확인했다. 우리 형제 세 명이 해병이었다는 사실이다. 형제들이 세 명씩이나 해병으로 근무했다는 것, 그러면 우리 집은 '해병명문가정'이지 않은가.

青峰自傳

발행일	2025년 3월 25일
지은이	정주식
발행처	김리아
	불휘미디어
	경상남도 창원시 마산합포구 오동동10길 87
	(055) 244-2067
	2442067@hanmail.net
가격	17,000원
ISBN	979-11-92576-72-5 03810